Hans Christoph Buch
Haiti

Hans Christoph Buch

HAITI
Nachruf auf einen gescheiterten Staat

Verlag Klaus Wagenbach   Berlin

Ich widme dieses Buch dem Andenken meiner haitianischen Freunde, die am 12. Januar 2010 ums Leben kamen: Micha Gaillard (Oppositionssprecher) und Georges Anglade (Schriftsteller).
                              Berlin, im Juni 2010 – HCB

Inhalt

Vorspann: Zwei Depeschen aus Port-au-Prince 7

Einleitung: Paradies und Hölle –
Von der Conquista zum Code Noir 17

**Die Scheidung von Haiti – Wie die Sklaven
von Saint-Domingue Robespierre beim Wort nahmen**
Eine Textcollage 41

1 **»Lieber sollen die Kolonien untergehen als
   die Prinzipien«:** *Parlamentarisches Vorspiel* 44

2 **»Frei leben oder sterben«:**
   Der Emanzipationskampf der Mulatten 59

3 **»Gott befiehlt uns Rache«:**
   Der Freiheitskampf der Sklaven 66

4 **»Proklamieren wir die Freiheit der Neger«:**
   Die Freunde der Schwarzen 77

5 **»Ich bin Toussaint Louverture«:**
   Von der Revolte zur Revolution 86

6 **»Die Sicherung der Freiheit«:**
   Von der Revolution zur Restauration 103

7 **»Ich bin Franzose, das genügt«:** *Napoleons Versuch,
   das Rad der Geschichte zurückzudrehen* 124

Rückblick und Ausblick:
Erinnerungen an die Unterentwicklung 157

Ausgewählte Bibliographie 185

Haiti vor dem Erdbeben, Foto Russel Liebman

Vorspann: Zwei Depeschen aus Port-au-Prince

Irgendwie ist nicht gut genug

»Soll er unter Zelten leben? Soll er auf die Felsen trauen? Selbst die festen Felsen beben«, heißt es bei Goethe, aber der Weimarer Klassiker konnte nicht ahnen, welch makabre Aktualität diese Verse 230 Jahre später ausgerechnet im fernen Haiti erlangen würden. Port-au-Prince wurde auf Kalkfelsen erbaut, und seit dem verheerenden Erdbeben vom 12. Januar 2010 kampiert die Mehrheit der Bevölkerung in Zelten, aus Angst vor Nachbeben, deren vorläufig letztes am 29. März um vier Uhr früh die verschreckten Bewohner aus dem Schlaf riss. Fast zeitgleich begann in Washington die große Geberkonferenz, auf der die üblichen Verdächtigen USA, EU und UN gemeinsam mit Regierungen der Region und halbstaatlichen sowie nichtstaatlichen Akteuren ein Hilfspaket für Haiti schnüren und einen Neuanfang wagen wollten, unter Vermeidung der Fehler der Vergangenheit, wie man vollmundig versprach.

Die Betroffenen vor Ort betrachten diese Aktivitäten, einschließlich der dabei genannten Zahlen – von bis zu zehn Milliarden Dollar war die Rede – mit gemischten Gefühlen, denn bisher ist die Hilfe für Haiti ein Nullsummenspiel, dessen mageres Ergebnis in krassem Missverhältnis steht zum Aufwand an Geld und gutem Willen. Glaubt man den Absichtserklärungen, soll diesmal alles anders werden. Zwar haben die Haitianer sich schon lange daran gewöhnt, dass ihr Land nur Schlagzeilen macht, wenn dort Blut fließt, eine Sturmflut oder ein Hurrikan über die Inselrepublik hinwegfegt, aber sie sind hocherfreut über die Welle spontaner Hilfsbereitschaft aus allen Teilen der Welt. Dabei war das Erdbeben mit Stärke 7,0 auf der Richterskala weniger eine Naturkatastrophe als ein von Menschen gemachtes Desaster, das die Defizite eines gescheiterten Staats und einer tödlich verwundeten Gesellschaft offenlegt. *Négligeance criminelle* (kriminelle Vernachlässigung) steht als mahnendes Menetekel auf den Mauern eingestürzter Häuser, unter deren Trümmern die Leichen ihrer Bewohner verrotten, neben Graffitis, in denen *Gnade für Haiti* gefordert oder *Wir sind müde* verkündet wird.

Die Menschen hier, die sonst auch der schlimmsten Kalamität noch komische Seiten abgewannen, haben das Lachen verlernt, und zum ersten Mal in Haitis zweihundertjähriger Geschichte wird offen die Frage gestellt, ob die mit Feuer und Schwert erkämpfte Unabhängigkeit nicht zu früh kam – allzu schockierend ist der Kontrast zu französischen Überseegebieten wie Martinique und Guadeloupe mit ihrer Melange aus Tourismus und sozialer Sicherheit. Was bis vor kurzem undenkbar war, ist jetzt an der Tagesordnung: Sternenbanner schwingende Haitianer verlangen die sofortige Eingliederung ihres Landes in die USA – naives Wunschdenken, denn trotz aller Gerüchte über angeblich neu entdeckte Gold- oder Erdölvorkommen dient Washingtons Hilfspolitik vor allem dem Ziel, einen Massenexodus haitianischer Boat-People nach Florida zu verhindern.

Kürzlich gaben sich Bill Clinton und George W. Bush ein Stelldichein in Port-au-Prince, wo Clinton sich dafür entschuldigte, Haiti mit Billigreis aus den USA überschwemmt zu haben – völlig zu Recht, weil der Reisimport die lokale Produktion untergraben und so den Hunger verschlimmert hat; und Bush raunte, er habe nicht gewusst, wie breit und tief die Armut hierzulande sei. Auch das zu Recht, denn Haiti hängt am Tropf sogenannter Geberländer und steht politisch unter Vormundschaft der Vereinten Nationen, die hier keinen guten Ruf genießen: Statt die Gewaltkriminalität einzudämmen, verwalten sie diese nur, und nach dem 12. Januar 2010 war die 10 000 Mann starke Blauhelmtruppe, deren ziviler Chef, der Tunesier Hannabi, bei dem Erdbeben starb, wochenlang mit der Suche nach ihren eigenen Vermissten beschäftigt.

Aus Sicht der Einheimischen sind UN-Beamte, Entwicklungsexperten und humanitäre Helfer, die in klimatisierten Landrovern an ihnen vorbeirauschen, Teil des Problems und nicht dessen Lösung – ähnlich wie Haitis Regierung, deren Präsident durch Nichtstun die Probleme auszusitzen versucht: Auf die Frage einer Washingtoner Journalistin erklärte René Préval, Haiti sei immun gegen den Virus der Korruption, obwohl das Land laut *Transparency International* zu den korruptesten Staaten der Welt gehört. Und nur unter dem Druck der USA und der EU legte die Regierung einen Plan für den Wiederaufbau vor, dem bis auf das Zauberwort Dezentralisierung nicht viel zu entnehmen ist.

»Das Wort Wiederaufbau ist eigentlich fehl am Platz«, meint Michael Kühn von der *Welthungerhilfe*, der seit zehn Jahren in Haiti stationiert ist und das Erdbeben vor Ort miterlebte: »Besser wäre es, von Neuaufbau zu sprechen, denn nicht nur Supermärkte und Ministerien, auch die moralischen Fundamente des Staates sind zerstört – anders als Haitis Zivilgesellschaft, deren Denkanstöße die internationale Gemeinschaft ignoriert.«

Als Beispiel nennt Michael Kühn durch das Beben beschädigte Schulen, deren Schüler, sofern sie die Katastrophe überlebten, seit Monaten auf die Wiederaufnahme des Unterrichts warten. Die sei zwar beschlossene Sache, doch gebe es weder einen Konsens noch einen Plan, wann, wie und wo der Unterricht stattfinden solle: unter freiem Himmel, in Bussen oder Containern – ein Problem, das einen Großteil der Bevölkerung betrifft, deren Mehrheit heute jünger als sechzehn Jahre ist.

Eine andere Frage, die Kühn Kopfzerbrechen bereitet, ist die Zukunft der Zeltstädte, die in und außerhalb der Hauptstadt Port-au-Prince wie Pilzkolonien aus dem Boden sprießen: Fast eine Million Männer, Frauen und Kinder kampieren in Verschlägen aus Pappkartons, Lumpen und Wellblech, unter Plastikfolien oder in von Hilfsdiensten gespendeten Zelten, in denen Großfamilien auf engstem Raum wohnen, essen und schlafen. Aber was für Europäer ein Alptraum wäre, stellt für die Slumbewohner einen Fortschritt dar, denn sie werden regelmäßig mit Nahrungsmitteln und Wasser versorgt. »Die humanitäre Hilfe ist ein zweischneidiges Schwert«, fügt Michael Kühn hinzu. »Sie verstärkt die Abhängigkeit, statt sie zu reduzieren und Haiti auf eigene Beine zu stellen. Irgendwie geht das Leben hier weiter, aber irgendwie ist nicht gut genug!«

Als die Mauern Twist tanzten

»Wundern Sie sich nicht«, sagt Richard Morse, der Manager des Hotels Olofsson und Bandleader der Vodou-Rockgruppe RAM: »Nach allem, was hierzulande passiert ist, sind viele Haitianer heute mehr oder weniger verrückt. Ich bin es auch!« Und er erzählt, wie er sich um 16 Uhr 53, als das Beben begann, an sein Fernsehgerät klammerte, das bedrohlich hin- und herschlingerte. »Statt einem Baby das Leben zu retten, rettete ich meinen Fernsehapparat!« Der Sohn eines amerikanischen Ethnologen und einer haitianischen Tänzerin irrte verstört durch die Straßen, vorbei an Toten und Verletzten, schreienden oder betenden Menschen, die an den Weltuntergang glaubten oder ans Jüngste Gericht, aber während die Stadt in Schutt und Asche fiel, blieb das Hotel unversehrt, ebenso wie seine Frau und Kinder, die Angestellten und die Mitglieder seiner Band.

»Wie durch ein Wunder – hier stimmt die abgegriffene Redensart«, meint Richard Morse, der das Olofsson, wo einst Graham Greene logierte, vom Treffpunkt des Jet Set zu einer Oase für Künstler und Schriftsteller machte. Nur die UN-Mission, seit 2004 in Haiti stationiert, boykottiert sein Hotel wegen Sicherheits- und Hygienemängeln. Stattdessen logierte die UNO im Christopher Hotel, einem Hochhaus, das mehr als 200 UN-Mitarbeiter unter sich begrub – der größte Aderlass seit Gründung der Weltorganisation.

Richard Morse beugt sich vertraulich vor. »Eher geht ein Kamel durch ein Nadelöhr, als dass ein Reicher in den Himmel kommt«, flüstert er. Zehntausende Slumbewohner aus Port-au-Prince seien ins Paradies gelangt – ohne Visum und ohne Pass. Morse ist ein Vodou-Adept, und er ist überrascht, als ich darauf hinweise, dass das zitierte Gleichnis von Jesus stammt, und ihm vorschlage, einen Song über das Erdbeben zu schreiben. Den gäbe es schon, sagt er und summt die erste Strophe seines *Boat-People-Blues* aus der Zeit, als Haitis Armee den demokratisch gewählten Präsidenten stürzte: »When I woke up this morning dead bodies were lying in the street / the government was gone

Haiti nach dem Erdbeben, Foto Thomas Kern

and there was blood running under my feet«. Frei übersetzt: »Als ich aufstand heute früh, sah ich überall nur Leid und Tod/die Regierung war geflohen, und die Straßen waren voller Blut«. Der Text lässt sich Wort für Wort auf das jüngste Erdbeben übertragen, besonders was die Regierung angeht: Präsident René Préval brauchte eine Woche zur Verkündung des Notstands, den er, um länger an der Macht zu bleiben, auf 18 Monate ausgedehnt hat – trotz oder wegen der im November 2010 geplanten Neuwahlen. Dass es keine Bauauflagen für Erdbebensicherheit und keinen funktionierenden Zivilschutz gab, zeitigte fatale Folgen: Ein vergleichbar starkes Beben tötete 1989 in Kalifornien weniger als hundert Menschen, während allein in Port-au-Prince 230 000 Personen ums Leben kamen, Provinzstädte wie Petit Goâve und Léogane nicht mitgerechnet.

Die französischen Worte für Erdbeben – *séisme* oder *tremblement de terre* – benutzen die Haitianer nur ungern, aus abergläubischer Angst vor Nachbeben, die nach wie vor die Region erschüttern. Stattdessen spricht man von der *Affäre des 12. Januar* oder vom *Goudougoudou* – kreolische Lautmalerei zur Kennzeichnung des Geräuschs, das zu hören ist, wenn die Armiereisen in Betondecken und Wänden knacken, weil die Erde sich nicht nur vertikal, sondern auch horizontal bewegt. Das Beben zog den Betroffenen den Boden unter den Füßen weg und wölbte Zementplatten wie Stoff, der Falten wirft und dann krachend zerbirst; jetzt liegen Wellblechdächer und Betondecken wie zerknautschte Hüte auf dem Schutt. *Die Mauer schwankt* hieß Wolfgang Koeppens erster Roman, aber der Titel beschreibt den Vorgang nur ungenau, denn Haitis Mauern schwankten nicht nur, sie drehten sich um die eigene Achse und tanzten Twist, wie um die Abwärtsspirale sichtbar zu machen, die der Inselstaat seit über 200 Jahren vollzieht. »Die versteinerten Verhältnisse zum Tanzen bringen«, hat Marx das genannt – ein Satz, der gut zu Haiti passt, dessen Geschichte eine nicht abreißende Kette von Katastrophen ist: vom Freiheitskampf aus Afrika verschleppter Sklaven bis zum Scheitern des Armenpriesters Aristide, dessen Lavalas-Revolution nur stinkenden Schlamm hinterließ: Nach seinem Abgang fegte der Hurrikan *Jeanne* über die Insel hinweg, und Schlammlawinen begruben Haitis zweitgrößte Stadt Gonaives.

Port-au-Prince erstickt im Staub, nachdem die Leichen eingesammelt und in Massengräbern beigesetzt worden sind, meist ohne Feststellung der Identität, was die Erben und Hinterbliebenen vor kaum lösbare juristische Probleme stellt. Der Verwesungsgeruch war so penetrant, dass Diebe und Plünderer, die den Toten und Verletzten Pässe und Wertsachen stahlen, sich Tücher vor die Nase banden. 211 Personen wurden von Spürhunden geborgen, aber viele liegen immer noch unter Bergen von Schutt, von Gebäudeteilen erschlagen oder lebendig begraben und qualvoll verendet. Ein Beispiel dafür ist das Schicksal von Nadine Cardoso, Chefin des Luxushotels Montana, die von *Chimères* genannten Kidnappern entführt und misshandelt wurde, bevor sie nach Zahlung eines Lösegelds freikam. Das ist drei Jahre her. Am 12. Januar stürzte das Hotel über ihr ein, und sie lag vier Tage lang eingeklemmt unter Beton, den ein Eisengitter von ihr abhielt, während ihr kleiner Neffe in Hörweite seiner Tante verstarb. Nadine Cardoso kam mit dem Leben davon. Glück im Unglück hatte auch der deutsche Botschafter Jens-Peter Voss, der im Hotel Montana logierte, weil seine Residenz angeblich nicht erdbebensicherer war. Zum Zeitpunkt des Bebens inspizierte er die Bauarbeiten in der Botschaft, was ihm und seiner Frau das Leben rettete.

»Ich bin ausgebrannt«, sagt Michael Kühn von der Welthungerhilfe, der seit zehn Jahren in Haiti lebt und arbeitet und das Land von einer Katastrophe in die nächste schlittern sah: Nur der Tatsache, dass er am 12. Januar nicht im Supermarkt einkaufen ging, verdanken er und seine Tochter ihr Leben – die Betondecke stürzte ein und begrub Angestellte und Kunden unter sich. Kühn liefert Wasser in improvisierte Camps in und um Port-au-Prince, wo bis zu einer Million Obdachlose in Notunterkünften hausen, unter Plastikplanen oder in Zelten des Flüchtlingshilfswerks UNHCR. Trotz der drangvollen Enge fühlen die Slumbewohner sich hier wohl: Sie werden mit Lebensmitteln und Medikamenten versorgt, und nachts werden die Zeltstädte von Scheinwerfern angestrahlt und von der Polizei bewacht. Dank der US-Armee, die am Flughafen die Kontrolle übernahm, sei die Nothilfe ein Erfolg, aber das Provisorium drohe zum Dauerzustand zu werden. »Die Bevölkerung ist auf Hilfsgüter angewiesen, und die Gratisversorgung zerstört lokale Märkte und verstärkt die Abhängigkeit – das Gegenteil nachhaltiger Entwicklung.«

Viele Sachspenden seien Danaergeschenke, meint Kühn, Babywindeln zum Beispiel, die Hautreizungen verursachten und nach Gebrauch auf Müllkippen landeten, anders als in Haiti produzierte Milch, die er, um die Landwirtschaft zu fördern, an Waisenhäuser verteilt. Die wirksamste Hilfe sei *Cash for work*, ein landesweites Programm zur Beseitigung der Erdbebenschäden, das 100 000 Menschen Brot und Arbeit gibt. »Der auf der Geberkonferenz in Washington beschworene Neuanfang für Haiti bleibt trotzdem ein frommer Wunsch«, sagt er abschließend, denn nicht nur der Nationalpalast und die Kathedrale, Ministerien, Schulen und Universitäten – der gesamte Staat liege in Trümmern.

»Es wird dreißig Jahre dauern, bis Port-au-Prince wiederaufgebaut ist«, schätzt der Geologe Claude Prépetit, der an der *École des Mines* in Paris studierte und in Haiti zur Berühmtheit wurde, weil er ein Beben der Stärke sieben auf der Richterskala seit Jahren vorausgesagt hat. Als er Aristides Premierminister seine Warnungen vortrug, befahl der ihm, das Dossier in der Schublade liegen zu lassen und auf keinen Fall zu veröffentlichen, woran Prépetit sich nicht hielt: Er informierte über die Erdbebengefahr, forderte gezielte Aufklärung in den Medien, vorbeugende Maßnahmen wie in Japan und organisierte einen Protestmarsch für besseren Umweltschutz. Nach dem Beben empfing Staatschef Préval ihn zum Gespräch und beglückwünschte Prépetit zu dessen Engagement, ohne seinen schönen Worten Taten folgen zu lassen, mit der Begründung, der Schutz vor Hurrikans habe derzeit Priorität.

»Die Frage ist, welche Lehren die Regierung aus der Katastrophe zieht und ob die Hauptstadt an der gleichen Stelle wieder aufgebaut werden soll«, sagt Prépetit. Und er verweist auf das Erdbeben von 1771, das Port-au-Prince völlig zerstört, aber nur wenig Menschenleben gefordert habe, weil Haiti damals noch dünn besiedelt gewesen sei. Im Hafen ankernde Schiffe hätten Segel gespendet, um Zelte zu bauen, und Farmer aus dem Hinterland hätten Wagenladungen mit Lebensmitteln und Wasser in die Stadt gebracht, weil ein durch Port-au-Prince fließender Fluss abrupt versiegt sei. Erst Monate später hätten die Nachbeben aufgehört, und der Gouverneur habe angeordnet, Holzhäuser zu errichten, die Erdstößen besser standhielten als Steinbauten, eine Auflage, deren Richtigkeit sich am 12. Januar bestätigt habe.

Ich will wissen, wie Claude Prépetit diesen Tag erlebt und ob er so etwas wie Triumph empfunden hat, als die Erde bebte und seine Voraussagen Wahrheit werden ließ. »Im Gegenteil. Ich fühlte mich wie eine vergewaltigte Frau, die ungewollt ein Kind gebiert, fiel auf die Knie und weinte, während ringsum Häuser einstürzten und Menschen um Gnade flehten.«

P. S.
Nichts charakterisiert Haitis chaotische Lage besser als die Tatsache, dass 4000 Häftlinge am 12. Januar 2010 in Port-au-Prince aus dem Zuchthaus flohen, rechtskräftig verurteilte Mörder, aber auch Unschuldige, die seit Jahren auf ihren Prozess warteten – allen voran der Gefängnisdirektor, der sich auf diesem Weg kritischen Fragen entzog. Die Zeche für den Massenausbruch zahlten andere Häftlinge in Les Cayes im Süden Haitis, die während des Bebens zu meutern begannen, weil sie den Einsturz des baufälligen Gebäudes befürchteten: Daraufhin wurde das Gelände von UN-Truppen umstellt: Haitianische Polizisten feuerten in die mit Häftlingen überbelegten Zellen, töteten neunzehn wehrlose Menschen und verwundeten Dutzende. Der Gefängnisdirektor wurde belobigt und befördert, die Toten verscharrt und ihre Habe verbrannt, um das Blutbad zu vertuschen, dessen Aufdeckung Reportern der *New York Times* zu verdanken ist.

(April 2010)

Die Geschichte Haitis als Comic-Strip: Landung des Kolumbus, Teilung der Insel, Sklaven im Zuckerrohrfeld

Einleitung: Paradies und Hölle

Von der Conquista zum Code Noir

»Sie sahen zwei Mädchen, deren Haut genauso weiß war wie die der Spanier. Was die Schönheit des Landes betrifft, sagten sie, dass das schönste Land in Kastilien nicht damit verglichen werden könne [...]. Sie sagten, der Boden sei überall bebaut, ein großer und breiter Fluss fließe mitten durch das Tal und könne die Felder bewässern. Die Bäume seien grün und hingen voller Früchte, und die Pflanzen seien hoch und mit Blüten bedeckt. Die Wege seien breit und gut. Das Klima sei wie im April in Kastilien; die Nachtigall und andere Vögel sängen wie in Spanien um diese Jahreszeit, und es sei der lieblichste Ort der Welt. Bei Nacht erklinge süßer Vogelgesang. Auch Grillen und Frösche seien in Mengen zu hören. Die Fische ähnelten denen Spaniens. Sie sahen Mastixbäume und Baumwollfelder. Gold fanden sie keines, aber es war nicht verwunderlich, dass in so kurzer Zeit keines gefunden wurde.«

Diese Sätze aus dem Bordbuch des Kolumbus schildern die ersten Eindrücke der spanischen Seefahrer, die, von Kuba kommend, am 6. Dezember 1492 an der Nordwestküste Haitis landeten; wegen ihrer vermeintlichen Ähnlichkeit mit Spanien nannten sie die Insel Hispaniola und tauften die Bucht, in der sie ankerten, nach dem Heiligen Nikolaus – das heutige Môle Saint-Nicolas. Schon in der Namensgebung kündigten sich die imperialistischen Absichten der künftigen Konquistadoren an, die das unbekannte Land mit größter Selbstverständlichkeit dem spanischen Kolonialreich zuschlugen, so als sei es vor seiner »Entdeckung« durch Europäer herrenloser Besitz gewesen.

Der Umschlag vom Paradies zur Hölle war damit vorprogrammiert, denn in der Ikonographie des Spätmittelalters war die Neue Welt von Menschenfressern bewohnt, die ihre Gesichter auf dem Bauch trugen: Die zu Kannibalen erklärten Kariben-

Indianer wurden gewaltsam zum Christentum bekehrt oder mit Feuer und Schwert ausgerottet, und die Spanier tobten ihren im Krieg gegen die Mauren erprobten Fanatismus an den Ureinwohnern aus.

Zehn Jahre später, bei der Ankunft des Gouverneurs Ovando in der inzwischen gegründeten Niederlassung Santo Domingo, war das von Kolumbus geschilderte Paradies für immer vom Erdboden verschwunden, seine Bevölkerung weitgehend dezimiert. Ovando stand seinen Zeitgenossen Cortez und Pizarro an Grausamkeit in nichts nach. Er ließ die Ureinwohner mit Hunden hetzen; die Jagd galt nur dann als erfolgreich, wenn mindestens zwölf Indios dabei starben – für jeden Apostel einer; ihre Königin Anacoana ließ er bei einer friedlichen Zusammenkunft in Ketten legen und zusammen mit den Stammesältesten massakrieren. Während der Kazike Henriquillo in den Bergen von Hispaniola noch ein Jahrzehnt lang den Spaniern trotzte, plädierte der Dominikanermönch Las Casas bei Karl V. für die Rechte der Indios und schlug die Einfuhr afrikanischer Sklaven vor, die wegen ihrer Widerstandsfähigkeit für die Schufterei in den Gold- und Silberminen besser geeignet seien. Das Aussterben der Ureinwohner ließ sich auch durch die Zwangsumsiedlung von Indios aus den Nachbarinseln nicht mehr aufhalten; eine Generation nach ihrer »Entdeckung« zeugte kaum eine Spur mehr von den Kariben-Indianern, deren ursprüngliche Zahl auf eine Million geschätzt wird.

Schon 1503 gelangte die erste Schiffsladung afrikanischer Sklaven nach Santo Domingo, aber erst 1517 wurde deren Einfuhr in größerem Maßstab von Karl V. autorisiert; damit begann eine neue Epoche in der Geschichte der Kolonie, nicht weniger blutig als die vorhergegangene. Dreißig Jahre hatten den spanischen Eroberern genügt, um das Land zu entvölkern und seine natürlichen Reichtümer so zu erschöpfen, dass sich die weitere Ausbeutung der Kolonie, mit den Raubbaumethoden der damaligen Zeit, nicht mehr lohnte. Die spanischen Siedler folgten den Konquistadoren in die neu eroberten Großreiche der Azteken und Inkas in Mittel- und Südamerika, das Land lag brach, die

Ein Bukanier (17. Jahrhundert)

neu gegründeten Städte veröderten, und 1545 lebten nur noch 11 000 Spanier auf Hispaniola.

Zu Beginn des 17. Jahrhunderts ließen sich neue Eroberer auf der Île de la Tortue im Nordwesten Hispaniolas nieder: französische Seeräuber, die aus der spanischen Kolonie Santo Domingo im Lauf der Zeit die französische Niederlassung Saint-Domingue machten. Der Westteil der Insel war damals fast menschenleer und wurde von verwilderten Rinderherden durchstreift, die den Neuansiedlern als willkommene Beute dienten. Von offenen Feuerstellen, *Boucan* genannt, an denen sie das Fleisch der erlegten Tiere nach Art der Indios räucherten und brieten, erhielten sie den Beinamen Bukaniere. Die Bukaniere, frühe Vorläufer der Cowboys, lebten in einer Art Zunftgemeinschaft mit den eigentlichen Seeräubern, den Flibustiern (Freibeutern), die den mit

Gold und Silber beladenen Schiffen der spanischen Flotte in der Meerenge zwischen Kuba und Haiti auflauerten. Sie teilten ihre Beute mit den Bukanieren, die ihnen dafür Lebensmittel lieferten und bei Gefahr Unterschlupf gewährten. Viele der Piraten waren französische Protestanten, die, ähnlich wie sephardische Juden, vor religiöser Verfolgung im Mutterland in die Karibik geflüchtet waren und hier mit Glaubensbrüdern aus Holland gemeinsame Sache machten. Europas Religionskriege zwischen Katholiken und Protestanten wurden in Übersee fortgesetzt, und bei ihren Kaperfahrten gegen die spanische Flotte glaubten die Piraten, im Auftrag Gottes zu handeln.

Trotz häufiger Überfälle durch Spanier und Engländer waren die Franzosen nicht mehr aus ihren Stützpunkten an der Küste zu vertreiben; aus den Seeräubern wurden sesshafte Bauern, die den Boden bestellten mit Hilfe von Sklaven, die sie ihren spanischen Nachbarn raubten. Außerdem gab es noch eine Art weißer Sklaven, genannt *Engagés*: Auswanderer, die sich vor der Abreise zu dreijährigem Arbeitsdienst in der Kolonie verpflichten mussten. Daneben schickte die französische Regierung, um das Land zu bevölkern, auch Sträflinge und Prostituierte nach Saint-Domingue. 1697, im Frieden von Ryswijk, trat Spanien den Westteil von Hispaniola offiziell an Frankreich ab; damit begann die dritte und letzte Phase in der Geschichte der Kolonie.

1644 war der Zuckerrohranbau über die kanarischen Inseln in die Karibik gelangt und hatte dort eine ökonomische Revolution ausgelöst. An die Stelle kleiner, selbstgenügsamer Farmen traten großflächige Pflanzungen und Manufakturen, in denen das Zuckerrohr weiterverarbeitet wurde; für den Betrieb dieser Plantagen, die das ganze Jahr hindurch produzierten, waren umfangreiches Kapital und ein ständig wachsendes Heer von Arbeitsklaven nötig. Kleine Ländereien wurden enteignet und von Großgrundbesitzern aufgekauft: »Mehr als 4000 Menschen haben die Kolonie verlassen, deren Land jetzt zwölf oder fünfzehn Zuckerrohrpflanzern gehört«, heißt es in einem amtlichen Bericht aus dem Jahre 1680. An die Stelle der Freibeuter und Bukaniere traten kapitalistische Unternehmer, die mit modernsten technischen Mitteln den Boden bewirtschafteten: Städte wurden gegründet, Straßen und Brücken gebaut, Bewässerungssysteme angelegt. Die fruchtbaren Ebenen im Norden und Westen, auf denen vorher halbwilde Rinder geweidet hatten, verwandelten sich in Zuckerrohr- und Baumwollfelder, Berghänge wurden gerodet und mit Kaffeesträuchern bepflanzt; mehr als eine Million Hektar, die Hälfte des verfügbaren Bodens der Kolonie, wurde landwirtschaftlich genutzt. 1789 gab es in Saint-Domingue 793 Zuckerrohrmanufakturen, 3117 Kaffeepflanzungen, 3150 Indigo- und 789 Baumwollplantagen, 182 Rumbrennereien und 50 Kakaopflanzungen. Der Gesamtwert des Ein- und Ausfuhrhandels der Kolonie belief sich jährlich auf 250 Millionen Francs, ein Viertel des gesamten französischen Handels (nach anderen Schätzungen sogar ein Drittel). 30 000 Sklaven wurden pro Jahr nach Saint-Domingue eingeführt, 15 000 Matrosen waren mit dem Transport der Kolonialwaren beschäftigt, von denen in Frankreich ganze Industrien abhingen. Erst wenn man bedenkt, dass Ludwig XV. im Frieden von Paris 1763 die französischen Besitzungen in Kanada an England abtrat, um die Antilleninseln Martinique und Guadeloupe behalten zu können, erschließt sich die wirtschaftliche Bedeutung der Kolonie, die ein Zeitgenosse, Moreau de Saint-Méry, so beschreibt: »Der französische Anteil der Insel Saint-Domingue ist von allen Besitzungen Frankreichs in der Neuen Welt die wichtigste wegen der Reichtümer, die sie dem Mutterland liefert und wegen des Einflusses, den sie auf dessen Wirtschaft und Handel ausübt.«

In der zweiten Hälfte des 18. Jahrhunderts war Saint-Domingue nicht nur die reichste Kolonie Frankreichs, sondern die produktivste der Welt, die Englands Vorherrschaft auf dem Weltmarkt bedrohte: Nur ein Drittel der nach Frankreich gelieferten Kolonialwaren wurde im Lande verbraucht, der Rest wurde ins europäische Ausland exportiert. Vor diesem Hintergrund müssen wiederholte Invasionsversuche britischer Truppen gesehen werden, wie auch die Propaganda zur Abschaffung des Sklavenhandels, die, ausgehend von englischen Abolitionisten, die wirtschaftlichen Grundlagen der französischen Kolonien in Frage stellte – dagegen kam das britische Empire in Indien ohne Sklaverei aus.

Rassen und Klassen

Es gab drei Hauptrassen in Saint-Domingue, die, auf den ersten Blick, mit den wichtigsten sozialen Klassen identisch waren: die herrschende Klasse der Weißen, die Zwischenklasse der Mulatten, auch freie Farbige genannt, und die besitzlose, unterdrückte Klasse der schwarzen Sklaven. Ihr Zahlenverhältnis, am Vorabend der Französischen Revolution, betrug 450 000 Schwarze zu 40 000 Weißen und 30 000 Mulatten. Auf jeden Weißen kamen also elf, auf jeden freien Farbigen fünfzehn Sklaven. Doch die Homogenität der Blöcke täuscht, denn jede dieser Rassen und Klassen zerfiel in zwei oder mehrere Untergruppen mit divergierenden Interessen: die der Weißen in »große« und »kleine« Weiße (*grands blancs et petits blancs*), die der Mulatten in frei geborene oder

Darstellung der Rassen und Klassen in Saint-Domingue: Großer Weißer, kleiner Weißer, Mulattin u. a. m., Gemälde von Édouard Duval-Carrié

freigelassene (*gens de couleurs libres ou affranchis*), die der Sklaven in aus Afrika importierte und in der Kolonie geborene (*nègres bossales et créoles*). Darüber hinaus lassen sich auch diese sozialen Gruppen weiter differenzieren: die der großen Weißen in Aristokratie und Großbürgertum, die der kleinen Weißen in Geschäftsleute und Plebejer, die der Mulatten in hell- und dunkelhäutige, die der Schwarzen in Haus- und Feldsklaven. Die Unterscheidungen ließen sich beliebig fortschreiben; stattdessen sollen die einzelnen Klassen und deren wechselnde Allianzen oder Konflikte im Folgenden gesondert dargestellt werden.

Die Weißen

An der Spitze der sozialen Hierarchie stand der vom König für drei Jahre ernannte Gouverneur, dem als oberstem Militär die innere und äußere Sicherheit der Kolonie oblag; ihm beigeordnet war der ebenfalls für drei Jahre eingesetzte Intendant als Chef der zivilen Verwaltung. Beide entstammten dem französischen Adel, ebenso wie die höheren Offiziere und Beamten, die meist nur für begrenzte Zeit in den Kolonien »dienten«. Als Stellvertreter des Königs hatten sie nicht nur für den Schutz seiner Untertanen zu sorgen, sondern mussten vor allem über die strikte Einhaltung des *pacte colonial* wachen, der Frankreich das Handelsmonopol mit seinen Kolonien und damit den Löwenanteil der Profite sicherte. Der von den Sklaven geschaffene Mehrwert floss also nicht nur in die Taschen der reichen Pflanzer, er füllte ebenso die Staatskasse des Königs und bereicherte die Handelsbourgeoisie der großen Seestädte Brest und Bordeaux, La Rochelle, Marseille und Nantes. Anstatt ihre Produkte auf dem freien Markt meistbietend zu verkaufen, mussten die Kolonialherren sie zu willkürlich festgesetzten Preisen nach Frankreich liefern, von wo Zwischenhändler sie mit gewaltigen Gewinnspannen weiterverkauften; umgekehrt mussten sie zu überhöhten Preisen Waren beziehen, die sie anderswo, etwa in den Vereinigten Staaten, schneller und billiger bekommen konnten. Dieses protektionistische System, das sich nur in Krisenzeiten, wenn Paris von seinen Kolonien abgeschnitten war, oder durch Schmuggel umgehen ließ, war eine Quelle ständiger

Unzufriedenheiten und Ärgernisse, die sich schon früh in Unabhängigkeitsbestrebungen der weißen Pflanzer entluden. Hinzu kommt, dass die verarmten Adligen aus dem französischen Mutterland ihre Ämter und Posten in der Kolonie als Mittel benutzten, um sich auf Kosten der einheimischen Bourgeoisie zu bereichern, erpresserische Abgaben zu erheben und Land zu Billigpreisen zu kaufen. Um ihre bankrotten Vermögen zu sanieren, heirateten sie reiche Kreolinnen oder Mulattinnen, was die auf Aufrechterhaltung der Rassenschranke bedachten weißen Pflanzer besonders erbitterte, da sie Nachkommen von Sklaven auf diesem Weg in den Adelsstand aufsteigen sahen.

Die Verfilzung der französischen Aristokratie mit der Geldaristokratie der Kolonien war so notorisch, dass eine Abordnung aus Saint-Domingue zu Ludwig XVI. den Satz sagen konnte: »Sire, votre cour est créole« – Majestät, Ihr Hof ist kreolisch! Noch Joséphine Beauharnais, die Frau Napoleons, stammte aus einer Kreolenfamilie und soll den Entschluss des Ersten Konsuls zur Rückeroberung von Saint-Domingue maßgeblich beeinflusst haben. Aber auch Aufklärer wie Voltaire und Revolutionäre wie Mirabeau, die sich für die Rechte der Sklaven einsetzten, verdankten ihre Vermögen der Verwandtschaft mit reichen Pflanzern in Saint-Domingue.

Die sogenannten großen Weißen bildeten eine Art einheimischer Aristokratie, die den Unabhängigkeitsgeist ihrer Vorfahren, der Bukaniere und Flibustier, nie ganz verleugnen konnte. Im Gegensatz zu adligen Gentleman-Farmern, die in Frankreich residierten und ihre in den Kolonien erworbenen Güter von Verwaltern bewirtschaften ließen, lebten sie seit Generationen in Saint-Domingue und hatten einen eigenen Nationalcharakter entwickelt. Sie waren ebenso bekannt für ihre großzügige Gastfreundschaft wie für ihre Unbeherrschtheit und Arroganz, die sich in folgendem kreolischen Sprichwort äußert: »Mwen vlé youn zé.« – »Nya point.« – »Akoz sa mwen vlé dé!« Ich möchte ein Ei. – Es gibt keins. – Dann möchte ich zwei!

Das gesellschaftliche Leben in Cap Français oder Port-au-Prince war, im Gegensatz zu dem der Metropole, vulgär und unkultiviert. Es gab ein paar Schmierenbühnen und eine Freimaurerloge für Intellektuelle, aber außer Handelsregistern und obszönen Schriften wurden kaum Bücher gelesen. Die weißen Pflanzer trafen sich in von reichen Mulattinnen geführten Bordellen, wo sie mit der Anzahl ihrer Sklaven renommierten und in wenigen Stunden gewaltige Vermögen verspielten. Beim Empfang in ihren protzig eingerichteten Häusern servierten sie den Gästen Wein, der, um ein spezielles Aroma zu bekommen, mehrmals die Reise von Frankreich nach Saint-Domingue und zurück absolviert hatte, oder sie erschossen vor ihren Augen einen Sklaven, um eine neue Pistole auszuprobieren.

Auch bei den kleinen Weißen gab es soziale Differenzierungen: Auf der einen Seite standen die Nachkommen der als *Engagés* in die Kolonien gelangten Auswanderer, die sich hochgearbeitet hatten zu Geschäftsleuten, Handwerkern oder kleinen Gewerbetreibenden. Sie besaßen zwar keine Pflanzungen, aber Sklaven, die ihnen die Arbeit abnahmen und die sie bei Bedarf weitervermieteten. Auf der anderen Seite die von französischen Plantagenbesitzern eingesetzten Aufseher, die ihre Sklaven doppelt ausbeuteten – im Interesse ihres Herrn und im eigenen Interesse, und sich für die Frustration ihrer untergeordneten Stellung an Untergebenen schadlos hielten.

Eine Stufe tiefer folgte das menschliche Strandgut der Kolonien: geflohene Sträflinge, entlaufene Matrosen und andere *displaced persons* aus Europa und Amerika. Für sie galt, wie für die kleinen Weißen überhaupt, dass sie sich umso mehr auf das Privileg ihrer Hautfarbe einbildeten, je unterdrückter sie selbst waren. Besonders die freien Farbigen, deren wachsender Wohlstand sie mit Neid erfüllte, verfolgten sie mit wütendem Hass, der sich von Zeit zu Zeit in Pogromen entlud.

Die Mulatten

Die soziale Schicht der Mulatten oder freien Farbigen entstand aus sexuellen Verbindungen weißer Kolonialherrn mit schwarzen Sklavinnen, die anfangs durch Frauenmangel befördert wurden, aber auch späterhin, trotz des öffentlichen Tabus, üblich blieben; zwar galt die Ehe mit einer Farbigen als Mesalliance, aber das Konkubinat schien erlaubt, obwohl das Sklavengesetz

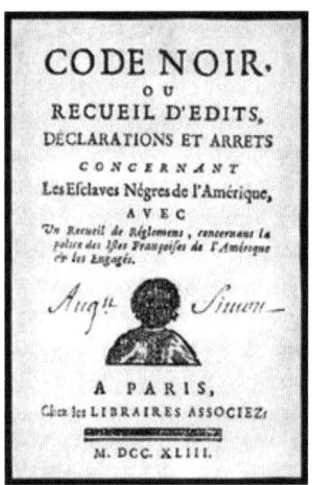

Titelblatt des Code noir (1743)

von 1685, der *Code noir*, es genau umgekehrt vorsah: Das Konkubinat sollte streng bestraft, die Ehe mit einer Sklavin, die dadurch automatisch die Freiheit erhielt, dagegen erlaubt sein. Da die Kolonialherren ihre mit schwarzen Konkubinen gezeugten Kinder nicht in der Sklaverei belassen konnten, ohne ihre Eigenliebe zu verletzen, gab es eine stillschweigende Übereinkunft, diesen im Alter von 21 Jahren die Freiheit zu schenken. Erst als die Zahl der freien Farbigen stetig zunahm – weniger durch deren natürliche Vermehrung, als durch eine wachsende Zahl von Freikäufen, die den Besitzern der Sklaven zusätzlichen Gewinn einbrachten (man nannte das: *Vendre un nègre à lui-même* – einen Neger an ihn selbst verkaufen), wurde die Freilassung durch bürokratische Formalitäten erschwert und mit hohen Steuern belegt. 1703 gab es 500 freie Farbige in der Kolonie, deren Zahl sich bis 1715 auf 1500 erhöhte; 1770 waren es – aufgrund der verschärften Bestimmungen – erst 6000, deren Anteil sich in nur zwei Jahrzehnten verfünffachte. Der sprunghafte Anstieg ist einmal durch die Zunahme gemischter Ehen zu erklären, zum anderen durch den ständigen Bedarf des Fiskus an höheren Steuereinnahmen, was zu einem Boom von Freilassungen führte. Parallel dazu wuchs das Selbstbewusstsein der Mulatten, die durch Fleiß und Sparsamkeit Vermögen erworben hatten: 1790 gehörten ihnen ein Drittel des Bodens und ein Viertel aller Sklaven, wozu Erbschaften weißer Väter, die sich ihren unehelichen Kindern erkenntlich zeigten, ebenso beitrugen wie die Extraprofite, die farbige Konkubinen ihren reichen Kunden aus der Tasche zogen: 1774 waren von 7000 Mulattinnen, die in Saint-Domingue lebten, 5000 als Konkubinen eingetragen. Die Reaktion der Behörden, die durch diese Entwicklung die Vorherrschaft der Weißen bedroht sahen, war eine schrittweise Verschärfung der Rassentrennung. Die Freiheit der Mulatten und Farbigen war stets eine halbe Freiheit gewesen, die nur auf dem Papier bestand: In der Praxis waren sie Bürger zweiter Klasse wie einst Juden in Europa oder Schwarze und Farbige in den Südstaaten der USA. Schon der *Code noir* von 1685 schärfte den Freigelassenen besonderen Respekt gegenüber ihren früheren Herren ein, die sich wiederholt über die angebliche Arroganz und Unbotmäßigkeit der Mulatten beklagten. So heißt es in einem amtlichen Bericht der Verwaltung von Saint-Domingue aus dem Jahr 1756:

»Diese Menschenrasse fängt an, die Kolonie zu überschwemmen, und es gehört zu den schlimmsten Missbräuchen, wenn man sieht, wie sie inmitten der Weißen immer zahlreicher wird und diese durch ihren Reichtum und Luxus in den Schatten stellt. Da sie, wie ihre schwarzen Vorfahren, äußerst genügsam sind, nur von Gemüse leben und anstatt Wein nur Zuckerrohrschnaps trinken, tragen sie nichts bei zu dem für die Wirtschaft lebenswichtigen Konsum und häufen durch übertriebene Sparsamkeit gewaltige Kapitalien auf, die sie wegen ihres neu erworbenen Reichtums immer arroganter werden lassen. In vielen Vierteln sind die schönsten Güter im Besitz der Mischlinge, und ihre Häuser dienen verkommenen Subjekten und entlaufenen Sklaven als Unterschlupf. Es sind gefährliche Menschen, die eher den Sklaven zuneigen, denen sie durch Blutsverwandtschaft verbunden sind, als uns, da wir durch unseren Hochmut und die Unterwürfigkeit, die wir von ihnen verlangen, ihre Eigenliebe verletzen. Schon beim ersten Anzeichen einer Revolution werden sie das Joch abschütteln, das umso schwerer auf ihnen lastet, weil sie reich geworden sind und daran gewohnt, Weiße als Dienstboten zu haben, deren Überlegenheit sie nicht hoch genug achten.«

Um die Ansprüche der Farbigen zurückzuweisen, deren Emanzipation den Abstand zwischen Sklaven und Kolonialherren zu verringern drohte, nahmen letztere zu schikanösen Maßnahmen Zuflucht, die an die südafrikanische Apartheid erinnern: Den

Mulatten war, ähnlich wie den Juden in Europa, der Zugang zu Offiziersposten und öffentlichen Ämtern untersagt – sie durften lediglich in der Miliz dienen und auf entlaufene Sklaven Jagd machen. Auch das Ausüben bürgerlicher Berufe und das Tragen bürgerlicher Namen war ihnen verboten; sie durften nicht mit Monsieur oder Madame angesprochen werden, sich nicht in Seide kleiden, nicht auf Pferden reiten, nicht mit Weißen am selben Tisch, im Theater oder in der Kirche sitzen, und die Rassentrennung wurde bis aufs Schafott und auf den Friedhof ausgedehnt. Wenn Mulatten mit Weißen sprachen, mussten sie den Hut ziehen, sie durften keine Waffen tragen, keine Hochzeiten oder Feste feiern, sich nicht ins Kirchenregister eintragen lassen, nicht an Karten- oder Glücksspielen teilnehmen; das einzige Recht, das man ihnen zugestand, war, an Weiße Geld zu verleihen! Aufgeschreckt durch die Erklärung der Menschenrechte von 1789, forderten die Weißen von den Mulatten die Ablegung eines »Bürgereids«: Sie mussten schwören, auf die Durchsetzung ihrer Rechte zu verzichten und für die Verteidigung des Kolonialregimes notfalls ihr Leben zu opfern. Wer den Eid verweigerte, wurde von einem rassistisch aufgehetzten Mob gelyncht; unter den Opfern waren auch Weiße, die sich für die Rechte der Farbigen ausgesprochen hatten.

Angesichts der schärfer werdenden Repression verhielten sich die Mulatten wie andere unterdrückte Minderheiten: Sie blieben ruhig, um ihre Gegner nicht zu provozieren, und benutzten die Lücken des Systems, um Karriere zu machen und damit zur Emanzipation von Angehörigen ihrer Hautfarbe beizutragen. Reiche Familien schickten ihre Kinder nach Frankreich, wo das Rassenvorurteil unbekannt war und wo sie die beste Erziehung genossen. Einige von ihnen wurden als Pagen am Hof des Königs angestellt und traten später in die Armee ein: 1779 kämpfte ein Farbigenbataillon aus Saint-Domingue als Freiwillige im amerikanischen Unabhängigkeitskrieg; aus dieser Elite gingen die politischen und militärischen Führer der Mulatten hervor. Die entscheidende Schlacht für die Emanzipation der Farbigen aber wurde im Schlafzimmer geschlagen: Der Niedergang des Kolonialregimes begann, lange bevor die Sklaven zu den Waffen griffen, im Bett.

Die Schwarzen

»Fragt den Händler mit Menschenfleisch, was Eigentum ist; er wird auf einen langen Sarg weisen, den er Schiff nennt und wo er Menschen, die scheinbar lebendige Wesen sind, eingepfercht und angeschmiedet hat, und Euch sagen: Diese Menschen sind mein Eigentum, denn ich habe so und soviel für sie bezahlt.«
(Robespierre: *Rede über das Eigentum*)

Die auf die Antillen verschleppten Sklaven stammten in der Mehrzahl von der Westküste Afrikas, aus dem Gebiet des Golfs von Guinea, das noch heute Sklavenküste heißt. Als sich das Menschenreservoir dieser Region zu erschöpfen begann, wandten sich die Sklavenhändler weiter südwärts, an die Küsten von Kongo und Angola, und umrundeten schließlich sogar das Kap der Guten Hoffnung; erst in der Endphase des französischen Kolonialregimes, als britische Schiffe die Häfen des Kontinents blockierten, wurden Sklaven aus Ostafrika eingeführt. Die Umstände des Menschenhandels sind häufig beschrieben worden: Europäische Aufkäufer organisierten regelrechte Expeditionen ins Landesinnere, auf denen Männer, Frauen und Kinder von Sklavenjägern, die oft arabischer Herkunft waren, wie wilde Tiere gefangen und gefesselt zur Küste getrieben wurden. Die Mortalität während dieser mühsamen, entbehrungsreichen Märsche war hoch. Nach langer Wartezeit an der Küste, wo sich ihre Zahl durch Hunger und Seuchen weiter dezimierte, wurden sie auf wartende Schiffe verfrachtet, unter Deck zusammengepfercht und an Ruderbänke gekettet, Männer und Frauen getrennt. Sie bekamen zweimal am Tag eine Handvoll getrockneter Bohnen zu essen und aus einem Gemeinschaftskübel Wasser zu trinken; Kranke und Tote wurden über Bord geworfen. Die Überfahrt dauerte bis zu zwei Monaten, und die Sterblichkeit lag bei zwanzig bis dreißig Prozent; es war eine Sensation, wenn der Kapitän eines Sklavenschiffes keine höheren Verluste zu verzeichnen hatte. Nach der Ankunft in Saint-Domingue wurden die Neuankömmlinge ein paar Tage lang gut genährt, ärztlich untersucht und mit Öl eingerieben, bevor sie auf Märkten verkauft oder auf

Auktionen versteigert wurden. Die Kaufinteressenten prüften die Qualität der menschlichen Ware, griffen den Sklaven in den Mund, betasteten ihre Geschlechtsteile, rochen an ihrem Atem und spuckten ihnen ins Gesicht, um ihre Reaktion zu testen. Fiel das Examen positiv aus, wurden sie mit dem Namen ihres Besitzers gebrandmarkt und in einer kurzen Zeremonie getauft; das war der Anfang und zugleich das Ende ihrer religiösen Erziehung.

Die Folgen der Verschleppung, die Männer, Frauen und Kinder aus den Familien und der gewohnten Umgebung riss und ihrer ethnischen und kulturellen Identität beraubte, wirkten lange nach. Viele, die auf der Überfahrt erkrankt waren, starben erst nach der Landung; anderen gelang es auch Jahre später nicht, sich den neuen Verhältnissen anzupassen. Sie weigerten sich, die kreolische Umgangssprache zu erlernen, blieben stumm und flüchteten sich in Krankheit oder Irrsinn. Das Ausmaß des Schocks wird deutlich, wenn man liest, dass viele Frauen bis zu zwei Jahre nach ihrer Ankunft in der Kolonie unfruchtbar blieben.

Wie lebten die Sklaven?

Der *Code noir* von 1685, mit dem Ludwig XIV. das Los der Afrikaner erleichtern (!) wollte, setzte die Arbeitszeit von Sonnenaufgang bis Sonnenuntergang fest, mit einer Mittagspause von zwölf bis zwei Uhr. An Sonn- und Feiertagen durfte nicht gearbeitet werden, dafür waren bei der Ernte und Raffinierung des Zuckerrohrs Überstunden bis in die Nacht hinein üblich. Die tropische Hitze, der, besonders in höheren Lagen, harte und steinige Boden und die hohe Unfallquote in den Zuckermühlen machten die Arbeit doppelt gefährlich. Schlaf wurde den Sklaven nur so viel zugestanden, wie zur Reproduktion ihrer Arbeitskraft unbedingt nötig war. Das gleiche galt für Kleidung und Ernährung: Der *Code noir* sah eine wöchentliche Ration von zwei Pfund Pökelfleisch oder drei Pfund Stockfisch vor sowie drei Kassaven oder anderthalb Maß Maniokmehl (entspricht ungefähr einem Kilo Weizenmehl) pro Person – ein Existenzminimum, das von den auf Einsparung bedachten Sklavenhaltern eher unter- als überschritten wurde. Als Kleidung erhielten sie vier Ellen Leinwand oder zwei Baumwollanzüge pro Jahr; sie wohnten in kleinen, fensterlosen Hütten und schliefen auf dem Fußboden. In ihrer kärglichen Freizeit durften sie ein winziges Stückchen Land bebauen, um ihre Ernährung aufzubessern und, durch Verkauf ihrer Produkte auf dem Markt, Luxusgüter wie Tabak und Zuckerrohrschnaps zu erwerben. Ein bezeichnendes Detail, das den Grad der Ausbeutung anzeigt, ist die Tatsache, dass viele Sklaven am Ende des langen Arbeitstags so erschöpft waren, dass sie, um Zeit zu sparen, ihr Essen roh verzehrten.

Zu dieser »normalen« Ausbeutung gesellte sich die ständige Drohung mit schweren und schwersten körperlichen Strafen, die aus nichtigen Anlässen verhängt wurden – bis hin zur Todesstrafe. Die gängigste Bestrafung, die der *Code noir* vorschrieb – ursprünglich mit dem Ziel, Schlimmeres zu verhindern – bestand in Peitschenhieben, deren Zahl Ludwig XVI. 1784 auf fünfzig begrenzte, was dem König den Ruf einbrachte, ein *Freund der Schwarzen* zu sein. Zum Auspeitschen wurden geflochtene Lianen oder Rindersehnen benutzt, deren schmerzhafte Wirkung durch Knoten verstärkt wurde: Die Peitschenhiebe zerrissen die Haut, in deren offene Wunden Salz und Pfeffer gestreut oder glühende Kohlen gelegt wurden. Um die moralische Wirkung des Auspeitschens zu erhöhen, fand die Züchtigung vor der versammelten Belegschaft einer Plantage in aller Öffentlichkeit statt. Der Spezialausdruck, den die Pflanzer für das Auspeitschen benutzten: *tailler un nègre* – einen Neger zuschnitzen oder zuschneiden, sagt mehr über die Grausamkeit dieser Prozedur als eine detaillierte Schilderung.

Weitere Strafen, die der *Code noir* vorsah, waren die Brandmarkung mit glühenden Eisen (bei Diebstahl von Lebensmitteln), das Abschneiden beider Ohren oder das Durchtrennen der Kniekehle (beim ersten und zweiten Fluchtversuch) und die Todesstrafe (beim dritten Fluchtversuch oder wenn ein Sklave seinen Herrn geschlagen hatte). Die gebräuchlichste Hinrichtungsart war das Rädern bei lebendigem Leib: Dem Verurteilten wurden die Knochen gebrochen, und er wurde auf ein Rad geflochten, bis er verendete. Bei der Liquidierung aufsässiger Sklaven war der Phantasie der Folterknechte keine Grenze gesetzt: Die Delinquenten wurden lebendig begraben, verbrannt oder ersäuft, mit Schießpulver in die Luft gesprengt, in Säcke genäht oder auf Bretter genagelt, mit Zucker eingerieben und auf Ameisenhaufen gelegt oder einfach an Bäume gefesselt, bis sie vor Durst und Hitze wahnsinnig geworden waren. Dass solche Bestialitäten keine Ausnahme bildeten und nicht bloß von Sadisten befohlen wurden, ist evident, denn es gab einen regelrechten Tarif für Folterungen, meist von zum Tode Verurteilten ausgeführt, die dadurch die Schonung ihres eigenen Lebens erkauften.

Ein häufig zitiertes Beispiel für die Grausamkeit weißer Kolonialherren war der Fall des Pflanzers Lejeune, der vier seiner Sklaven eigenhändig ermordete und zwei von ihnen folterte, indem er ihnen unter ärztlicher Aufsicht die Füße abbrannte; hinterher ließ er sie in Ketten legen und lebendig verfaulen. Als die Belegschaft der Plantage sich hilfesuchend an das Gericht in Cap Français wandte, das nach einem Ortstermin der Klage stattgab, erhob sich ein Sturm der Entrüstung in der Kolonie, und Lejeune wurde in erster und zweiter Instanz freigesprochen, seine Sklaven aber wegen Denunziation ihres Herrn zu je fünfzig Peitschenhieben verurteilt.

Der einzige Schutz, den die Schwarzen genossen, war die Profitgier der Pflanzer, die der Willkür Grenzen setzte, weil die mutwillige Beschädigung ihres beweglichen Besitzes auch dessen Wert minderte. Für jeden Sklaven, der ohne Verschulden seines Herrn straffällig geworden oder zum Tode verurteilt worden war, musste die Staatskasse eine Entschädigung zahlen; und es gab Eigentümer, die es ablehnten, entlaufene Sklaven allzu hart zu bestrafen, um deren Arbeitskraft nicht zu verlieren.

Gab es Mittel der Gegenwehr?
Eine Form des passiven Widerstandes gegen das System war der Selbstmord, dem vor allem frisch eingetroffene Sklaven zuneigten, im Glauben, sie würden nach dem Tod in ihre Heimat zurückkehren – im haitianischen Vodou ist das Wort Guinea, kreolisch *Guinin*, bis heute gleichbedeutend mit Jenseits. Um die Selbstmordepidemie zu stoppen, gingen die Pflanzer dazu über, die Leichen öffentlich zu verstümmeln – mit Erfolg, da die Afri-

kaner Wert darauf legten, körperlich unversehrt ins Jenseits zu gelangen. Andere fügten sich selbst Verletzungen zu, um arbeitsuntauglich zu werden, oder sie verstümmelten ihre Gliedmaßen wie jener Sklave, der sich mit der linken Hand eine Prothese schnitzte, um diese beizeiten zu üben, bevor er sich den rechten Arm abhackte.

Die am weitesten verbreitete Form des Widerstandes aber war die Flucht, die nicht nur in Saint-Domingue, sondern auch in anderen Kolonien eine ständige Begleiterscheinung der Sklaverei war. Schon im 16. Jahrhundert ließen sich Banden von *marrons* – so hießen die flüchtigen Sklaven – in unzugänglichen Bergen im Inneren der Insel nieder. Trotz drakonischer Gegenmaßnahmen und militärischer Strafexpeditionen konnte die Kolonialverwaltung die Aufständischen nicht besiegen, und 1785 war die Regierung gezwungen, die Unabhängigkeit der im Grenzgebiet zu Santo Domingo operierenden Banden anzuerkennen, die dort seit Generationen selbstbestimmt lebten. Sie rekrutierten sich überwiegend aus Afrikanern, während in der Kolonie Geborene das Risiko der Flucht zumeist scheuten. Erst nach Ausbruch des Sklavenaufstands im August 1791 wurde die so genannte *marronage* zum Massenphänomen und zur Basis des bewaffneten Widerstands.

Ein anderes, von den Weißen gefürchtetes Mittel der Gegenwehr war Gift, das in den Händen pflanzenkundiger Hexen und Zauberer zur gefährlichen Waffe wurde. Immer wieder kam es zu rätselhaften Todesfällen unter dem Vieh oder den Sklaven einer Plantage, die sich zu Massensterben ausweiteten, das auch die Kolonialherren und deren Familien nicht verschonte. Dass es sich dabei nicht um Krankheiten oder Seuchen handelte, die erst durch die hysterische Reaktion der Betroffenen zu Giftmorden hochstilisiert wurden, zeigt der Fall des Vodoupriesters Mackandal, der durch Massenvergiftungen von Weißen das Signal zum Sklavenaufstand geben wollte; 1758 wurde er nach einem aufsehenerregenden Prozess hingerichtet.

Dass dem Gift auch Schwarze zum Opfer fielen, war bezeichnend für die Mentalität der Rebellen, die den Kolonialherren Schaden zufügen wollten, indem sie deren wertvollsten Besitz zerstörten; auch Selbstmorde wurden mit dieser Begründung begangen. Ein weiteres Indiz dafür war die niedrige Geburtenrate; trotz strengen Verbots trieben viele Schwangere ihre Leibesfrucht ab, um ihren Kindern das Sklavendasein zu ersparen. So kommt es, dass trotz ständig steigender Importziffern – bis zu 40 000 pro Jahr – die Zahl der Todesfälle die der Geburten übertraf. Die Kolonie fraß ihre Sklaven: Von über einer Million Menschen, die nach Saint-Domingue verschleppt wurden, waren 1789 nur noch weniger als die Hälfte am Leben.

Neben der Masse der Sklaven, die sich auf Zuckerrohrfeldern zu Tode schufteten, gab es eine Art Sklavenaristokratie: Domestiken, Köche, Lakaien, Kutscher, Aufseher, Ammen, Kammerzofen und andere mehr. Es waren zumeist in Saint-Domingue geborene Kreolen, die als »zivilisierter« galten als afrikanische Sklaven und die Wert- wie Moralvorstellungen der Weißen teilten. Um spezialisierte Tätigkeiten auszuüben, nahmen die Besitzer ihre Hausangestellten mit nach Frankreich, wo sie Handwerke oder technische Fertigkeiten erlernten. Sie waren in die Kolonialgesellschaft integriert und standen in der sozialen Hierarchie den Mulatten nahe; hatten sie ihren Herren lange genug treu gedient, wurden sie mit der Freiheit belohnt. Viele von ihnen schämten sich ihrer afrikanischen Herkunft und imitierten die Sitten der Mittel- und Oberklasse bis zur Mimikry: Sie verabscheuten den Vodoukult, gingen sonntags zur Kirche und tanzten, statt *Chica* oder *Calenda*, Menuett und Quadrille. Die Anpassung an die Welt der Weißen erlaubte einigen von ihnen, Wissen zu erwerben, das sie für den Freiheitskampf nutzbar machten. Die wichtigsten Anführer der Sklavenrevolte und des Unabhängigkeitskriegs kamen aus dieser vergleichsweise privilegierten Schicht: Toussaint Louverture, Kutscher und Aufseher auf der Pflanzung Breda, und Henri Christophe, Schiffskoch und Gastwirt in Cap Français, der sich nach der Unabhängigkeit im Norden Haitis zum König krönen ließ.

Ideologie

Im Unterschied zum revolutionären Bürgertum Frankreichs verfügte die Kolonialbourgeoisie über keine spezielle Ideologie, um ihre ökonomischen Interessen zu kaschieren. Die Profitgier lag offen zutage und bedurfte nicht einmal der pseudowissenschaftlichen Verbrämung durch den Rassismus zu ihrer Rechtfertigung: Sobald die Aufrechterhaltung ihres Besitzes es erforderte, warfen die Kolonialherren rassistische Vorurteile über Bord und verbrüderten sich mit Schwarzen und Mulatten, die sie vorher auf eine Stufe mit Tieren gestellt hatten. Ähnlich war der Patriotismus dieser Bourgeoisie beschaffen, den sie ohne zu zögern preisgab zugunsten des »Erbfeindes« England, als ihr wirtschaftliches Überleben auf dem Spiel stand.

Anders das revolutionäre Bürgertum des Mutterlands, das, wie Marx im *18. Brumaire des Louis Bonaparte* schrieb, eine »weltgeschichtliche Totenbeschwörung« inszenierte:

> »Aber unheroisch, wie die bürgerliche Gesellschaft ist, hatte es jedoch des Heroismus bedurft, der Aufopferung, des Schreckens, des Bürgerkriegs und der Völkerschlachten, um sie auf die Welt zu setzen.«

Der Heroismus des revolutionären Bürgertums war mehr als eine Phrase – ohne ihn hätte es seine historische Mission nicht erfüllen können. Die Durchsetzung der Menschenrechte und ihrer »Prinzipien« – ein Schlüsselwort zum Verständnis der französischen Revolution – stieß in den Kolonien auf erbitterten Widerstand der weißen Pflanzer, deren Intrigen um so schwerer zu durchschauen waren, da sie sich als Freunde der Freiheit und Gleichheit tarnten und so die Beschlüsse der Nationalversammlung hintertrieben. Es bedurfte der kompromisslosen Radikalität eines Robespierre, um den Widerstand der Kolonialherren zu brechen; das aber gelang dem aus Paris entsandten Kommissar Sonthonax nur mit Unterstützung der freien Farbigen und später der Sklaven.

Beide Gruppen hatten keine konstante politische Ideologie; sie bekannten sich bald zum Königtum, bald zur Republik, je nachdem, welche Seite ihre Interessen zu vertreten vorgab. Die Mulatten unterstützten anfangs die royalistischen Beamten und Militärs gegen das »revolutionäre«, sprich rassistische Kleinbürgertum; erst als die Nationalversammlung ihre Rechte unwiderruflich anerkannte, wurden sie zu überzeugten Republikanern und verteidigten den Süden der Kolonie mit Erfolg gegen die Engländer.

Dass die Anführer der Sklavenrevolte von 1791 sich als *gens du roy*, Leute des Königs, bezeichneten, ist wenig verwunderlich, wenn man bedenkt, dass und wie sich die Unterdrückung der Schwarzen in den Anfangsjahren der Revolution verschärfte. Hatte nicht der König angeordnet, dass kein Sklave mehr als fünfzig Peitschenhiebe bekommen durfte? Und hatte nicht seit seiner Absetzung die Zahl der Folterungen und Hinrichtungen ständig zugenommen? Dass sie Ursache und Wirkung verwechselten, war den analphabetischen Sklaven nicht bewusst. Hinzu kam, dass die Identifizierung mit der Person eines Königs den afrikanischen Traditionen eher entsprach als die abstrakten Prinzipien der Revolution, die sie sich erst zu eigen machten, als sie sich in Personen wie Toussaint Louverture verkörperten. Im Grunde aber blieb die ideologische Auseinandersetzung zwischen Republik und Königtum ihnen so fremd wie der philosophische Streit zwischen Voltaire und Rousseau. Die adäquate Form, in der sich das Selbstbewusstsein der Sklaven artikulierte, war eine religiöse: der Vodoukult (auch *Vaudou*, *Vodun*, *Wodu* oder *Hoodoo*), dessen Ursprünge bis nach Westafrika zurückreichen.

Vodou ist in Dahomey, dem heutigen Benin, ein Synonym für Fetisch oder Gottheit, und die nach Haiti importierten Vodou-Götter tragen noch immer die Beinamen ihrer afrikanischen Herkunftsländer: Congo, Ibo, Wangol (Angola) usw. Im Mittelpunkt des Kults steht eine rituelle Zeremonie unter der Leitung eines Priesters oder einer Priesterin (*houngan*, *mambo*, auch *papaloi* genannt), die die Anwesenden durch rhythmische Beschwörungsformeln, Tanz und Gesang in Trance versetzt, bis sich eine Gottheit (*loa – loba* in der Yoruba-Sprache) in ihnen manifestiert und sie in Zungen zu sprechen beginnen. Alles, was die Vodougötter von den Menschen verlangen, muss von diesen ausgeführt werden. Dass der aus Afrika stammende Kult die Vorherrschaft der Weißen in Frage stellte, erkannten diese schon früh und versuchten, durch Verfolgung und Unterdrückung dessen Ausbreitung zu verhindern. Die aufgezwungene Illegalität und die daraus resultierende, geheimbündlerische Organisation aber machten den Vodou erst zur politischen Waffe, und es ist bezeichnend, dass die ersten Sklavenaufstände – von Mackandal bis Boukman – von Vodoupriestern angeführt wurden, die ihren Gefolgsleuten einredeten, sie würden nach dem Tod in Afrika wiederauferstehen.

Augenzeugenberichte von Angriffen der Aufständischen, die singend und tanzend in den Kampf zogen, ihre Fetische schwingend, und mit ihren Körpern die Mündungsrohre der Kanonen verstopften, vermitteln etwas vom religiösen Fanatismus der Sklaven, der sie unbesiegbar machte: Ihre Anführer hatten sie schwören lassen, »die Weißen zu vernichten und alles, was sie besitzen«. Es ist deshalb genauso falsch, den Vodou-Kult als primitiven, vom politischen Kampf ablenkenden Aberglauben zu verdammen, wie, in umgekehrtem Rassismus, ihn zum höchsten Ausdruck der schwarzen Volksseele zu verklären, wie dies der Vodou-Doktor und Despot »Papa Doc« Duvalier 150 Jahre später tat.

Die rationalistische Unterschätzung und die irrationalistische Überschätzung der Religion sind zwei Seiten derselben Sache. Der Vodou war so lange unentbehrlich für den Freiheitskampf der Schwarzen, wie diese kein anderes Selbstbewusstsein entwickeln konnten; aber als ihr im Kampf gestärktes Selbstwertgefühl seine mystifizierende Form abstreifte, wurde der Vodoukult zum Hindernis auf dem Weg der weiteren Emanzipation. Es ist bezeichnend, dass die Führer der Revolution und des Unabhängigkeitskampfes, Toussaint Louverture und Dessalines, den Kult energisch bekämpften, während der reaktionäre Obskurantist Duvalier ihn 150 Jahre später zur Staatsreligion erhob. So besehen gewinnt auch Toussaint Louvertures frömmelnder Katholizismus politische Relevanz: als Indiz seiner kulturellen Überlegenheit über die analphabetischen Sklaven einerseits, als Ausdruck wachsender Isolierung von den schwarzen Massen andererseits.

Rhetorik

Die Redner des revolutionären Bürgertums – zumeist Advokaten, die in der lateinischen Rhetorik geschult waren –

»fanden in den klassisch strengen Überlieferungen der römischen Republik die Ideale und die Kunstformen, die Selbsttäuschungen, deren sie bedurften, um den bürgerlich beschränkten Inhalt ihrer Kämpfe sich selbst zu verbergen und ihre Leidenschaft auf der Höhe der großen geschichtlichen Tragödie zu halten.« (Karl Marx: *18. Brumaire*)

Im Gegensatz zu den Wortführern der Revolution, die sich in der Nationalversammlung brillante Rededuelle lieferten, brachten die Kolonialherren keine bedeutenden Redner hervor; ihr Sprecher Barnave machte seinen Mangel an innerer Überzeugung durch zynischen Opportunismus wett, während die weißen Pflanzer abgesehen von Zuckerrohr und Kaffee über keine überzeugenden Argumente verfügten.

Ganz anders verhielten sich die freien Farbigen, die ihre Diskriminierung durch den Erwerb von Bildung und guten Manieren zu kompensieren versuchten. Ihre Wortführer Raymond und Pinchinat agierten ebenso geschickt auf der parlamentarischen Bühne wie ihre militärischen Führer Rigaud und Beauvais auf dem Schlachtfeld. Gleichzeitig brachte die Übertragung der revolutionären Rhetorik von Paris nach Saint-Domingue Stilblüten hervor, die das heißblütige Temperament ihrer Redner verraten: »Tauchen wir unsere bluttriefenden Arme in den Busen dieser Monster aus Europa! Es lebe die Freiheit, es lebe die Gleichheit, es lebe die Liebe!«

Die zumeist analphabetischen Schwarzen nahmen die Metaphern und Vergleiche der revolutionären Rhetorik sehr viel wörtlicher als ein gebildeter Weißer oder Farbiger: Der Refrain der *Marseillaise*: »Möge ein unreines Blut unsere Furchen tränken« (*qu'un sang impur abreuve nos sillons*) muss in ihren Ohren doppelt schauerlich geklungen haben. Selbst zu leerer Konvention verblasste Formeln wie »Brüder und Freunde« (*frères et amis*) besaßen für sie eine praktische Bedeutung: In der matrilinearen Organisation, die unter den Bedingungen der Sklaverei weiter fortbestand, wurden alle Mitglieder eines Familienclans (bzw. Mitarbeiter einer Plantage) als Brüder und Schwestern bezeichnet.

Toussaint Louverture, genannt *Papa Toussaint*, benutzte in seinen Reden gern handgreifliche Symbole, um abstrakte Zusammenhänge zu veranschaulichen: So vermischte er vor der versammelten Belegschaft einer Pflanzung Rotwein mit Weißwein (oder schwarze und weiße Bohnen), um das Aufgehen der weißen Minderheit in der Masse der Schwarzen zu demonstrieren, oder er riss ein Achselstück von seiner Uniform und legte es einem Offizier auf die nackte Schulter, als Zeichen der Befehlsgewalt, die er diesem verlieh. Genauso bildhaft und einfach war seine Sprache. Nacht für Nacht diktierte er Reden, Briefe und Proklamationen, die sein Sekretär, ein Ex-Jesuit, in korrektes Französisch übertrug. Obwohl seine Französischkenntnisse eher dürftig waren, wachte er persönlich darüber, dass jede einzelne Formulierung genau seiner Absicht entsprach.

Die Rhetorik der Revolution äußerte sich nicht bloß in Worten, sondern auch in Taten, in heroischen Gesten, dazu bestimmt, der Nachwelt überliefert zu werden. Die Geschichte von Saint-Domingue ist reich an Anekdoten, die aus einem revolutionären Bilderbuch stammen könnten: der Zivilkommissar Sonthonax, der den Kommandanten der englischen Flotte zum Duell auffordert, als dieser ihn mit Geld zu bestechen versucht; Toussaint Louverture, der General Leclerc seine Söhne zurückschickt, mit der Begründung, die Pflicht stehe für ihn höher als die Natur; oder General Rochambeau, der mitten in der Schlacht den Artilleriebeschuss unterbricht, um einem gegnerischen Offizier in Anerkennung von dessen Tapferkeit ein Pferd zu schenken. Der »Krieg mit Ehre und Loyalität«, wie ihn beide Seiten zu führen vorgaben, war Teil der heroischen Rhetorik der Revolutionsperiode.

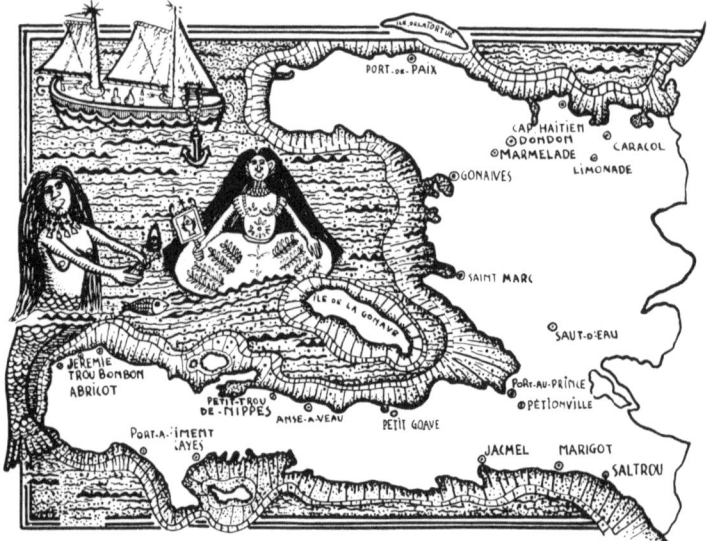

Folkloristische Landkarte von Haiti

Die Scheidung von Haiti – Wie die Sklaven von Saint-Domingue Robespierre beim Wort nahmen

Eine Textcollage*

Der Schauplatz

Der heute als *Karibik* bezeichnete Archipel der Großen und Kleinen Antillen hieß früher, aufgrund eines geographischen Irrtums von Kolumbus, *Westindien*; mit Blick auf den Passatwind unterschied man die *Inseln über und unter dem Winde*: Guadeloupe, Martinique, Grenada, Barbados – Aruba, Bonaire, Curaçao und viele andere.

Das Wort Karibik ist abgeleitet von aus dem Orinoko-Delta stammenden Kariben-Indianern, deren Name verballhornt wurde zu Kannibalen – siehe die Figur des *Caliban* in Shakespeares *Sturm*. Auch das Wort Hurrikan (*Uracán*) ist indianischen Ursprungs.

Saint-Domingue hieß im 18. Jahrhundert die französische Kolonie im Westteil der von Kolumbus *Hispaniola* (Klein Spanien), von ihren Ureinwohnern *Quisqueya* oder *Ayti* (die Felsige) genannten Insel der Großen Antillen (seit 1804: Republik Haiti); *Santo Domingo* (dt. auch *San Domingo*), Hauptstadt der gleichnamigen spanischen Kolonie im Ostteil der Insel, seit 1844 Dominikanische Republik. *Cap Français* (heute: *Cap Haitien*), Hauptstadt der Nordprovinz und wichtiger Hafen; *Port-au-Prince*

---

* Die in den folgenden Text eingefügten Originaldokumente (Proklamationen, Dekrete, Briefe u. a. m.) werden in der einschlägigen Literatur durchgängig zitiert und wurden, falls nicht anders vermerkt, vom Autor direkt aus dem Französischen übersetzt. Die Quellen der Zitate werden in der Bibliographie im Anhang aufgeführt, wiederholt zitierte Dokumentensammlungen sind zur Orientierung mit Sternchen versehen. Zum besseren Verständnis der Collage aus historischen Texten steht zu Beginn jedes Kapitels eine summarische Zusammenfassung der Ereignisse.

(nach 1792: *Port Républicain*), Hauptstadt der Westprovinz und Regierungssitz – beide Städte liegen im Zentrum fruchtbarer Ebenen. *Les Cayes*, Hauptstadt der vorwiegend von Mulatten bewohnten Südprovinz. *Gros Morne* (großer Berg), *Limonade, Marmelade, Acul* (Senke), *Saltrou* (Dreckloch) – Provinzstädte, oft nur aus wenigen Häusern bestehend, deren willkürliche Namensgebung an die Willkür der Kolonialzeit erinnert. *Morne* (kreolisch für Berg): das Innere der Insel ist so zerklüftet, dass ein englischer General sie mit zusammengeknülltem Packpapier verglich. *Cordon de l'ouest*, befestigte Nordwestgrenze, 1791 zur Eindämmung des Sklavenaufstands angelegt, diente später zur Abwehr der spanischen Invasion.

Die Menschen

Kreolen heißen ursprünglich nur die in den westindischen Kolonien geborenen oder seit Generationen dort ansässigen Weißen; später wurde diese Bezeichnung auf alle Einwohner der Kolonien ausgedehnt, ohne Unterscheidung der Hautfarbe. Die kreolische Sprache entstand im 18. Jahrhundert als stark vereinfachtes Französisch mit spanischem Einschlag und »afrikanischer« Grammatik, das den aus weit voneinander entfernten Gegenden Afrikas verschleppten Sklaven zur sprachlichen Verständigung untereinander und mit ihren Aufsehern diente – ähnlich wie sogenanntes *Pidgin*-Englisch.

Das Wort *Mulatte* (von Spanisch *mulo* oder *mula* – Maultier) bezeichnete ursprünglich nur aus der Verbindung schwarzer und weißer Eltern hervorgegangene Mischlinge ersten Grades – deren Nachkommen hießen *quarteron, griffe, marabou, sacatra*, je nach Mischungsgrad. Im 18. Jahrhundert bezeichnete man als Mulatten oder Farbige »alle Einwohner der Kolonien, die weder Weiße noch Sklaven sind« (Moreau de Saint-Méry), also auch frei geborene oder freigelassene Schwarze. Nach 1792 wurden die Mulatten vorübergehend als »Bürger des 4. April« bezeichnet (an diesem Tag hatte die Nationalversammlung ihre politischen Rechte anerkannt), nach 1794 als alte Freigelassene (*anciens libres*), im Gegensatz zu den früheren Sklaven, die durch Dekret des Nationalkonvents zu freien Bürgern geworden waren (*nouveaux libres*).

Die Institutionen

Nationalversammlung (*Assemblée nationale*) nannten sich nach Einberufung der Generalstände 1789 die Abgeordneten des Dritten Standes (Bürgertum), die die Mehrheit der Nation vertraten, im Gegensatz zu Adel und Klerus, deren linker Flügel sich bald der Nationalversammlung anschloss. *Konstituante* und *Legislative* sind Kurzbegriffe für die verfassunggebende (1789 bis 1791) und die gesetzgebende Versammlung (1791/92), die nach dem Sturz der Monarchie (Herbst 1792) durch den *Nationalkonvent* ersetzt wurde; an dessen Stelle trat 1795 das *Direktorium*, eine Kollegialregierung aus fünf (später drei) Direktoren mit einem aus zwei Kammern (Rat der Alten und Rat der 500) bestehenden Parlament (*Corps législatif* – Gesetzgebender Körper); 1799 wurde das Direktorium im *Staatsstreich vom 18. Brumaire* gestürzt und durch eine *Konsulatsregierung* mit Napoleon Bonaparte als Erstem Konsul ersetzt, der sich 1804 zum Kaiser krönen ließ.

Kolonialversammlung, auch Provinzialversammlung oder Generalversammlung, hießen nach dem Vorbild des Mutterlandes gebildete Parlamente der weißen Pflanzer, die sich Regierungsgewalt anmaßten und später die Unabhängigkeit von Frankreich oder den Anschluss an England anstrebten. Die *Zivilkommissare* waren von der Nationalversammlung (oder dem Direktorium) entsandte Mandatsträger, die mit außerordentlichen Vollmachten, unterstützt von Truppen, in Krisengebiete geschickt wurden, um von der Regierung gefasste Beschlüsse durchzusetzen. Da die Überfahrt von Frankreich nach Saint-Domingue bis zu sechs Wochen dauerte, muss bei der Übermittlung von Nachrichten in beiden Richtungen eine entsprechende Verzögerung einkalkuliert werden. Der republikanische Kalender begann am Gründungstag der Republik, dem 22. September 1792 (*erster Vendémiaire des Jahres eins* – die neuen Monatsnamen stammten von dem Dichter Fabre d'Églantine), wurde aber erst am 5. Oktober 1793 offiziell eingeführt. Am 1. Januar 1806 trat auf Anordnung Napoleons der gregorianische Kalender wieder in Kraft.

1 »Lieber sollen die Kolonien untergehen als die Prinzipien«:

Parlamentarisches Vorspiel

Vom 7. bis 15. Mai 1791 fand in der verfassunggebenden Nationalversammlung (Konstituante) die erste große Kolonialdebatte statt. Vorausgegangen war das Dekret vom 8. März 1790, in dem das Eigentum der Kolonialherren, insbesondere der Besitz von Sklaven, garantiert und die Gesetzgebung über die inneren Angelegenheiten der Kolonien von der Zustimmung ihrer gewählten Vertreter (Kolonialversammlung) abhängig gemacht werden sollte. Zwei Fraktionen standen sich in der Debatte gegenüber: auf der einen Seite die »Freunde der Schwarzen« (*Les amis des noirs*), eine 1788 gegründete philanthropische Gesellschaft, die

Sklaven im sportlichen Zweikampf (18. Jahrhundert)

sich die Abschaffung des Sklavenhandels und die Aufhebung der Sklaverei zum Ziel gesetzt hatte; ihre wichtigsten Sprecher waren radikaldemokratische Jakobiner wie Abbé Grégoire und Robespierre; auf der anderen Seite der nach seinem Tagungsort, einem Pariser Hotel, benannte *Club Massiac*, die parlamentarische Lobby der reichen Pflanzer und der Handelsbourgeoisie der großen Seestädte; ihr bezahlter Sprecher war der Advokat Barnave aus Grenoble.

Auf der Tagesordnung der Nationalversammlung stand im Mai 1791 noch keineswegs die Abschaffung der Sklaverei, die selbst von den »Freunden der Schwarzen« nur als Fernziel anvisiert wurde, sondern lediglich die soziale und politische Gleichberechtigung der Mulatten, insbesondere die Frage, ob freie Farbige für die neu gebildeten Kolonialversammlungen wahlberechtigt und wählbar sein sollten. Diese Forderung stieß auf erbitterten Widerstand reaktionärer Pflanzer, die die Mulatten als Bürger zweiter Klasse ansahen; trotz ihrer wachsenden ökonomischen Macht standen die freien Farbigen in der kolonialen Hierarchie noch unter den weißen Plebejern, wenn auch über den Sklaven.

Viele Abgeordnete der Nationalversammlung waren aufgebracht über die letzten Nachrichten aus Saint-Domingue, wo zwei Vertreter der freien Farbigen namens Ogé und Chavannes, die in Paris Verbindung mit den »Freunden der Schwarzen« aufgenommen hatten, nach ihrer Rückkehr grausam gefoltert und hingerichtet worden waren, und die Stimmung schlug zugunsten der Mulatten um. Am 15. Mai billigte die Versammlung ein neues Dekret, das den Farbigen die Ausübung ihrer Bürgerrechte gestattete, gleichzeitig aber die Sklaverei festzuschreiben suchte, indem es die Gesetzgebung über »unfreie Personen« der Kolonialversammlung überließ.

Dieser Kompromiss war zu wenig für Robespierre und die »Freunde der Schwarzen«, aber immer noch zu viel für die um den *Club Massiac* gruppierte Kolonialpartei; die Absendung des Dekrets in die Kolonien wurde durch Verfahrenstricks hinausgezögert, seine Umsetzung durch gezielte Propaganda (Protestbriefe der weißen Pflanzer an den König und an die Nationalversammlung) boykottiert. Der Schock über die im Sommer 1791 ausgebrochene Sklavenrevolte im Norden von Saint-Domingue kam den Interessen der Kolonialherren zugute, und am 24. September, dem letzten Sitzungstag der Konstituante, erwirkte Barnave durch geschicktes Taktieren den Widerruf des Dekrets vom 15. Mai.

Die gesetzgebende Versammlung (Legislative), die im Oktober 1791 mit neu gewählten Delegierten zusammentrat, beschäftigte sich bis April 1792, allerdings nur sporadisch, mit der Kolonialfrage. In dieser Zeit gab es in Frankreich einen erneuten Stimmungsumschwung zugunsten der Farbigen: Die Handelsbourgeoisie der Seestädte kündigte ihre Allianz mit den Pflanzern auf, weil es ohne die Mobilisierung der Mulatten nicht möglich schien, den Sklavenaufstand zu bekämpfen; das Rassenvorurteil musste dem Profitinteresse weichen. Sprecher dieser Fraktion waren aus Bordeaux stammende Deputierte der Gironde, allen voran Brissot. Am 4. April beschloss die gesetzgebende Versammlung mit großer Mehrheit ein neues Dekret, das den freien Farbigen – mit zweijähriger Verspätung – die volle Gleichberechtigung gewährte; zur Durchsetzung des Beschlusses wurden mit außerordentlichen Vollmachten ausgestattete Kommissare nach Saint-Domingue geschickt, begleitet von Linientruppen, um den Widerstand der weißen Pflanzer notfalls mit Gewalt zu brechen.

Robespierre   *Abbé Grégoire*

Die Nationalversammlung debattiert über die Gleichberechtigung der Farbigen (12./13. Mai 1791)

ABBÉ GRÉGOIRE: Wir haben den freien Farbigen gesagt: Ihr bekommt eure Bürgerrechte; und ich erinnere mich genau, als ich in dieser Versammlung verlangt habe, die Farbigen namentlich in Artikel vier des Dekrets zu erwähnen, riefen die Herren Barnave, Lameth und viele andere, dass sie darin erwähnt seien, dass die Bestimmungen für alle Besitzenden gelten. Wir haben also den Farbigen gesagt: Ihr bekommt eure Rechte, und gleichzeitig haben wir den Weißen gesagt: Ihr könnt beruhigt sein, die Farbigen werden niemals gleichberechtigt [...]. Was ist das Ergebnis dieser Doppelzüngigkeit: nichts als Streit und Intrigen, geschürt von Unterdrückern, die sich mit der Exekutive verbünden, um die Farbigen weiter unter dem Joch zu halten, ihre Versammlungen zu verbieten, ihre Briefe aufzufangen, ihre berechtigten Klagen durch Strafandrohung zu ersticken. Was ist das doch für ein seltsamer Widerspruch: Wir proklamieren die Freiheit für Frankreich und solidarisieren uns mit den Unterdrückern Amerikas. Ich stelle folgenden Gegenantrag: Die Nationalversammlung erklärt, dass die Farbigen und freien Neger, sofern sie Besitz haben und Steuern zahlen, alle von der Verfassung garantierten Rechte genießen.

DUPONT DE NÉMOURS: Was stellt man den Bürgerrechten der Farbigen entgegen? Ansprüche von kindischer Eitelkeit, den Wunsch nämlich, in den Kolonien einen Adelstitel mehr zu erhalten, denn die Kolonien haben sich so weit von euren Prinzipien entfernt, dass es dort sieben Adelsklassen gibt wie die sieben Chöre der Engel und Erzengel. Es gibt dort adlige Weiße, die sich mit Titeln spreizen, welche ganz Frankreich zum Lachen bringen würden; es gibt die großen Weißen, die Landbesitz haben, und die kleinen Weißen, vaterlandslose Gesellen ohne Gesetz und Moral, die sich der schändlichsten Ausschweifung hingeben und die schmutzigsten Geschäfte betreiben. Die Klasse der kleinen Weißen ist viel eingebildeter auf den Adel ihrer Hautfarbe als die reichen Pflanzer und Gutsbesitzer, so wie sich in Frankreich die Lakaien des Königs

47

als die schlimmsten Herren aufspielten. Danach kommen die Mulatten und Mestizen, die freien Neger und schließlich die schwarzen Sklaven, das eigentliche Volk der Kolonien, denn es bebaut den Boden mit seiner Hände Arbeit. Es ist schlimm genug, dass die Sklaverei, jene Pestbeule im Antlitz der Menschheit, nur Schritt für Schritt aufgehoben werden kann, und die Vorkämpfer der Freiheit dürfen die bestehende Ungleichheit nicht noch vergrößern, indem sie anstelle der alten Privilegien des Adels neue Privilegien schaffen.

RAYMOND, SPRECHER DER MULATTEN VON SAINT-DOMINGUE: Die freien Farbigen besitzen ein Drittel des Bodens und ein Viertel der Sklaven in der Kolonie. Da sie Landeigentümer sind, haben sie ein Interesse an der Erhaltung ihres Besitzes und ihrer Sklaven. Man hat euch gesagt: Wenn ihr den Farbigen Bürgerrechte gewährt, werden auch die Sklaven ihr Joch abschütteln. Wenn diese Furcht berechtigt wäre, dann hätte die Freilassung eines einzigen Sklaven genügt, um allen anderen das Tor zur Freiheit zu öffnen [...]. Ich kann Ihnen beweisen, meine Herren, dass die Klasse der Farbigen nicht nur zahlenmäßig bedeutend und wirtschaftlich nützlich ist für die Kolonie, sondern dass es im Interesse der weißen Pflanzer selbst liegt, ihnen die Bürgerrechte zu gewähren. Denn je mehr Rechte und Vorteile ihr ihnen einräumt, desto fester werdet ihr sie an euch binden, und wenn eines Tages die Neger revoltieren, werden sich die Farbigen mit ihren weißen Brüdern verbünden, um gemeinsam für die Aufrechterhaltung der Sklaverei zu kämpfen. Ich fordere daher die Versammlung auf, den Farbigen ihre Rechte zu schenken; sie wird stets dankbare Kinder und loyale Bürger in ihnen finden.

ROBESPIERRE: Zunächst einmal müssen wir die entscheidende Frage richtig stellen. Es geht nicht darum, dem farbigen Bürger seine Rechte zu gewähren, sondern darum, sie ihm zu erhalten, denn er besaß diese Rechte schon, lange bevor wir sie formell anerkannten [...]. Wir werden die Kolonien verlieren, sagt man uns, wenn wir nicht weiter die farbigen Bürger ihrer Rechte berauben. Und warum werden wir die Kolonien verlieren? Weil ein Teil ihrer Bürger, diejenigen, welche man die Weißen nennt, Sonderrechte genießen wollen. Und dieselben Leute wagen es, uns durch ihre Abgeordneten sagen zu lassen: Wenn ihr uns nicht Sonderrechte gewährt, werden wir unzufrieden sein; euer Dekret wird Unzufriedenheit und Unruhe in die Kolonien tragen; es kann verhängnisvolle Folgen haben; hütet euch vor den Folgen dieser Unruhe. Hier gibt es also eine Partei, die uns droht, unsere Kolonien in Brand zu stecken, die Bande zu zerreißen, die sie mit der Metropole verknüpfen, wenn wir uns weigern, ihre Anmaßung zu bestätigen! Ich frage die Nationalversammlung, ob es mit der Würde des Gesetzgebers vereinbar ist, mit der Habgier, dem Hochmut und dem Eigennutz einer bestimmten Klasse von Bürgern Schacher zu treiben. Ich frage, ob es politisch klug ist, sich durch Drohungen einer bestimmten Partei dazu verleiten zu lassen, die Gerechtigkeit, die Humanität und die Menschenrechte zur Disposition zu stellen. (*Pfiffe, Beifall*)

BARNAVE: Meine Herren, bei der Hitze, mit der hier diskutiert wird, könnte man meinen, es gehe um die Durchsetzung hehrer Prinzipien auf Kosten des nationalen Interesses. Dabei ist das Ganze keine Prinzipienfrage, denn diejenigen, die sich weigern, einer Vorsichtsmaßregel zuzustimmen, die ich für unumgänglich halte, verstoßen gegen ihre eigenen Prinzipien in wesentlicher Hinsicht. Man darf nicht, sagen sie, eine Handvoll Menschen eine Zeitlang in der Ausübung ihrer politischen Rechte behindern; aber man darf sehr wohl 600 000 Menschen auf unbegrenzte Zeit ihrer persönlichen und politischen Freiheit berauben. (*Fortgesetztes Gemurmel, das sich zu lebhafter Unruhe steigert*) Wenn man aus Gründen der Staatsraison und des öffentlichen Nutzens damit einverstanden ist, 600 000 Neger in der Sklaverei zu belassen, ist es absurd, dagegen zu protestieren, eine kleine Anzahl von Farbigen als Vorsichtsmaßregel, gemäß den Versprechen der Nationalversammlung, vorübergehend an der Ausübung ihrer Rechte zu hindern.

ABBÉ MAURY: Nehmen wir als Grundprinzip an, dass das Gesetz zu allen Zeiten und bei allen Völkern zwischen Sklaven, Freigelassenen und freien Bürgern unterschied. Solche politischen Abstufungen wurden durch die Gesetzgebung festgelegt, denn es gab und gibt überall Zwischenklassen zwischen Sklaven und freien Bürgern. Ich behaupte daher, dass das Bürgerrecht keine notwendige Folge der Freiheit ist [...]. Die Farbigen sind die sündigen Früchte der Laster ihrer Herren, und ich verlange, wenn wir ihre angemaßten Forderungen erörtern, dass wir ihre Zahl zumindest einschränken auf jene kleine Schicht von Mulatten, die nachweisen können, dass sie aus der ehelichen Verbindung freier Eltern hervorgegangen sind. Es ist absurd, wenn Gesetzgeber, die die öffentliche Moral aufrechterhalten sollen, die in den Kolonien um sich greifende Unmoral unter ihren Schutz stellen. Wir haben gehört, dass die Pflanzer, aufgeschreckt durch die Drohungen der Farbigen, das Ausland um Beistand bitten könnten; England, das auf diese Debatte mehr Einfluss nimmt, als uns lieb ist, würde ihnen nur zu gern die Arme öffnen [...]. Ich hoffe, dass uns allen das Unglück erspart bleibt, Frankreich zu einer zweitrangigen Macht absinken zu sehen. Ja, meine Herren Reformer, wenn Sie pro Jahr mehr als 200 Millionen Francs Einkünfte aus den Kolonien verlieren; wenn die Kaufleute von Bordeaux und Marseille, durch den Verlust von mehr als 400 Millionen, die die Kolonien dem französischen Handel schulden, vor dem Bankrott stehen; wenn Sie keinen Handel mit den Kolonien mehr haben, um Ihre Manufakturen mit Rohstoffen zu versorgen, um Ackerbau und Schifffahrt aufrechtzuerhalten, um Ihre Wechsel zu begleichen und Ihre Luxusbedürfnisse zu befriedigen, ich sage es laut, meine Herren Reformer, die Sie schon so viele Ketzereien auf dem Gewissen haben – das Königreich wäre unrettbar verloren! Die Weißen, die man uns als verabscheuenswürdig hinstellt, sind in Wahrheit das einzige echte Band zwischen den Kolonien und der Metropole; an dem Tag, an dem sie nicht mehr von Weißen bewohnt und regiert werden, wird Frankreich keine Kolonien mehr haben; diese werden bevölkert sein von Negern und Mulatten, die schon deshalb keine Franzosen sein können, weil sie noch nie französischen Boden betreten haben. Die Insulaner, deren wirkliche Heimat Afrika ist, werden im reichsten Land der Welt Hungers sterben, wenn sie sich dem Chaos, der Anarchie und der unausrottbaren Trägheit ihres Charakters überlassen.

Unruhe auf der Tribüne, Zwischenrufe: »Wie lange sollen wir uns das noch mit anhören!«

Moreau de Saint-Méry: Machen wir uns doch nichts vor. Der Augenblick ist gekommen, wo wir uns klar ausdrücken und alle Zweifel beseitigen müssen. Sprechen wir nicht länger von »unfreien Personen«, nennen wir sie beim Namen: »Sklaven« – das ist ein rein technischer Begriff. (*Gemurmel, wachsende Empörung*) Ich stelle den Antrag, in das vorgesehene Dekret folgenden Satz aufzunehmen: »Die Nationalversammlung beschließt als Verfassungsartikel, dass Gesetze über den Status der Sklaven in den Kolonien nur auf Verlangen und mit Zustimmung der Kolonialversammlungen erlassen werden können.«

Robespierre: Ich habe eine einfache Bemerkung zu dem Antrag zu machen. Es liegt in Ihrem Interesse, kein Dekret zu erlassen, das die Ehre und die Grundsätze der Versammlung in allzu empörender Weise verletzt. (*Heftiges Gemurmel, dazwischen Beifall*) Von dem Augenblick an, da in einem Ihrer Dekrete das Wort »Sklave« vorkommt, haben Sie nicht nur Ihre eigene Unehre ausgesprochen, sondern auch die Verfassung umgestürzt. (*Zwischenrufe, Beifall*) Ich beschwere mich, im Namen der Versammlung, dass man, nicht zufrieden, das von ihr zu erhalten, was man wünscht, es auch noch auf eine sie entehrende Weise zu erhalten trachtet, die alle ihre Prinzipien umstößt. (*Neues Murren, neuer Beifall*) Wenn ich die Vermutung hätte, dass sich unter den Gegnern der Farbigen ein geheimer Feind der Freiheit und der Verfassung versteckt hält, dann müsste ich glauben, dass man Mittel und Wege sucht, um mit Erfolg unsere Dekrete zu boykottieren und ihre Prinzipien zu schwächen, damit man uns eines Tages, wenn das direkte Interesse Frankreichs auf dem Spiel steht, sagen kann: Ihr redet dauernd von der Erklärung der Menschenrechte und den Prinzipien der Freiheit, und ihr glaubt selbst so wenig daran, dass ihr die Sklaverei für verfassungskonform erklärt. (*Heftiges Murren*) Das Hauptinteresse der Nation besteht darin, dass wir frei bleiben und dass wir nicht mit eigener Hand die Grundlagen unserer Freiheit zerstören. Sollen die Kolonien doch untergehen, wenn ihre Erhaltung uns unser Glück, unseren Ruhm, unsere Freiheit kostet. Ich wiederhole: Sollen die Kolonien doch untergehen, wenn die Kolonialherren uns durch Drohungen

zwingen wollen, das zu beschließen, was ihren Interessen am meisten entspricht. Ich erkläre im Namen der Versammlung, im Namen derjenigen Mitglieder der Versammlung, die die Verfassung nicht umstürzen wollen, im Namen der gesamten Nation, die frei sein will, dass wir den Abgeordneten der Kolonien weder die Nation, noch die Kolonien, noch die gesamte Menschheit zum Opfer bringen!
Starker, lang anhaltender Beifall, dazwischen Buhrufe und Pfiffe. Als Kompromiss zwischen den Forderungen der Kolonialpartei und der Freunde der Schwarzen fasst die Nationalversammlung nach kontroverser Debatte folgenden Beschluss:

Dekret vom 15. Mai 1791

Die Nationalversammlung beschließt im Namen der Verfassung, 1. dass Gesetze über den Status der Farbigen, die nicht von freien Eltern geboren sind, nur auf ausdrücklichen Wunsch der Kolonien verabschiedet werden dürfen; 2. dass Farbige, die von freien Eltern geboren sind, zu allen Bürgerversammlungen der Kolonien zugelassen werden, wenn sie die für Aktivbürger erforderlichen Bedingungen erfüllen.

Ein Dekret wird widerrufen

24. September 1791, Paris, Nationalversammlung
BARNAVE: Die innere Ordnung der Kolonien, ja ihre gesamte Existenz beruht auf einer höchst unsicheren Grundlage, denn materielle Machtmittel reichen nicht aus, um die Ruhe dort aufrechtzuerhalten. Saint-Domingue ist nicht nur die reichste und fruchtbarste Kolonie der Welt, sondern auch diejenige, wo der Anteil der freien Bevölkerung im ungünstigsten Verhältnis steht zu dem der unfreien. In Saint-Domingue werden fast 450 000 Sklaven von ungefähr 30 000 Weißen in Schach gehalten, und diese Sklaven sind keineswegs unbewaffnet, denn Menschen, die die Erde bearbeiten und ständig Werkzeuge in den Händen halten, haben auch Waffen; es wäre daher für die kleine Zahl von Weißen rein physisch unmöglich, eine so beträchtliche

Sklavenbevölkerung zu beherrschen, wenn nicht moralische Machtmittel den materiellen zu Hilfe kommen würden. Dieses moralische Machtmittel liegt in der öffentlichen Meinung, die eine gewaltige Distanz zwischen den Schwarzen und den Farbigen legt ebenso wie zwischen den Farbigen und den Weißen, in der öffentlichen Meinung, die die reinrassigen Weißen von den Nachkommen der Sklaven trennt, wie weit diese sich auch von ihrem Ursprung entfernt haben mögen. Auf dieser öffentlichen Meinung basiert die Aufrechterhaltung von Ruhe und Ordnung in den Kolonien. Im Augenblick, wo der unaufgeklärte Neger, der nur durch greifbare Vorurteile geführt werden kann, durch Gründe, die seinen Sinnen einleuchten und seinen Gewohnheiten entsprechen, glaubt, dass er dem Weißen ebenbürtig ist oder dass derjenige, der zwischen ihm und dem Weißen steht, diesem ebenbürtig ist – in diesem Augenblick wird es unmöglich, die Folgen eines solchen Meinungsumschwungs zu berechnen.

Man muss sich klarmachen, dass es keine Ruhe, keine gesicherte Existenz mehr in den Kolonien gibt, wenn man diese moralischen Machtmittel antastet, die Vorurteile, auf denen ihre Existenz beruht. Dieses Regime ist absurd, aber es ist etabliert, und man kann es nicht plötzlich umstürzen, ohne katastrophale Folgen heraufzubeschwören. Dieses Regime ist unterdrückerisch, aber es bindet mehrere Millionen Menschen an Frankreich. Dieses Regime ist barbarisch, aber es ist noch barbarischer, Hand daran zu legen, ohne die nötigen Vorkenntnisse zu besitzen.

Robespierre: Man hat zwei Gründe angeführt, um Ihnen zu beweisen, dass Ihr Dekret die Kolonien erschüttern müsse: Der erste ist, dass Sie das feierliche Versprechen gebrochen haben, das Sie den Kolonialherren in einem früheren Dekret gegeben haben; der zweite, dass, nach dem Bruch dieses Versprechens, die Weißen fürchteten, dass Ihre Prinzipien Sie eines Tages dazu verleiten könnten, die Freiheit der Sklaven zu dekretieren. Das hieße, ein weit entferntes Unheil vorauszusehen, denn bisher sind die Fortschritte der Humanität und Gerechtigkeit keineswegs so rasch gewesen, dass sie derartige Befürchtungen rechtfertigen und den Freunden der Freiheit Anlass zur Reue geben müssten. Hat man überhaupt einen Versuch gemacht, Ihr Dekret auszuführen und ihm Respekt und Gehorsam zu verschaffen? Das Dekret wurde nicht einmal abgeschickt. Stattdessen wurden aufrührerische Schriften in Umlauf gebracht und geheime Manöver unternommen, um eine Revolte anzuzetteln. Was sind all die Protestbriefe aus Saint-Domingue denn anderes als Früchte der Intrige? Sind sie nicht alle vom selben Geist diktiert und nach dem gleichen Muster verfertigt?

Erlauben Sie mir, Ihnen noch einmal das Schauspiel vor Augen zu führen, das die Angelegenheit der Kolonien uns geboten hat, seitdem wir uns damit befassen. Erinnern Sie sich an die ständige Improvisation, mit der stets Teilvorhaben präsentiert wurden; nie gab es einen Generalplan, der es uns erlaubt hätte, auf einen Blick sowohl das Ziel als auch den Weg, der dorthin führt, zu erfassen. Rufen Sie sich all die Diskussionen ins Gedächtnis, wo, nachdem man einen Vorteil errungen hatte, auf den man sich angeblich beschränken wollte, gleich darauf noch mehr verlangt wurde; während man Sie von Episode zu Episode, von einem Schrecken zum anderen führte, rang man Ihnen Stück für Stück von Ihren Prinzipien ab, auf Kosten des nationalen Interesses, bis man Schiffbruch erlitt und gezwungen war, die Trümmer zu reparieren. Ich fordere Vorrang für Humanität und Gerechtigkeit, die keiner dem Spott aussetzen darf, weder in dieser Versammlung noch anderswo; ich fordere Humanität und Gerechtigkeit, und ich werde sie nicht umsonst fordern.

Kampf um ein neues Dekret

CAMILLE DESMOULINS (aus Büchners Drama *Dantons Tod* bekannter Publizist, 1789 Anführer des Sturms auf die Bastille, 1794 zusammen mit Danton enthauptet): Fluch den Intriganten, den heuchlerischen Demagogen, den Verrätern, den wilden Affen, die Menschenhaut angelegt haben! Dreimal verflucht! Die Menschlichkeit wird erwürgt von denen, die ausgesandt waren, ihre Rächer und Vorkämpfer zu sein! Sklaverei, Tyrannei und Unterdrückung werden zum Gesetz erhoben von den Abgeord-

Camille Desmoulins

neten eines freien Volkes. Das Dekret vom 15. Mai über die Kolonien, das bestimmt war, die verfassunggebende Versammlung unsterblich zu machen und den Handel zu höchster Blüte zu führen, das wohltätige, weise, vernünftige Dekret, mit dem Frankreich seinen geknechteten Brüdern endlich Gerechtigkeit widerfahren ließ, es ist aufgehoben worden! Fluch den abscheulichen Monstern, die die Nationalversammlung zu einer Schandbühne machten, indem sie sie zwangen, ein blutiges Gesetz zu erlassen, welches das Signal geben wird zum Verlust der Kolonien, zu Mordanschlägen und grausigen Massakern. Lest, Patrioten, lest das Dekret vom 24. September, das ein verfaulter Senat an die Stelle des Dekrets vom 15. Mai gesetzt hat, und beweint das Los der unglücklichen Menschen, die die Natur nicht mit einer so weißen Haut ausgestattet hat wie den Kannibalen Barnave und seinen abscheulichen Anhang. Aber noch besteht Hoffnung, liebe Patrioten. Brissot ist da. Diesem mutigen Philan-thropen und seinem unermüdlichen Eifer für Humanität und Aufklärung verdanken die Farbigen das Dekret vom 15. Mai. Möge er ihnen noch einmal zu ihrem Recht verhelfen!

3. Dezember 1791, Paris, Nationalversammlung
BRISSOT: Meine Herren, ich habe Ihnen bewiesen, dass die Urheberin der Unruhen die Partei der Abtrünnigen ist, die sich vom Mutterland loslösen wollen; wir müssen sie verfolgen und bestrafen.

Ich habe Ihnen bewiesen, dass die Ursache der an den Weißen verübten Massaker in der riesigen Horde von Sklaven liegt und dass man, um diese zu unterwerfen, eine zahlreiche und billige Polizeitruppe braucht, ausdauernd und akklimatisiert wie es nur die Farbigen sind; wenn wir die öffentliche Ordnung in unseren überseeischen Besitzungen aufrechterhalten wollen, müssen wir diese Bürger dem neuen Regime verpflichten, indem wir ihnen ihre Rechte gewähren. Schließlich habe ich Ihnen bewiesen, meine Herren, dass die Unruhen auf den Inseln durch die große Anzahl von verschwenderischen und verschuldeten Kolonialherren verursacht wurden, denen das Gesetz Straffreiheit zusichert; wir müssen also dieses Gesetz, das den Bankrott sanktioniert, durch ein neues ersetzen, das den Inseln Kredit und Prosperität verschafft.

Welche Partei Sie auch ergreifen, das Dringendste ist zweifellos, den Kaufleuten und Reedern, die mit den Kolonien Handel treiben, wieder Vertrauen einzuflößen. Dieses Vertrauen können Sie nur wecken, indem Sie einen radikalen Missbrauch beseitigen, der sich in die Wirtschaft der Kolonien eingeschlichen hat und der Unordnung unter ihren Geldgebern nach sich zieht. Fast alle Pflanzer haben vom Mutterland Vorschüsse auf ihre Produkte erhalten, aber ihr Besitz kann nicht beschlagnahmt werden zur Deckung der Schulden, wenn ein Pflanzer säumig oder zahlungsunfähig ist. Der Gläubiger ist in der Hand seines Schuldners; die Furcht vor dessen Willkür zwingt ihn zu neuen Zahlungen, um die gewährten Vorschüsse nicht zu verlieren, während sein Schuldner, mit der Drohung des finanziellen Ruins, immer frechere Forderungen stellt. Was die Kapitalisten fürchten, ist weniger den Verlust der Kolonien oder des Handels als vielmehr einen Bankrott, der mit einem Schlag gewaltige Kapitalien vernichten und die Wirtschaft ruinieren würde. Das, meine Herren, ist das Geheimnis der lang andauernden Koalition zwischen Kolonialherren und Kaufleuten. Die ersteren haben den letzteren ihre Bedingungen diktiert. Sie sagten dem Handel: Gebt uns Kredite in Frankreich, um unsere Feinde zu vernichten und unserer Anmaßung zu schmeicheln […]. Diese Koalition hat die Propaganda der Kolonialherren gegen die Prinzipien der Menschlichkeit finanziert, mit der der Gläubiger wider Willen die Interessen seines Schuldners verteidigte. Das ist die Koalition, deren Ketten die glorreiche Stadt Bordeaux als erste gesprengt hat, indem sie sich gegen die ungerechtfertigte Anmaßung der Kolonialherren zur Wehr setzte!

23. März 1792, Paris, Nationalversammlung
GUADET: Die Zeit hat den Prozess zwischen der Philosophie und den Interessen Frankreichs entschieden. Die Macht steht auf Seiten der Vernunft, und es hieße heute, zwei Verbrechen anstelle von einem zu begehen, wenn wir die Aufrechterhaltung des Dekrets vom 24. September verlangten, denn es ist offensichtlich, dass dieses Dekret nicht nur die Gesetze der Gerechtigkeit verletzt, sondern auch den Verlust der Kolonien und den Ruin unserer bedeutendsten Handelsstädte nach sich ziehen muss. Die Tyrannen waren die Schwächeren, sie sind besiegt; was sage ich – besiegt? Sie haben nicht gewagt, Widerstand zu leisten; sie haben nicht einmal gewagt, an jenem Dekret festzuhalten, von dem die Partei der Abtrünnigen behauptete, das Wohl der Kolonien sei mit ihm verknüpft; sie haben es schon im Voraus annulliert, und mit dieser Maßnahme haben sie die Erhaltung ihres Besitzes, ihres Lebens, ja der gesamten Kolonie erkauft [...]. Welches Motiv hält euch noch zurück: Ihr, die ihr dieses barbarische Dekret erlassen habt, das ihr für notwendig hieltet – was zögert ihr noch, es zu widerrufen? Ihr habt mir ein Heilmittel verschrieben, von dem bewiesen ist, dass es mich umbringt – werdet ihr ruhig mit ansehen, wie ich es schlucke, oder reißt ihr mir endlich den tödlichen Becher aus der Hand? (*Wiederholter Beifall*) Nein, meine Herren, die Erniedrigung der Farbigen ist nicht nötig zur Aufrechterhaltung der Sklaverei, eher trägt sie zu deren Zerstörung bei. Was hat die Revolte in Saint-Domingue eingedämmt? Die Vereinigung der freien Farbigen mit den weißen Pflanzern. Was hat die Revolte auf Martinique verhindert? Das Bündnis der Farbigen mit den Kolonialherren [...].

Nein, nicht ich bin es, der die Sklaverei der Schwarzen mit Gewalt abschaffen will. Wenn mein Gewissen mir etwas vorzuwerfen hat, dann eher, dass ich die Sklaverei verewige durch die Maßnahme, die ich vorschlage. Gebt dem Sklaven die Hoffnung, eines Tages die Freiheit zu erhalten; gebt ihm die Hoffnung, dass er vom Augenblick seiner Freilassung an alle Bürgerrechte genießt – und ihr habt mehr für die Aufrechterhaltung der Sklaverei getan, als wenn ihr Armeen aufstellt und Ketten schmiedet. Der Mensch ist überall der gleiche; ist ein Ende seiner Leiden in Sicht, erträgt er sie mit Geduld; hat er keinerlei Hoffnung, verzweifelt er und trotzt selbst dem Tod.

Dekret vom 4. April 1792

Die Nationalversammlung, in Anbetracht, dass die öffentliche Sicherheit, im Interesse des Mutterlandes und der Kolonien, schnelle und wirksame Maßnahmen erfordert, um die Ursache aller Zwistigkeiten auszumerzen, die Revolte der Schwarzen zu unterdrücken und Ruhe und Ordnung einkehren zu lassen; in Anbetracht, dass eine der Hauptursachen der gegenwärtigen Unruhen die Weigerung gewesen ist, den freien Farbigen gleiche politische Rechte zuzugestehen, stellt fest und erklärt, dass die Farbigen und freien Neger die gleichen politischen Rechte genießen wie die weißen Pflanzer und erlässt das folgende Dekret:

Artikel eins: Sofort nach Veröffentlichung des vorliegenden Dekrets wird in allen französischen Kolonien über und unter dem Winde zur Neuwahl der Kolonialversammlungen geschritten, in der durch die Dekrete vom 8. und 28. März 1790 vorgeschriebenen Form.

Artikel zwei: Die freien Farbigen, Mulatten und Neger sind, ebenso wie die weißen Pflanzer, zur Wahl zugelassen in allen Wahlversammlungen und wählbar für alle Stellen, sofern sie die dafür vorgeschriebenen Bedingungen erfüllen.

Artikel drei: Für die Kolonie Saint-Domingue werden drei Zivilkommissare ernannt.

Artikel vier: Die Kommissare werden ermächtigt, über die Auflösung der bestehenden Kolonialversammlungen zu entscheiden und alle nötigen Maßnahmen zu ergreifen, um Eintracht, Ruhe und Ordnung aufrechtzuerhalten [...].

Artikel fünf: Sie werden ferner ermächtigt, alle ihnen zweckmäßig erscheinenden Untersuchungen über die Urheber der Unruhen in Saint-Domingue anzustellen, die Schuldigen verhaften, nach Frankreich deportieren und dort vor Gericht stellen zu lassen.

Artikel sieben: Die Nationalversammlung ermächtigt die Zivilkommissare, die öffentliche Gewalt anzurufen, wann immer sie es für notwendig halten zu ihrer eigenen Sicherheit oder zur Durchsetzung des ihnen aufgetragenen Mandats.

Artikel acht: Die Exekutive wird beauftragt, eine hinreichende Zahl von Streitkräften, bestehend aus Angehörigen der Nationalgarde, nach Saint-Domingue zu entsenden.

2 »Frei leben oder sterben«:

Der Emanzipationskampf der Mulatten

Der Kampf der freien Farbigen für politische und soziale Gleichberechtigung begleitete die Debatten der Nationalversammlung von Anfang an und war auch nach dem Erlass des Dekrets vom 4. April 1792 noch nicht beendet. Die soziale Elite der Mulatten, die eine bedeutende wirtschaftliche Macht in den Kolonien darstellte und deren Selbstbewusstsein sich durch ihre Teilnahme am nordamerikanischen Unabhängigkeitskrieg gestärkt hatte, schickte schon frühzeitig Delegierte nach Frankreich, um die Nationalversammlung auf ihre Unterdrückung aufmerksam zu machen, die sich nach 1789 noch verschärfte. Einer dieser Delegierten war Vincent Ogé, der von den »Freunden der Schwarzen« in Paris stürmisch gefeiert wurde (er sprach auch vor den Mitgliedern des *Club Massiac*, die seine Ausführungen mit eisigem Schweigen quittierten); mit Hilfe britischer Abolitionisten reiste er über London und die Vereinigten Staaten illegal nach Saint-Domingue ein – die dortigen Behörden hatten ein Einreiseverbot verhängt – und forderte den Gouverneur in einem offenen Brief auf, die Gleichberechtigung der Farbigen zu verwirklichen. Nach einem Überraschungssieg über die Nationalgarde von Cap Français wurden seine bewaffneten Anhänger von einer Übermacht regulärer Truppen geschlagen; Ogé und seinem Mitstreiter Chavannes gelang es, in den spanischen Ostteil der Insel zu fliehen, von wo sie, auf Ersuchen des Gouverneurs, ausgeliefert und auf bestialische Weise zu Tode gefoltert wurden – diese mittelalterlich anmutende Art der Hinrichtung durch das Rad war in Frankreich längst abgeschafft.

Der Tod von Ogé und Chavannes war das Signal für die Farbigen der Westprovinz, sich in der »Konföderation von La Croix-des-Bouquets«, so benannt nach ihrem Versammlungsort in der Nähe von Port-au-Prince, zusammenzuschließen, um für die Durchsetzung ihrer Rechte zu kämpfen. Sie wurden zeitweilig unterstützt von den großen Weißen (adlige Großgrundbesitzer, königstreue Beamte und Offiziere), die gegen die Machtansprüche des »revolutionären«, rassistischen Kleinbürgertums Verbündete suchten. Nach militärischen Erfolgen der Konföderierten, die von Beauvais und Rigaud, zwei erfahrenen Offizieren, geleitet wurden, kam es zum Abschluss mehrerer Konkordate mit den unterlegenen Weißen, die den Farbigen der Westprovinz ihre Rechte zugestehen mussten. Nach Bekanntmachung des Dekrets der Nationalversammlung vom 24. September 1791, das ein früheres, den Farbigen günstiges Dekret vom 15. Mai widerrief, zerrissen die Weißen die geschlossenen Verträge; Port-au-Prince, die Hochburg der Mulatten im Westen, wurde von einem aufgeputschten Mob in Brand gesetzt und geplündert (21./22. November 1791). Hunderte farbiger Frauen und Kinder, die in der Stadt zurückgeblieben waren, kamen bei dem anschließenden Massaker ums Leben. Als Vergeltungsmaßnahme belagerte die Armee der Konföderierten drei Monate lang Port-au-Prince, das sie, mit Unterstützung des Gouverneurs und der aus Frankreich eingetroffenen Kommissare, im Juni 1792 einnahm; der Widerstand der Weißen gegen die Gleichberechtigung der Farbigen war damit gebrochen.

In diesen Kämpfen bedienten sich die Mulatten aufständischer Sklaven als Fußvolk, das durch seinen Mut und seine zahlenmäßige Überlegenheit über die Weißen jede Schlacht für sich entschied. Dass die Farbigen alles andere als die Emanzipation der Sklaven im Sinn hatten, zeigte sich nach Abschluss des ersten Konkordats mit den Weißen im Herbst 1791: Die siegreichen Mulatten lieferten zweihundert Sklaven, die an ihrer Seite gekämpft hatten, an die Weißen aus, die ihre Opfer im Hafen von

Môle Saint-Nicolas ertränkten. Die spätere Feindschaft zwischen Schwarzen und Farbigen hat hier ihre Wurzel.

Die Rebellion von Ogé und Chavannes

Offener Brief von VINCENT OGÉ *an die Kolonialversammlung in Cap Français, Oktober 1790:*
Meine Herren, ein schon zu lange Zeit herrschendes Vorurteil wird endlich aufhören. Ich habe einen für mich sehr ehrenvollen Auftrag erhalten; ich soll Sie nämlich auffordern, den Beschluss der Nationalversammlung vom 28. März in der ganzen Kolonie bekannt zu machen, der es allen freien Staatsbürgern ohne Unterschied der Hautfarbe gestattet, öffentliche Stellen und Ämter zu bekleiden; dieses Anliegen ist recht und billig, und ich hoffe, Sie werden ihm stattgeben. Ich habe nicht vor, die Arbeiter in den Pflanzungen aufzuwiegeln, das wäre mit meiner friedlichen Gesinnung unvereinbar. Lernen Sie das Verdienst eines Mannes zu würdigen, der die reinsten Absichten hegt. Als ich in der Nationalversammlung einen Beschluss durchsetzte zu Gunsten der unter dem beleidigenden Beinamen gemischter Abkunft bekannten amerikanischen Kolonisten, waren die Negersklaven in dieser Forderung nicht inbegriffen; diese falsche Ansicht haben unsere Widersacher uns unterschoben, um uns bei den rechtmäßigen Grundeigentümern in Verruf zu bringen. Nein, meine Herren, wir haben nur für eine Klasse freier Menschen das Wort geführt, die seit zwei Jahrhunderten unter dem Joch der Unterdrückung seufzt. Wir verlangen die Vollziehung des Beschlusses vom 28. März; wir dringen auf seine Bekanntmachung und hören nicht auf zu wiederholen, dass unsere Gegner irregeleitet sind und gut daran täten, ihre Interessen mit den unsrigen zu vereinigen. Bevor wir von den uns zu Gebote stehenden Mitteln Gebrauch machen, versuchen wir es auf gütlichem Weg, aber sollten Sie uns, wider Erwarten, die verlangte Genugtuung verweigern, so stehen wir nicht ein für die Folgen, zu denen unsere gerechte Sache uns hinreißen könnte.**

Ogé überbringt die Forderungen der Farbigen (1790)

Das oberste Gericht von Saint-Domingue fällt folgendes Urteil, Cap Français, 25. Februar 1791

Gemäß den Schlussfolgerungen des königlichen Generalprokurators kommt die ganze Strenge des Gesetzes zur Anwendung gegen die freien Farbigen Vincent Ogé und Jean-Baptiste Chavannes, die angeklagt sind, eine bewaffnete Revolte gegen die

Autorität der Weißen angestiftet und angeführt zu haben. Nach Anhörung des Angeklagten Ogé und seines Komplizen erklärt das Gericht beide für schuldig, in Dondon eine bewaffnete Bande geführt und befehligt zu haben, den regulären Truppen der Kolonie den Krieg erklärt und auf sie das Feuer eröffnet zu haben, Mulatten und Negersklaven aus den Pflanzungen ihrer Besitzer entführt und gegen die Weißen bewaffnet zu haben. Zur Strafe für ihre Verbrechen werden die oben genannten Schuldigen verurteilt, vom Vollstrecker der hohen Justiz vor das Hauptportal der Pfarrkirche von Cap Français geführt zu werden und dort mit entblößten Köpfen, Stricke um den Hals und brennende Wachskerzen von zwei Pfund Gewicht in Händen, auf den Knien für ihre Verbrechen Abbitte zu leisten, indem sie mit lauter und vernehmlicher Stimme erklären, dass sie bewusst, böswillig und in niedriger Absicht die ihnen zur Last gelegten Taten begangen haben; dass sie ihre Verbrechen bereuen und Gott, den König und die Justiz um Verzeihung bitten. Danach werden sie auf den Hauptplatz der Stadt geführt, gegenüber von der Stelle, an der man gewöhnliche Verbrecher hinrichtet, wo ihnen auf einem Schafott, das eigens zu diesem Zweck zu errichten ist, bei lebendigem Leibe Arme, Beine, Schenkel und Hüftknochen zerbrochen werden sollen; dann werden sie aufs Rad geflochten, das Gesicht dem Himmel zugekehrt, um dort so lange zu bleiben, wie es Gott gefällt, sie am Leben zu erhalten. Nach ihrem Tod werden ihre Köpfe abgeschnitten, auf Pfähle gespießt und auf der Straße nach Dondon und Grande Rivière zur Schau gestellt, wohin die genannten Köpfe unter Bewachung geschickt werden sollen; zudem wird ihr gesamter Besitz, im Namen des Königs, eingezogen und beschlagnahmt.

Vom Protest zum bewaffneten Widerstand

Die Konföderierten des Westens an Gouverneur Blanchelande, 23. August 1791:

Jedes Mal, wenn wir Sie darum bitten, die schrecklichen Exzesse zu beenden, deren Opfer wir sind, befehlen Sie uns, auseinanderzugehen, als hätten wir uns versammelt, um Böses zu tun; jedes Mal, wenn wir den Schutz der Regierung und der Gesetze beanspruchen, fordern Sie uns auf, geduldig abzuwarten und zu resignieren, bis neue Gesetze zu unseren Gunsten erlassen werden, so als würden die Gesetze, seit der Gründung der Kolonie und vor allem seit der Revolution, es den Weißen erlauben, uns ungestraft zu verfolgen und zu ermorden; jedes Mal, wenn wir uns über unsere Tyrannen und Verfolger beklagen, befehlen Sie uns, niemals die Achtung, den Respekt und die Verehrung zu vergessen, die wir den Weißen schuldig sind. PINCHINAT, Präsident

Die Konföderierten des Westens an ihre Brüder im Süden, Dezember 1792:
Freunde, das Vaterland ist in Gefahr, von allen Seiten eilen unsere bewaffneten Brüder zur Verteidigung ihrer missachteten Rechte und zur Sühnung der gebrochenen Verträge; es ist keine Zeit mehr zu verlieren; wer in diesem Augenblick schwankt oder zögert, ist mit Recht verdächtig, ja schuldig, ein Volksfeind, ein Vaterlandsverräter zu sein, unwürdig zu leben, seine Güter beschlagnahmt, sein Name verflucht für alle Zeiten! Eilen wir, Freunde, zur Belagerung von Port-au-Prince, tauchen wir unsere von Blut triefenden Arme, als Rächer von Meineid und Niedertracht, ins Herz dieser Ungeheuer aus Europa. Lange und allzu lange haben wir ihren Leidenschaften und Intrigen als Spielball gedient; lange und allzu lange seufzen wir unter ihrem eisernen Joch. Vernichten wir die Tyrannen, löschen wir mit ihnen jede Erinnerung an unsere Erniedrigung aus, reißen wir den Baum des Vorurteils aus mitsamt seinen Wurzeln. Ermutigt, erschreckt, droht und versprecht, soviel ihr wollt, damit sich tugendhafte Weiße eurem Marsch anschließen, doch vor allem, Freunde, Mut, Begeisterung und Eintracht! Bringt Waffen, Vorräte, Munition, kommt und schart euch um die gemeinsame Fahne: Wir werden alle untergehen oder Gott, die Natur, das Recht und die Menschlichkeit rächen, die so lange entweiht worden sind in diesem Klima des Schreckens!

    PINCHINAT, Präsident; BEAUVAIS, Generalkommandant der Armee; RIGAUD, Oberst; CHANLATTE, Generalmajor.

Antwort der Weißen von Port-au-Prince:
Feinde Frankreichs, Philanthropen und Negrophile (sic), lernt die Verbrecher kennen, die ihr gegen uns bewaffnet habt! Wer sind diese Farbigen, denen ihr die Mehrheit nützlicher, staatstragender Bürger sowie die reichsten Eigentümer des französischen Königreichs opfern wollt? Sie sind Produkte der schändlichsten Ausschweifung, welche die Laster der Weißen und der Neger in sich vereinen, ohne irgendeine ihrer Tugenden zu kennen, die undankbarste, dümmste und abscheulichste Rasse des Menschengeschlechts.

Am 22. Mai 1792 fand eine blutige Schlacht statt. Die Nationalgarde von Port-au-Prince, unterstützt von den Regimentern Artois und Normandie, unternahm einen Ausfall gegen La Croix-des-Bouquets. Die von Hyacinthe geführten Neger, fast alles Afrikaner, waren nur mit Messern, Piken, Hacken und Eisenstangen bewaffnet; aber, angefeuert von ihren Zauberern, überzeugt, dass sie in Afrika wiederauferstehen würden, wenn sie getötet würden, warfen sie sich gegen die Bajonette, ohne Furcht vor den Gewehrsalven, die sie dezimierten. Sie klammerten sich an die Pferde der Dragoner und rissen diese aus dem Sattel, während sie selbst niedergesäbelt wurden. Hyacinthe durchlief ihre Reihen mit einem Kuhschwanz in der Hand und rief, dass er damit den Tod vertreibe. Er warf sich an die Spitze der Angreifer und trotzte dem Gewehr- und Artilleriefeuer, das seinen Talisman zu respektieren schien. Man sah Männer, die sich auf die Kanonen stürzten und deren Läufe umklammerten, um sie am Abschuss zu hindern; sie starben, ohne loszulassen. Andere steckten ihre Arme in die Mündungsrohre der Geschütze, um die Kugeln herauszureißen, und riefen ihren Kameraden zu: »Kommt schnell, wir haben sie!« Die Geschosse detonierten, und ihre Glieder wurden weit durch die Luft geschleudert. Nach sechsstündigem Kampf mussten die Truppen aus Port-au-Prince vor der Übermacht weichen und zogen sich überstürzt in die Stadt zurück. Sie hatten über hundert Soldaten verloren, und die Aufständischen zählten 1200 Tote.***

LEBORGNE, *Sekretär der Zivilkommission, an den Minister der Marine, Cap Français, 29. Juli 1792, im vierten Jahr der Freiheit und im ersten der Gleichheit*:
> Am Abend des 14. Juli gab die Nationalgarde ein Essen für die freien farbigen und schwarzen Bürger sowie für die Linientruppen. Dieses Fest, auf dem man erstmals Weiße vereint sah mit Menschen, die bis vor kurzem durch eine unübersteigbare Schranke von ihnen getrennt waren, war ein glückliches Ereignis. Stolz und Vorurteil sind vernichtet. Die Gleichheit verwischte die Unterschiede der Hautfarbe, welche die Unterdrücker von den Unterdrückten trennte, und Brüderlichkeit besiegte den Hass. Am 20. gaben die Farbigen ihrerseits wieder ein Essen. Die Eintracht war noch herzlicher, und die Bürger aller drei Hautfarben trösteten sich gegenseitig über die Leiden der Vergangenheit hinweg und wollten alles wiedergutmachen, um gemeinsam das Vaterland zu verteidigen. Die Farbigen in Stadt und Land bereiten eine Geldsammlung vor, deren Erlös der Nationalversammlung zufließen soll als Dank für den ruhmreichen Titel »französische Bürger«, den diese ihnen zuerkannt hat.

3 »Gott befiehlt uns Rache«:

Der Freiheitskampf der Sklaven

Fast zeitgleich mit dem bewaffneten Kampf der freien Farbigen brach der erste große Sklavenaufstand aus. In der Nacht des 14. August 1791 versammelte sich eine große Zahl von Sklaven zu einer Vodou-Zeremonie in Bois Caiman, im Norden von Saint-Domingue, und schwor, unter Führung des Jamaikaners Boukman, »die Weißen zu vernichten und alles, was sie besitzen«. Eine Woche später, am 22. August, stand die gesamte nördliche Ebene, der reichste und fruchtbarste Bezirk der Kolonie, in Flammen; viele Weiße, die den Aufständischen in die Hände fielen, unter ihnen Frauen und Kinder, wurden in blutigen Racheorgien massakriert. Aber es gab auch Anführer wie Toussaint Louverture, damals

Bewaffneter Farbiger (1794)

noch Kutscher auf der Pflanzung Breda, der seinen Herrn und dessen Familie in Sicherheit brachte, ehe er sich den Rebellen anschloss. Die anfängliche Euphorie schlug rasch in Ernüchterung um: Boukman war im Kampf gefallen, sein Kopf wurde in Cap Français zur Schau gestellt; das Land war verheert, die Ernte vernichtet; die Folter- und Hinrichtungskommandos arbeiteten Tag und Nacht, und an den Bäumen entlang der Straßen hingen die Leichen rebellischer Sklaven in unübersehbarer Zahl.

Das erste Verhandlungsangebot der Schwarzen, die lediglich allgemeine Amnestie und Freiheit für die Führer des Aufstands forderten, wurde von der Kolonialversammlung hochmütig abgelehnt, obwohl die Kommissare aus Frankreich sich kompromissbereit zeigten; beim ersten Verhandlungstermin schlug ein weißer Pflanzer den Anführer von 100 000 bewaffneten Rebellen, Jean François, mit der Reitpeitsche ins Gesicht. Die Aufständischen zogen sich in die Berge zurück und beschränkten sich auf Überfälle isolierter Ansiedlungen und Militärposten; in ständigen Scharmützeln mit Strafexpeditionen der Nationalgarde und regulären Truppen lernten sie, ihre Kräfte gezielt einzusetzen, und entwickelten eine erfolgreiche Partisanentaktik.

Das Angebot des Generalgouverneurs von Santo Domingo, als Hilfstruppen des spanischen Königs gegen Frankreich zu kämpfen – nach der Hinrichtung Ludwigs XVI. hatte Spanien der Republik den Krieg erklärt –, nahmen die Führer des Aufstands bereitwillig an: Die Allianz mit Spanien brachte ihnen nicht nur persönliche Vorteile – Anerkennung ihrer Freiheit, Belohnungen und Beförderungen; sie sicherte das materielle Überleben der Rebellen, den Nachschub an Vorräten, Waffen und Munition; trotz ihres »royalistischen« Bekenntnisses kämpften die Aufständischen auch in spanischen Diensten für ein revolutionäres Ziel, die Abschaffung der Sklaverei.

Die Verschwörung von Bois Caiman

LA BARRE, *Pflanzer in Saint-Domingue, an seine Gattin in Frankreich, Herbst 1790*:
Die Freiheit der Neger ist nur eine Chimäre. Wir sind wachsam und haben nichts zu befürchten. Ich zeichne dir ein wahrhaftiges Bild der Situation: Die Sklaven haben kaum Verbindung untereinander. 300 000 von ihnen sind auf 100 Meilen Küste verteilt. Davon muss man zwei Drittel Frauen, Kinder und Greise abziehen. Bleiben noch 100 000, von denen über die Hälfte brave Untergebene sind, die an ihren Kindern und ihrem kleinen Besitz hängen. Die restlichen 50 000, selbst wenn man ih-

R.-M. Desruisseau: Vodou-Zeremonie in Bois Caiman

nen die für eine Revolution nötige Intelligenz zutraut, haben keine Anführer und sind auf über 1000 Pflanzungen verstreut; um sie niederzuhalten, verfügen wir über 40 000 Weiße und 15 000 Mulatten und freie Neger, die alles für die Bewahrung ihres Besitzes und ihrer Privilegien tun. Die Freiheit der Neger ist nichts als der Wunschtraum von Philanthropen, die die Kolonien nur vom Hörensagen kennen. Du kannst beruhigt sein; wir schlafen nachts bei offenen Türen und Fenstern.

J.-C. DORSAINVIL: *Manuel d'histoire d'Haiti:*

BOUKMAN, geboren in Jamaica, war ein Houngan oder Vodoupriester [...]. Auf alle Schwarzen, die sich ihm näherten, übte er eine faszinierende Wirkung aus. Um ihre Skrupel zu beseitigen und absolute Ergebenheit zu erreichen, versammelte er, in der Nacht des 14. August 1791, eine große Zahl von Sklaven auf einer Lichtung im Bois Caiman, in der Nähe des Morne Rouge. Als alle vollzählig waren, brach ein Orkan los. Zuckende Blitze beleuchteten einen Himmel mit finsteren, schnell ziehenden Wolken. In wenigen Augenblicken wird der Boden von sturzbachartigem Regen überschwemmt, während vom Sturm gepeitschte Bäume sich ächzend krümmen und schwere Äste mit Getöse niederprasseln. Inmitten dieses schaurigen Dekors beobachten die reglosen, von panischem Schrecken erfüllten Zuschauer, wie eine alte Negerin sich langsam erhebt. Ihr Leib wird von Zuckungen geschüttelt. Sie singt, dreht sich um sich selbst und wirbelt ein Buschmesser über dem Kopf. Alles erstarrt und hält den Atem an; aller Augen sind auf die Priesterin gerichtet. Ein schwarzes Schwein wird gebracht, dessen Grunzen sich im Toben des Sturms verliert. Mit einer heftigen Bewegung sticht sie ihr Messer in die Kehle des Tiers. Das hervorsprudelnde Blut wird aufgefangen und macht dampfend die Runde; alle trinken davon, alle schwören, Boukmans Befehle zu befolgen.

Gebet der Verschwörer von Bois Caiman

Bon Dié qui fait soleil, qui clairé nous en haut
qui soulevé la mer, qui fait gronder l'orage
bon Dié là z'autres tendé, caché dans son nuage
et là li gadé nous, li voyé tout ça blanc fait.
bon Dié blanc mandé crime et pas nous vlé bienfait
mais Dié là qui si bon ordonnin nous vengeance
li va conduit bras nous, li ba nous assistance.
Jeté portrait Dié blanc qui soif d'l'eau dans yeux nous
couté la liberte qui palé cœur à nous tous.

Gott, der die Sonne gemacht hat und uns das Licht schenkt
der das Meer aufwühlt und den Sturm heulen lässt
der große Gott, hört gut zu, versteckt hinter einer Wolke
beobachtet uns, und er sieht alles, was die Weißen tun.
Der Gott der Weißen zwingt sie zu Verbrechen,
und lässt sie nichts Gutes tun. Unser Gott aber,
der es gut meint mit uns, befiehlt uns Rache.
Er wird unseren Arm führen und uns zu Hilfe kommen.
Werft das Bild des weißen Gottes weg, der Durst hat auf
das Wasser in euren Augen, hört auf die
Stimme der Freiheit, die in unseren Herzen spricht.

Die Generalversammlung von Saint-Domingue an den Gouverneur von Jamaika, Cap Français, 24. August 1791:
Verehrter Herr Gouverneur!
Die Generalversammlung des französischen Teils von Saint-Domingue, schmerzlich ergriffen von dem Unheil, das die Kolonie zugrunde richtet, hat sich entschlossen, eine Abordnung zu Eurer Exzellenz zu schicken, um Ihnen alle Übel zu schildern, von denen diese schöne Insel heimgesucht wird; die Flammen verwüsten unsere Besitzungen, die bewaffneten Arme unserer Neger sind mit dem Blut unserer Brüder gefärbt. Schnelle Hilfe tut not, um die Trümmer unseres zur Hälfte zerstörten Eigentums zu bergen, und nur, indem wir uns in die Städte einschließen, retten wir unser Leben, bis die Hilfe, um die wir Sie bitten, eintrifft.

CAMBEFORT, *Regimentskommandeur in Cap Français, an Gouverneur Blanchelande, Plaine de l'Acul, 7. November 1791:*
Ich verfolgte die Aufständischen auf dem Weg in die Zuckerrohrfelder und nahm ihnen mit meiner Kavallerie zwei Kanonen ab sowie den Weißen, der diese bediente. Jemand zeigte mir einen Pfad, der in ein Zuckerrohrfeld führte, wo sich die Rebellen versteckt hielten. Ich machte mich an ihre Verfolgung; begleitet von Ihrem Neffen, Monsieur Simon, und ungefähr zwanzig Dragonern krochen wir auf dem Bauch vorwärts. Wir töteten etwa dreißig von ihnen mit Feuerwaffen und Säbeln, darunter auch Boukman; er trug ein doppelläufiges Gewehr, das er auf mich und Dubuisson abfeuerte. Monsieur Michel, ein hervorragender Offizier, tötete ihn mit einem Pistolenschuss. Ich selbst erledigte zwei Rebellen. Das Gewehr, das Boukman bei sich trug, gehörte seinem früheren Besitzer, den er ermordet hatte. Außerdem besaß er noch ein Paar ausgezeichnete Pistolen. Die Verwirrung der Banditen war vollständig, und viele von ihnen blieben auf der Strecke. Nachdem ich zur Pflanzung Duthil vorgerückt war, erbeutete ich ein schweres Geschütz mit Haubitze und zwanzig Pfund Schießpulver und Kugeln. Als es dunkel wurde, sammelte ich meine Truppe und kehrte gegen sieben Uhr ins Lager zurück. Die ganze Angelegenheit kostete mich nur einen Toten und drei Verletzte.

Es lässt sich kaum abschätzen, welchen Vorteil es für uns bedeutet, den Anführer Boukman ausgeschaltet zu haben [...]. Als ihr Oberhaupt hatte er den allergrößten Einfluss auf die Neger; ich hoffe, dass er durch niemand anders ersetzt werden kann.

Ich vergaß, den tapferen Mulatten zu erwähnen, der sich in Boukmans Begleitung befand; er kämpfte wie ein Löwe gegen drei Dragoner, bevor er fiel. Der Kopf von Boukman wurde auf einem öffentlichen Platz in Cap Français zur Schau gestellt mit der Inschrift: *Kopf von Boukman, Anführer der Rebellen.* Ein Augenzeuge berichtet, dass »niemals der Kopf eines Toten einen so starken Ausdruck bewahrte: Die Augen waren offen und funkelten, als wollten sie seinen Soldaten das Signal zu neuen Massakern geben.« (JEAN FOUCHARD)

Fruchtlose Verhandlungen

Appell des Gouverneurs BLANCHELANDE *an die Rebellen, 5. Oktober 1791:*

Nichts ist grausamer, in dem Krieg, den ihr mich zu führen zwingt, als euch in großer Zahl vernichten zu müssen und euch die Lebensmittel zu entziehen, indem wir die Vorratsmagazine zerstören. Ich bin bereit, euch alles Unheil zu verzeihen, das ihr über dieses Land gebracht habt: Haltet Wort, ergebt euch, legt die Waffen nieder, kehrt auf eure Pflanzungen zurück, und ich verspreche euch allgemeinen Pardon. Dies sind meine Bedingungen: Ihr kommt in kleinen Gruppen, nach Belegschaften geordnet, und legt in 500 Schritt Entfernung von den Militärposten die Waffen ab. Jede Gruppe, nachdem sie die Waffen niedergelegt hat, zieht sich auf die Pflanzung zurück, zu der sie gehört, es sei denn, dass diese, durch die von euch angerichtete Verwüstung, unbewohnbar geworden ist; in diesem Fall wird die Belegschaft einer anderen Plantage zugeteilt.

Antwort der Aufständischen, Oktober 1791:

Mein Herr, wir hatten nie die Absicht, uns unserer Pflicht zu entziehen und die dem Stellvertreter des Königs schuldige Ehrfurcht zu verletzen. Das haben wir mehrfach bewiesen, aber würdigen

Sie uns Ihrer Aufmerksamkeit als Gerechtigkeit liebender Mann, betrachten Sie den mit unserem Blut und Schweiß getränkten Boden sowie alle Bauten, die wir in der Hoffnung auf Belohnung errichtet haben, Herr General! Haben wir diese Belohnung erhalten? Der König, ja die ganze Welt hat unser Schicksal beseufzt und die Ketten, die wir trugen, zerbrochen; und wir, wir armen Schlachtopfer, waren zu allem bereit, wir wollten unsere Herren nicht verlassen, was sage ich? Ich irre mich, diejenigen, die unsere Väter hätten sein sollen, sind Tyrannen, Ungeheuer, unwert der Früchte unseres Fleißes, und Sie verlangen von uns, Herr General, dass wir, Schafen gleich, uns den Wölfen anheimgeben? Gott, der für die Unschuldigen streitet, ist unser Führer, und unser Wahlspruch heißt: Sieg oder Tod!

Um Ihnen, verehrungswürdiger General, zu zeigen, dass wir nicht so grausam sind, wie Sie glauben, erklären wir, dass wir bereit sind, Frieden zu schließen, unter der Bedingung, dass alle Weißen, in den Ebenen wie auf den Bergen, sich zu Ihnen verfügen, um in ihre Heimat zurückzukehren, und ohne Ausnahme Cap Français verlassen; mögen sie ihr Gold und ihre Kostbarkeiten mitnehmen, wir streben nur nach Freiheit, dem köstlichsten aller Güter.

Dies, Herr General, ist unser Glaubensbekenntnis, das wir bis zum letzten Blutstropfen verteidigen werden. Es mangelt uns nicht an Pulver und Kanonen; also Tod oder Freiheit. Wenn Gott sie uns ohne Blutvergießen gewährt, sind alle unsere Wünsche erfüllt. Ich schließe, indem ich Ihnen versichere, dass der Inhalt dieses Schreibens so aufrichtig gemeint ist, wie wenn wir vor Ihnen stünden. Halten Sie die Ehrfurcht, die wir Ihnen erzeigen, nicht irrigerweise für Schwäche, denn wir werden nie einen anderen Wahlspruch haben als Freiheit oder Tod. Ihre ergebenen und gehorsamen Diener, alle Generäle und Anführer, aus denen unsere Armee besteht.**

Zur selben Zeit erschien ein Abgesandter der Aufständischen in Port Margot mit einer weißen Fahne, auf der geschrieben stand: »Vive le Roy« auf der einen und »Ancien Régime« auf der anderen Seite. Er überbrachte eine schriftliche Erklärung, die besagte:

»Dass sie die Waffen ergriffen hätten zur Verteidigung des Königs, den die Weißen in Paris gefangen hielten, weil er den Schwarzen, seinen treuen Untertanen, die Freiheit schenken wolle; sie forderten deshalb seine Freilassung und die Wiederherstellung des alten Regimes; wenn diese Forderungen erfüllt würden, könnten die Weißen ohne Gefahr für Leib und Leben auf ihre Höfe zurückkehren, allerdings würden sie vorher entwaffnet.«*

DUPLESSIS *und* RAYNAL, *Abgesandte der Aufständischen, im Namen ihrer Anführer, an die Kolonialversammlung in Cap Français, November 1791:*
Die Erklärung des Königs vom 28. September enthält eine förmliche Annahme der französischen Verfassung. In dieser Erklärung erkennt man seine väterliche Sorge und den lebhaften Wunsch, die Gesetze in Kraft zu halten und alle Staatsbürger sich vereinigen zu sehen, um das Gleichgewicht wiederherzustellen, das durch die Erschütterungen der Revolution gestört wurde. Der Geist der Gerechtigkeit und Mäßigung spricht sich darin deutlich und bestimmt aus. Das Mutterland verlangt eine andere Regierungsform als die Kolonie, aber die Gefühle des Wohlwollens und der Milde, die keine Gesetze, sondern Empfindungen des Herzens sind, müssen sich auch jenseits der Meere verbreiten, und wir müssen in der Amnestie enthalten sein, die der König für alle ohne Unterschied verkündet hat [...]. Die für freie wie unfreie Personen geltenden Gesetze müssen überall in der Kolonie befolgt werden, und es würde einen guten Eindruck machen, wenn die Versammlung ihre Absicht kundtäte, sich mit dem Los der Sklaven zu beschäftigen; das wäre der beste Beitrag zur Wiederherstellung des gestörten Gleichgewichts [...]. Unsere friedliche Gesinnung ist keinem Zweifel unterworfen, unglückliche Umstände warfen ein zweideutiges Licht auf sie, aber die Zeit wird kommen, wo Sie uns Gerechtigkeit widerfahren lassen und sich von unserer Ergebenheit gegenüber dem König überzeugen werden.
JEAN-FRANÇOIS, General, BIASSOU, Feldmarschall, DESPREZ, MANZEAU, TOUSSAINT und AUBERT, Kommissare.**

Antwort der Kolonialversammlung:
Abgesandte der aufständischen Neger, hört die Antwort der Kolonialversammlung. Die Versammlung, gegründet auf das Gesetz und durch das Gesetz, verhandelt nicht mit Banditen, die sich bewaffnet haben gegen das Gesetz, gegen alle Gesetze. Die Versammlung könnte Gnade vor Recht ergehen lassen, wenn die Schuldigen zu ihren Pflichten zurückkehren. Sie ist bereit, denjenigen zu verzeihen, die gegen ihren Willen mitgeführt worden sind; sie kennt die Grenzen ihrer Güte und Gerechtigkeit: Ergebt euch!

Übertritt zu Spanien

PEDRO ACUÑA, *Minister der spanischen Krone, an Don Garcia, Generalkapitän von Santo Domingo, 22. Februar 1793:*
Da das französische Volk seine heiligsten Pflichten vergessen und, ohne Respekt vor den gekrönten Häuptern Europas, ein abscheuliches Attentat gegen die erhabene Person des Königs ausgeführt hat, erklärt Seine Katholische Majestät diesem Volk den Krieg und befiehlt Ihnen, alle notwendigen Maßnahmen zu ergreifen, um die royalistischen Emigranten sowie die aufständischen Neger und Mulatten auf unsere Seite zu ziehen [...]. Bieten Sie ihnen den Schutz Seiner Majestät an, und versprechen Sie den Negern und Mulatten im Namen Seiner Majestät die Freiheit für jetzt und alle Zukunft sowie Belohnungen und Auszeichnungen.

Antwort der Aufständischen auf die Vorschläge der Zivilkommissare, 6. Juli 1793:
Wir können uns unmöglich dem Willen der Nation unterwerfen, denn solange die Welt besteht, haben wir nur Befehle von Königen entgegengenommen. Den König von Frankreich haben wir verloren, aber der König von Spanien beweist uns seine Liebe, indem er uns unterstützt. Deshalb können wir euch als Kommissare erst anerkennen, wenn ihr den König von Frankreich wieder auf seinen Thron gesetzt habt.
JEAN-FRANÇOIS, Generalfeldmarschall; BIASSOU, Vizekönig der eroberten Gebiete; TOUSSAINT, General der königlichen Armee; MOYSE, Brigadier des Königs.

MACAYA, den die Spanier als Exzellenz behandelten, zeigte durch seine Antworten, dass er durch persönliches Interesse ebenso an sie gekettet war wie durch religiösen Fanatismus. Seine Hartnäckigkeit drückte sich aus in einem Satz, den er auswendig gelernt zu haben schien, denn auf jeden Vorschlag des Kommissars Polverel antwortete er mit den Worten: »Ich bin der Untertan dreier Könige; des Königs von Kongo, Herrscher über alle Schwarzen, des Königs von Frankreich, der mein Vater, und des Königs von Spanien, der meine Mutter ist. Sie sind die Nachkommen der heiligen drei Könige, die, von einem Stern geleitet, kamen, um das Kind Gottes anzubeten. Wenn ich in den Dienst der Republik treten würde, müsste ich Krieg führen gegen meine Brüder, die Könige.«*

JEAN-FRANÇOIS, *General der Hilfstruppen der Katholischen Majestät, an Étienne Laveaux, Generalgouverneur der Republik, Fort Dauphin, 28. November 1794*:

General, Ihr Schreiben vom 30. Brumaire des Jahres drei der französischen Republik, das ich soeben erhalten habe, zeigt mir die noblen Gefühle, mit denen Sie es diktiert haben. Es beginnt mit der Verachtung, die Sie und die Ihren immer für Menschen meiner Hautfarbe empfinden werden. Ich habe die Ehre, von meinen Freunden und Feinden General genannt zu werden, ein ruhmreicher Titel, den ich mir durch meine Taten, meine gute Führung, meine Aufrichtigkeit und meinen Mut erworben habe, und Sie machen mir gleich zu Anfang Ihres Briefes diese Ehre streitig, indem Sie mich, voller Herablassung, Jean-François nennen, wie in jenen unglücklichen Zeiten, als Ihr Hochmut und Ihre Grausamkeit uns mit Pferden, Vieh und den niedersten Tieren gleichsetzte – und das bei einer Gelegenheit, wo Sie mich brauchen! Sie schlagen mir den schwärzesten Verrat vor und versuchen, ihn mit lügnerischen Versprechungen zu vertuschen, wodurch Sie die unwürdige Vorstellung zu erkennen geben, die Sie von meinem Vorgehen und meinem Charakter hegen. Meine Entscheidung ist gefallen, mein Entschluss ist unwiderruflich. Ich lebe und sterbe für die gerechte Sache, der ich mich verschrieben habe. Ohne die Spanier verteidigen zu wollen, kann ich nur Gutes über sie sagen, da ich sie zuverlässig fand in der Einhaltung ihrer Versprechen.

Bild-schön und beredt

Sachbücher bei
Wagenbach

Kunst

Horst Bredekamp   Michelangelo
Fünf Essays

Michelangelo als Vertragsbrecher, als Scheiternder, als souveräner Künstler, den Mächtigen ebenbürtig – portraitiert von Horst Bredekamp, einem der profiliertesten Kunsthistoriker unserer Zeit.

Gebunden. 112 Seiten mit zahlreichen, z.T. farbigen Abbildungen.
EUR [D/A] 22.90 / 23.60

Andreas Beyer   Andrea Palladio, Teatro Olimpico
Triumpharchitektur für eine humanistische Gesellschaft

Der Italienreisende Goethe war äußerst verblüfft über das von außen unauffällige, innen aber höchst beeindruckende Teatro Olimpico, er fand es »unaussprechlich schön«. Der Palladio-Kenner Andreas Beyer betrachtet das Theater mit heutigen Augen.

WAT 625. 96 Seiten mit zahlreichen Abbildungen. EUR [D/A] 9.90 / 10.20

Horst Bredekamp   Sandro Botticelli, La Primavera
Florenz als Garten der Venus

Horst Bredekamp entschlüsselt »La Primavera« als Ikone einer Zeitenwende: Was als Venuskult auftritt, zeigt bereits die ersten Folgen der individuellen Freiheit, die Vereinzelung.

»Endlich wieder aufgelegt: ein Kunstkrimi um ein Propagandabild im innerfamiliären Krieg der Medici.«   DIE ZEIT

WAT 446. 128 Seiten mit vielen, teilweise farbigen Abbildungen. EUR [D/A] 10.90 / 11.30

Wolfgang Ullrich   Raffinierte Kunst
Übung vor Reproduktionen

Nachdem Wolfgang Ullrich in mehreren Büchern die Entleerung des Kunstbegriffs kritisch betrachtet hat, ist er diesmal voll des Lobes – er würdigt die Reproduktion, die häufig eine Weiterentwicklung und Vollendung des Originals ermöglicht.

Gebunden. 160 Seiten mit 40, davon 15 farbigen Abbildungen. EUR [D/A] 22.90 / 23.60

Walter Grasskamp   Das Cover von Sgt. Pepper
Eine Momentaufnahme der Popkultur

»Sgt. Pepper's Lonely Hearts Club Band«, die 1967 erschienene Langspielplatte der Beatles, zählt zu den erfolgreichsten Schallplatten der Musikgeschichte – nicht zuletzt wegen des Covers, das als ebenso innovativ und originell wahrgenommen wurde wie die Musik und das gesamte Konzept des Pop-Albums.

Gebunden. 136 Seiten mit sehr vielen, teilweise farbigen Abbildungen. EUR [D/A] 18.50 / 19.10

Kunst im SVLTO

Damian Dombrowski Botticelli
Ein Florentiner Maler über Gott, die Welt und sich selbst

Der Renaissancemaler Sandro Botticelli ist berühmt für seine graziösen Frauengestalten, die oft schöner sind, als es die Wirklichkeit erlaubt. Seine Zeitgenossen schätzten hingegen eher den »männlichen Stil« des Künstlers. Damian Dombrowski folgt diesen und anderen Betrachtungsweisen und entdeckt auch den Platz, den der Maler selbst in seinen Bildern einnimmt.

Erscheint im Februar 2010. Rotes Leinen. Fadengeheftet. 144 Seiten mit vielen Abbildungen. EUR (D/A) 15.90 / 16.40

Guido Beltramini Palladio Lebensspuren

Die Villen und Paläste Andrea Palladios wurden zum Inbegriff der gebauten Sehnsucht nach Süden. Über den Architekten selbst weiß man heute wenig. Der namhafteste Palladio-Forscher legt die bisher verborgenen Spuren seiner Lebensgeschichte frei.

»Eine kenntnisreiche Spurensuche, nun in einem handlichen Büchlein veröffentlicht, das sich wunderbar auch als kleine, feine Reiselektüre für Italienfreunde eignet.«   art. Kunstmagazin

Aus dem Italienischen von Victoria Lorini. Mit einem Text von Paolo Gualdo.
Rotes Leinen. Fadengeheftet. 120 Seiten mit vielen Abbildungen. EUR (D/A) 14.90 / 15.40

Ernst H. Gombrich Schatten
Ihre Darstellung in der abendländischen Kunst

Ernst H. Gombrich, einer der großen Gelehrten des 20. Jahrhunderts, lenkt den Blick zuweilen auf ebenso einfache wie vergnügliche Dinge und zeigt uns – im Leben und in der Kunst – eine andere, neue Art zu sehen.

Aus dem Englischen von Robin Cackett. Rotes Leinen. Fadengeheftet. 96 Seiten mit sehr vielen, teilweise farbigen Abbildungen. EUR (D/A) 15.90 / 16.40

John Berger Das Leben der Bilder oder die Kunst des Sehens

Ein nützliches Begleitbuch für den durch Kunstgalerien, Ausstellungen und Museen flanierenden kunstinteressierten Laien.

Aus dem Englischen von Stephen Tree. Rotes Leinen. Fadengeheftet. 132 S. mit Abbildungen. EUR (D/A) 15.90 / 16.40

Heinz Berggruen Die Kunst und das Leben
Erinnerungen, Portraits, Schnurren

Der bedeutende Kunstsammler Heinz Berggruen (1914–2007) erzählt über seine Begegnungen mit Kunst und Künstlern, die Rückkehr nach Berlin, Wiederbegegnungen und altmodische Dinge.

»Wenn Heinz Berggruen Begegnungen mit Künstlern und Käufern aus der Schublade zieht, bleibt kein Auge trocken, kein Mundwinkel starr.« Focus

Rotes Leinen. Fadengeheftet. 144 Seiten. EUR (D/A) 15.90 / 16.40

Kultur und Geschichte...

Mithu M. Sanyal Vulva
Die Enthüllung des unsichtbaren Geschlechts

Diese freche, facettenreiche, lustvoll erzählte Kulturgeschichte des weiblichen Geschlechts, eine Geschichte von Aberkennung und Aneignung, stellt die aktuelle Diskussion um Post- und Popfeminismus sowie um öffentlich enthüllte Privatgebiete auf ein solides Fundament.

Gebunden mit Schutzumschlag. 240 Seiten mit vielen Abbildungen, EUR (D/A) 19.90 / 20.50

Dieter Richter Der Vesuv Geschichte eines Berges

Einer der besten Kenner des Golfs von Neapel hat die faszinierende Geschichte eines Berges geschrieben, der seit Jahrhunderten Angst und Schrecken verbreitet und zugleich eine unwiderstehliche Anziehungskraft ausübt. Eine mitreißend erzählte Kulturgeschichte der Natur.

Gebunden. 224 Seiten mit vielen Abbildungen. EUR (D/A) 24.50 / 25.20

Hans von Trotha Der englische Garten
Eine Reise durch seine Geschichte

Hans von Trotha führt uns durch die Geschichte des Englischen Gartens – eine Geschichte der Befreiung – und zeigt uns die zwölf schönsten Parks. Ein »Reiselesebuch« für zuhause und unterwegs.

»Dieses liebevoll illustrierte Buch gehört ins Gepäck aller Englandreisenden.« Tobias Heyl, Süddeutsche Zeitung

SVLTO. Rotes Leinen. Fadengeheftet. 144 Seiten mit vielen Abbildungen und einer Karte. EUR (D/A) 15.90 / 16.40

Carlo M. Cipolla Geld-Abenteuer

Extra vagante Geschichten aus dem europäischen Wirtschaftsleben. Das liebe Geld und seine besondere Faszination: Es macht aus korrekten Familienvätern wilde Abenteurer.

»Das Büchlein wiegt manche umfassende Darstellung der Wirtschaftshistorie auf.« Andreas Platthaus, Frankfurter Allgemeine Zeitung

Aus dem Italienischen von Friederike Hausmann.
SVLTO. Rotes Leinen. Fadengeheftet. 96 Seiten mit Abbildungen. EUR (D/A) 13.90 / 14.30

Wilfried Witte Tollkirschen und Quarantäne
Die Geschichte der Spanischen Grippe

300.000 Tote im Deutschen Reich, bis zu 50 Millionen weltweit – die Bilanz der Spanischen Grippe. Wilfried Witte dokumentiert die Fakten in einem kenntnisreichen Buch.

Gebunden mit Schutzumschlag. 128 Seiten mit Abbildungen. EUR (D/A) 16.90 / 17.40

… in schöner Ausstattung

Dieter Richter Der Süden Geschichte einer Himmelsrichtung

Vom Süden in der antiken Welt zur Capri-Sonne der 1950er Jahre, von der Entdeckung der Südseeinsel Tahiti bis zur heutigen Sehnsucht nach Strand, Palmen und blauem Meer: Der Süden leuchtet! Dorthin zeigt die Kompassnadel des Glücks.

»*Dieter Richter spürt bekannte und unbekannte Quellen auf, sodass eine vielstimmige Vergangenheit von selbst zu sprechen beginnt.*«

Heinz Schlaffer, Süddeutsche Zeitung

Leinen mit Prägung und aufgeklebtem Schildchen. 208 S. mit vielen Abbildungen. EUR [D/A] 24.90/25.60

Vatsyayana Kamasutra

Das »Kamasutra« ist weit mehr als das simple Sexuallehrbuch, als das uns der komplexe Text landläufig bekannt war. Wendy Doniger und Sudhir Kakar präsentieren in ihrer Neuübersetzung das »Kamasutra« als psychologischen Unabhängigkeitskrieg für die Frau, der vor rund zweitausend Jahren in Indien stattfand.

»*Frauen, Männer: lest das Kamasutra!*« Luzia Braun, ZDF aspekte

Aus dem Englischen von Robin Cackett. Leinen. 320 Seiten mit vielen farbigen Abbildungen. Neu übersetzt und kommentiert und mit einem Vorwort von Wendy Doninger und Sudhir Kakar. EUR [D/A] 18.–/18.50

Natalie Zemon Davis Leo Africanus
Ein Reisender zwischen Orient und Okzident

Die große Historikerin Natalie Zemon Davis erzählt die exemplarische Lebensgeschichte des Leo Africanus wie einen Abenteuerroman: als Muslim geboren, von Katholiken vertrieben, von Piraten gefangengenommen und vom Papst getauft…

Aus dem Englischen von Gennaro Ghirardelli. Gebunden mit Schildchen und Prägung. 400 Seiten mit zahlreichen Abbildungen. EUR [D/A] 38.–/39.10

Vittorio Magnago Lampugnani
Die Architektur der Stadt im 20. Jahrhundert

Das Opus Magnum des Historikers und Architekten Lampugnani: Er führt Stadtplanung und Architektur zusammen in einer grandiosen Geschichte der modernen Stadtbaukunst, wobei er als erster eine weltumspannende Perspektive wagt. Der umfangreiche Text und das außergewöhnliche Bildmaterial laden zu einer faszinierenden Entdeckungsreise ein.

Erscheint im April 2010. 2 Bände im Schuber. Großformat. Gebunden. Fadenheftung. 1280 Seiten mit 700, teilweise farbigen Abbildungen.
EUR [D/A] 164.–/168.60

Kultur und Geschichte...

Carlo Ginzburg Der Käse und die Würmer
Die Welt eines Müllers um 1600

Carlo Ginzburg rückt hier erstmals die Mentalität und das Weltbild eines Individuums ins Zentrum. Ein zentrales Buch der neueren Geschichtsschreibung.

Aus dem Italienischen von Karl F. Hauber. WAT 444. 208 Seiten. EUR [D/A] 11.90/12.30

Dieter Richter Neapel – Biographie einer Stadt

Eine umfassende Kulturgeschichte Neapels von den vorchristlichen Anfängen über die »Grand Tour« bis heute. Leicht fasslich, mit vielen Neuentdeckungen und sogar: konkurrenzlos!

»*Richter schreibt detailgenau und con amore – ein empfehlenswerter Schmöker für denkende Reisende.*« Johannes Saltzwedel, Der Spiegel

WAT 509. 304 Seiten mit zahlreichen Abbildungen. EUR [D/A] 13.90/14.30

Francine Prose Völlerei Die köstlichste Todsünde

Wie konnte die Völlerei, eigentlich ein privates Laster der kulinarischen Maßlosigkeit, zur Todsünde werden? Francine Prose durchstreift ihre Geschichte von der sinnenfreudigen Antike bis zum heutigen Diätwahn.

»*Eine kreative, beinahe unersättliche und elegant argumentierende Studie über die Widersprüche der Völlerei, eine dem Körper eingeschriebene Sünde, die genau deshalb nicht zu verbergen ist.*« Booklist

Aus dem Englischen von Friederike Meltendorf. WAT 624. 112 Seiten. EUR [D/A] 10.90/11.30

Simon Blackburn Wollust Die schönste Todsünde

> *Reine Liebe gilt als himmelsmächtig*
> *Pure Wollust nur als niederträchtig.*

Simon Blackburn erforscht in seinem Essay – ebenso geist- wie lustvoll – die Facetten dieses aufregenden Lasters.

Aus dem Englischen von Matthias Wolf. WAT 601. 144 Seiten mit 16 Abbildungen. EUR [D/A] 10.90/11.30

Alain Montandon Der Kuß
Eine kleine Kulturgeschichte

Wussten Sie, dass noch unlängst ein Handkuss unter freiem Himmel undenkbar war? Die Chinesen im Kuss ein Rudiment des Kannibalismus sahen? Öffentliche Küsse in Indien vielerorts noch heute verboten sind? Und dass Küsse in Iowa nicht länger als fünf Minuten dauern dürfen? Diese kleine Studie untersucht den Kuss als kulturelles Phänomen.

Mit einer Einleitung von Claudia Schmölders. WAT 549. 144 Seiten. EUR [D/A] 10.90/11.30

... im Taschenbuch

August Kopisch
Die Entdeckung der Blauen Grotte auf der Insel Capri

Die Verwandlung einer »verrufenen Höhle« in die »Blaue Grotte« – die Entdeckung eines Weltwunders des Tourismus durch einen deutschen Romantiker.

Herausgegeben und mit einem Essay von Dieter Richter.
WAT 609. 112 Seiten mit vielen Abbildungen. EUR [D/A] 9.90/10.20

Wolfgang Ullrich **Uta von Naumburg**
Eine deutsche Ikone

Gräfin, Heilige, Madonna, First Lady des Dritten Reichs: Die erstaunliche Karriere einer Sandsteinstatue des Naumburger Doms.

»Ein mitreißender Krimi und dazu eine furchterregende Skizze zur deutschen Mentalitätsgeschichte.« Frankfurter Rundschau

WAT 523. 192 Seiten mit vielen Abbildungen. EUR [D/A] 11.90/12.30

Friederike Hausmann **Kleine Geschichte Italiens**
Von 1943 bis zur Ära nach Berlusconi

»Ein handliches, ebenso sachkundiges wie lesbares Buch, das den Schlüssel zum Verständnis Italiens liefert.« Hansjakob Stehle, DIE ZEIT

WAT 550. 256 Seiten mit zahlreichen Abbildungen. EUR [D/A] 12.90/13.30

David Herlihy **Der Schwarze Tod und die Verwandlung Europas**

Das Standardwerk über die verheerende Pest von 1348 und ihre Folgen.

»Herlihys Fragestellungen und die Vielfalt seiner Methoden sind ungemein eindrucksvoll. Sie stiften zum Nachdenken darüber an, wie die moderne Gesellschaft mit Epidemien fertig wird.«
Vivian Nutton, Frankfurter Allgemeine Zeitung

Aus dem Englischen von Holger Fliessbach. Herausgegeben und mit einem Nachwort versehen von Samuel K. Cohn, Jr.
WAT 391. 144 Seiten mit zahlreichen Abbildungen. EUR [D/A] 10.90/11.30

Jacques Le Goff **Kaufleute und Bankiers im Mittelalter**

Ein kompakter Überblick über mittelalterliche Wirtschaftsgeschichte des »großen Historikers der kleinen Geschichten«: von den Betreibern des Handels und der Geldgeschäfte, von ihrer sozialen und politischen Rolle.

»Le Goff ist einer der Großmeister der Mediävistik, der mittelalterliche Geschichte mit Erfolg einem breiten Publikum zu vermitteln vermag.«
Volker Reinhardt, Frankfurter Rundschau

Aus dem Französischen von Friedel Weinert. WAT 520. 144 Seiten. EUR [D/A] 10.90/11.30

EDITION GIORGIO VASARI

Ohne die Erzählungen Vasaris wüßten wir kaum etwas von den »hervorragenden Künstlern Italiens«. Seit über einhundert Jahren wurden diese Lebensbeschreibungen, die *Vite*, nicht mehr ins Deutsche übersetzt, geschweige denn kommentiert oder gar mit Hinweisen auf die heutigen Standorte und Zustände versehen.

Dies alles leistet die neue Ausgabe, die zunächst an der Universität in Frankfurt am Main, mittlerweile am Kunsthistorischen Institut Florenz erarbeitet wird: Herausgegeben von Alessandro Nova mit Matteo Burioni, Sabine Feser und Katja Lemelsen. In der neuen Übersetzung von Victoria Lorini.

»Wagenbachs Vasari ist der schönste Vasari, den Sie derzeit irgendwo auf der Welt kaufen können.« Arno Widmann, Frankfurter Rundschau

Bereits etwa die Hälfte der Edition ist erschienen:

- Band 1: **Kunstgeschichte und Kunsttheorie** EUR [D/A] 13.90/14.30
  Eine Einführung in die Lebensbeschreibungen berühmter Künstler. Mit einem Glossar für die gesamte Ausgabe.
- Band 2: **Parmigianino** EUR [D/A] 10.90/11.30
- Band 3: **Raffael** EUR [D/A] 12.90/13.30
- Band 4: **Pontormo** EUR [D/A] 11.90/12.30
- Band 5: **Sebastiano del Piombo** EUR [D/A] 10.90/11.30
- Band 6: **Rosso Fiorentino** EUR [D/A] 10.90/11.30
- Band 7: **Giorgio Vasari** EUR [D/A] 13.90/14.30
- Band 8: **Tizian** EUR [D/A] 12.90/13.30
- Band 9: **Giulio Romano** EUR [D/A] 11.90/12.30
- Band 10: **Andrea del Sarto** EUR [D/A] 12.90/13.30
- Band 11: **Steinschneider, Glas- und Miniaturmaler** EUR [D/A] 14.90/15.40
- Band 12: **Leonardo da Vinci** EUR [D/A] 12.90/13.30
- Band 13: **Architektur, Malerei und Bildhauerei** EUR [D/A] 13.90/14.30
- Band 14: **Sodoma und Beccafumi** EUR [D/A] 12.90/13.30
- Band 15: **Die Bildhauer des Cinquecento** EUR [D/A] 16.90/17.40
- Band 16: **Sansovino und Sanmicheli** EUR [D/A] 15.90/16.40
- Band 17: **Das Leben des Bramante und des Peruzzi** EUR [D/A] 13.90/14.30
- Band 18: **Die Raffael-Werkstatt** EUR [D/A] 14.90/15.40
- Band 19: **Giorgione, Correggio, Il Vecchio und Lotto** EUR [D/A] 13.90/14.30
- Band 20: **Di Cosimo, Fra Bartolomeo und Albertinelli** EUR [D/A] 12.90/13.30
- Band 21: **Perino del Vaga** EUR [D/A] 12.90/13.30
- Band 22: **Montorsoli und Bronzino sowie Accademia del Disegno** EUR [D/A] 14.90/15.40
- Band 23: **Francesco Salviati und Cristofano Gherardi** EUR [D/A] 14.90/15.40
- Band 24: **Daniele da Volterra und Taddeo Zuccaro** EUR [D/A] 13.90/14.30
- Band 25: **Baccio Bandinelli** EUR [D/A] 13.90/14.30
- Band 26: **Michelangelo** EUR [D/A] 24.90/25.60
- Band 27: **Botticelli, Lippi, Rosselli und Baldovinetti**
- Band 28: **Tribolo und Pierino da Vinci**
- Band 29: **Die Sangallo-Familie**

Fragen Sie uns nach dem Fortgang der Edition und nach Fortsetzungsbestellungen: vertrieb@wagenbach.de

Leben in der Renaissance

Peter Burke Die Renaissance

Die Renaissance als Ganzes. Nicht nur in der Kunst, sondern auch in der Literatur und Philosophie, nicht nur in Italien, sondern auch in England, Deutschland, Frankreich. Von dem englischen Historiker Peter Burke in einem übersichtlichen und verständlichen Essay dargestellt.

Aus dem Englischen von Robin Cackett
SVLTO. Rotes Leinen. Fadengeheftet. ca. 120 Seiten mit vielen Abbildungen. EUR [D/A] ca. 14.90 / 15.40

Iris Origo »Im Namen Gottes und des Geschäfts«
Lebensbild eines toskanischen Kaufmanns der Frührenaissance

Iris Origo erzählt das Leben des Kaufmanns Datini aus dem toskanischen Prato, eines klassischen Selfmademan der Renaissance: seine Reisen, seinen Alltag, seine Ehe, seine Geschäfte zwischen Gott und Profit.

Aus dem Englischen und Italienischen von Uta-Elisabeth Trott. WAT 290. 504 Seiten. EUR [D/A] 17.90 / 18.40

Bernd Roeck / Andreas Tönnesmann Die Nase Italiens

Federico da Montefeltro, Herzog von Urbino

Die erfolgreiche Biographie des berühmtesten Condottiere im Italien der Renaissance: Heerführer, Diplomat, Förderer der Künste.

»*Daß Vergangenheit so plastisch werden kann, ist die Meisterleistung einer Geschichtsschreibung, die nie unter Niveau gehen muß, um gleichwohl für den Nicht-Fachmann lesbar zu sein.*«
    Bernhard Schulz, Der Tagesspiegel

WAT 558. 240 Seiten mit vielen Abbildungen. EUR [D/A] 13.90 / 14.30

Baldassare Castiglione Der Hofmann
Lebensart in der Renaissance

Berühmte Tischgespräche aus der Renaissance über Sitten und Kultur, Lebensart und den Umgang von Frauen und Männern miteinander. Mit seinen Thesen zur Selbsterziehung weist Castiglione weit über seine Zeit hinaus.

Aus dem Italienischen von Albert Wesselski. Mit einem Vorwort von Andreas Beyer. WAT 357. 144 Seiten.
EUR [D/A] 10.90 / 11.30

Fernand Braudel Modell Italien 1450–1650

Erstmals im Taschenbuch: In seiner glänzend geschriebenen »majestätischen Gipfeltour« beschreibt Braudel die Größe Italiens und seine nachhaltige Wirkung – von der Renaissance bis zum Barock – auf die Welt.

Aus dem Französischen von Gerda Kurz und Sieglinde Summerer. WAT 457. 240 Seiten. EUR [D/A] 11.90 / 12.30

Wissen klug zusammengefasst...

Lothar Baier *Die große Ketzerei* Verfolgung und Ausrottung der Katharer durch Kirche und Wissenschaft

Dieses Buch erzählt die Geschichte der großen Ketzerbewegung, die im zwölften Jahrhundert von Südfrankreich aus die Kirche in eine tiefe Krise stürzte.

WAT 410. 208 Seiten mit zahlreichen Abbildungen. EUR [D/A] 11.90/12.30

Peter Burke *Ludwig XIV.*
Die Inszenierung des Sonnenkönigs

Peter Burke, Kulturhistoriker von Rang und Ehren, beschreibt, deutet und kommentiert die Propagandamaschinerie um den Star unter den gekrönten Häuptern.

»*Dieses unprätentiöse, ironische Buch, das vom Verlag gleichsam in ›Versailler‹ Ausstattung vorgelegt wird, bietet eine äußerst amüsante und instruktive Lektüre.*« Peter Schöttler, DIE ZEIT

Aus dem Englischen von Matthias Fienbork. WAT 412. 280 Seiten mit zahlreichen Abb. EUR [D/A] 13.90/14.30

Horst Bredekamp
Florentiner Fußball: Die Renaissance der Spiele

Ein überaus originelles Buch zur Kultur der Renaissance und zur Wiege des Fußballs in seinem heimlichen Mutterland Italien. Das Buch für den historisch interessierten Fußballfreund.

»*Eine profunde kulturhistorische Analyse mit allem, was dazugehört!*« Christof Siemes, DIE ZEIT

WAT 397. 240 Seiten mit zahlreichen Abbildungen. EUR [D/A] 12.90/13.30

Brunello Mantelli *Kurze Geschichte des italienischen Faschismus*
Die Geschichte des italienischen Faschismus von den Anfängen bis zum Fall.

»*Ein sehr informatives, nützliches Handbuch.*« M. Schweizer, Kommune

Aus dem Italienischen von Alexandra Hausner. WAT 300. 192 Seiten mit vielen Abbildungen. EUR [D/A] 11.90/12.30

Peter Heine / Hans J. Nissen *Von Mesopotamien zum Irak*
Kleine Geschichte eines alten Landes

Das Gebiet des heutigen Irak mit seinen Ölvorkommen ist gleichzeitig das Land einer frühen Hochkultur. Zwischen Euphrat und Tigris entstanden die ersten Städte, das erste Gesetz, die erste Schrift. Eine Einführung in die Geschichte einer Region, von der mesopotamischen Hochkultur bis zum Sturz Saddam Husseins.

WAT 483. 192 Seiten mit zahlreichen Abbildungen. EUR [D/A] 12.90/13.30

... und anschaulich dargestellt

William Montgomery Watt Kurze Geschichte des Islam

Der profunde Islamkenner W. Montgomery Watt erklärt Ursprünge und Entwicklungen des Islam.

»Wer immer sich zum Islam äußert, sollte zumindest einen Text kennen: William Montgomery Watts ›Kurze Geschichte des Islam‹.« Die Presse

Aus dem Englischen von Gennaro Ghirardelli. WAT 454. 144 Seiten. EUR [D/A] 10.90 / 11.30

Ralf-Peter Märtin Dracula
Das Leben des Fürsten Vlad Tepes

Das Vorbild für »Bram Stoker's Dracula«: Vlad Tepes, grausamer Herrscher der Walachei im fünfzehnten Jahrhundert.

»Am Beispiel Dracula wird deutlich, um wieviel spannender als die Fiktion die Realität sein kann. Ein rundum gelungenes Buch.«

Ernst Piper, Sender Freies Berlin

WAT 396. 208 Seiten. EUR [D/A] 11.90/12.30

Josef H. Reichholf Der Tanz um das goldene Kalb
Der Ökokolonialismus Europas

Warum die moderne europäische Hochleistungslandwirtschaft global der »nachhaltigen Entwicklung« und der »Erhaltung der Biodiversität« (insbesondere der Tropenwälder) mehr schadet als die Bevölkerungsexplosion oder der Schadstoffausstoß. Was wir tun können in Deutschland und Europa, um den »Ökokolonialismus« zu beenden.

WAT 532. 216 Seiten mit vielen Abbildungen und Graphiken. EUR [D/A] 12.90/13.30

Jonathan Riley-Smith Wozu heilige Kriege?
Anlässe und Motive der Kreuzzüge

Welche Motive standen hinter den Kreuzzügen? Wer waren die Kreuzfahrer? Ein führender Wissenschaftler stellt die Quintessenz seiner Forschungen vor.

Mit einem Nachwort des Autors zur dt. Ausgabe. Aus dem Englischen von Michael Müller. WAT 480. 192 Seiten. EUR [D/A] 12.90/13.30

Victor Zaslavsky Klassensäuberung Das Massaker von Katyn

Die kühle und schockierende Analyse eines stalinistischen Massenmordes: Während der Perestroika mühsam zugegeben, wurden die Archive unter Putin wieder geschlossen, mit der Begründung, »eine demographische Motivation hat es nicht gegeben«.

Aus dem Italienischen von Rita Seuß. WAT 579. 144 Seiten. EUR [D/A] 10.90/11.30

Politik bei Wagenbach …

Politik bei Wagenbach, herausgegeben von Patrizia Nanz, greift das wiedererwachende Interesse an Politik auf und gibt unabhängigen Köpfen Raum, gesellschaftliche Entwicklungen kritisch zu reflektieren und neue Entwürfe zu denken. Sie zeigt, was linke Politik heute bedeuten kann.

In kurzen, prägnanten und gut lesbaren Texten kommen junge und neue Stimmen ebenso wie erfahrene Autoren zu Wort. Für leidenschaftliche, auch widersprüchliche Auffassungen.

»Man bekommt Lust, über Demokratie zu streiten. Was will man mehr?«
Gunter Hofmann, DIE ZEIT

Christoph Möllers   Demokratie – Zumutungen und Versprechen

Warum leben wir in einer Demokratie? Aus guten Gründen oder aus schlechter Gewohnheit? Warum sind wir von demokratischer Politik so oft enttäuscht? Weil sie versagt oder weil wir uns keine Rechenschaft darüber ablegen, was wir von ihr erwarten können?
WAT 580. 128 Seiten. EUR [D/A] 9.90 / 10.20

Paul Ginsborg   Wie Demokratie leben

Ausgehend von einem fiktiven Dialog zwischen John Stuart Mill und Karl Marx stellt sich Ginsborg den notwendigsten Fragen der Demokratie heute. Unsere Demokratien – so sein Fazit – müssen dringend reformiert werden, sei es in der Zivilgesellschaft, im Staat oder in der Europäischen Union.
Aus dem Italienischen von Friederike Hausmann. WAT 581. 128 Seiten. EUR [D/A] 9.90 / 10.20

Norberto Bobbio   Ethik und die Zukunft des Politischen

Warum heute Bobbio lesen? – Um im unübersichtlicher werdenden politischen Handgemenge einen klaren Kopf zu behalten. Um die Moral nicht mit der Politik zu verwechseln, die guten Gründe nicht mit der Macht der Mehrheit.
Aus dem Italienischen von Otto Kallscheuer und Annette Kopetzki. Herausgegeben und mit einem Vorwort von Otto Kallscheuer. WAT 622. 144 Seiten. EUR [D/A] 10.90 / 11.30

Paolo Flores d'Arcais / Joseph Ratzinger   Gibt es Gott?
Wahrheit, Glaube, Atheismus

Einer der bekanntesten und streitbarsten Philosophen unserer Zeit und ausgewiesener Linker, Paolo Flores d'Arcais, führt ein Streitgespräch mit Joseph Kardinal Ratzinger und stellt dessen Positionen auf den Prüfstand der Amtszeit als Papst Benedikt XVI.
Aus dem Italienischen von Friederike Hausmann. WAT 627. 144 Seiten. EUR [D/A] 9.90 / 10.20

... Analysen, Streitschriften, Perspektiven

Joscha Schmierer Keine Supermacht, nirgends
Den Westen neu erfinden

Entsteht eine neue Weltordnung? Nach dem Verschwinden des Sowjetimperiums 1989 und dem Erstarken neuer Mächte wie China und Indien entwickeln sich Formen globaler Integration.

»Der überaus dichte und erfreulich unprätentiös geschriebene Essay gibt nicht vor, alles zu wissen, sonder schärft kategoriale Unterscheidungen und regt zum Nachdenken über die neue internationale Konstellation an.« Bruno Schoch, Kommune

WAT 583. 112 Seiten. EUR (D/A) 9.90/10.20

Albrecht von Lucke Die gefährdete Republik
Von Bonn nach Berlin: 1949 – 1989 – 2009

Bonn wurde nicht Weimar, aber was ist Berlin? 60 Jahre nach Gründung der Bundesrepublik und 20 Jahre nach dem Fall der Mauer stellt sich die Frage nach den Folgen der Jahrhundertzäsur von 1989.

»Ein fulminanter Essay über Geschichte und gegenwärtigen Zustand der Republik.« Jürgen Habermas

WAT 605. 96 Seiten. EUR (D/A) 9.90/10.20

Petra Dobner Bald Phoenix – bald Asche
Ambivalenz des Staates

Schuld an allem Unglück oder letzter Retter in der Not – unsere Erwartungen an den Staat sind hoch, oft voller Widersprüche und unrealistisch. Ein Plädoyer für einen positiv kritischen Umgang mit dem Staat.

WAT 623. 96 Seiten. EUR (D/A) 9.90/10.20

Die Illusion der Exzellenz Lebenslügen der Wissenschaftspolitik

Lange fällige Reformen an den Hochschulen, um die deutschsprachigen Wissenschaftsstandorte international konkurrenzfähig zu machen – oder Lähmung von Forschung und Lehre durch Bürokratisierung? Jürgen Kaube bittet acht Hochschullehrer, über die Zukunft unserer Universitäten nachzudenken.

Herausgegeben von Jürgen Kaube. WAT 604. 96 Seiten. EUR (D/A) 9.90/10.20

Nilüfer Göle Anverwandlungen
Der Islam in Europa zwischen Kopftuchverbot und Extremismus

Gibt es zwangsläufig Konflikt zwischen den Religionen? Ist der Westen wirklich in der Moderne und der Islam in Glauben und Tradition verankert? Oder können Glaube und Moderne im Islam neu zusammenfinden – jenseits von Fundamentalismus und Terrorismus?

Aus dem Französischen von Ursel Schäfer. WAT 598. 160 Seiten. EUR (D/A) 10.90/11.30

Biographien...

Natalia Ginzburg Anton Čechov Ein Leben

Das Portrait eines kurzen, bescheidenen Lebens und eines sehr folgenreichen »Schreibens ohne Kommentar«.

»*Natalia Ginzburg beschreibt sein Leben so, wie Čechov selber es sich gewünscht haben könnte.*« Süddeutsche Zeitung

Aus dem Italienischen von Maja Pflug. WAT 607. 112 Seiten. EUR [D/A] 10.90/11.30

Natalie Zemon Davis Die wahrhaftige Geschichte von der Wiederkehr des Martin Guerre

Das Languedoc im 16. Jahrhundert ist der Schauplatz eines historischen Kriminalromans: Ein Bauer, Ehemann und Vater verschwindet spurlos, taucht nach Jahren wieder auf und ist doch nicht, der er vorgibt zu sein.

Aus dem Amerikanischen von Ute Leube und Wolf Heinrich Leube. Mit einem Nachwort von Carlo Ginzburg. WAT 498. 224 Seiten. EUR [D/A] 11.90/12.30

Norbert Rehrmann Simón Bolívar
Die Lebensgeschichte des Mannes, der Lateinamerika befreite

Außer Che Guevara ist kein anderer lateinamerikanischer Freiheitskämpfer so oft abgebildet, verklärt und umgedeutet worden wie Simón Bolívar – höchste Zeit also, Herkunft und Wirkung dieser politischen Ikone zu untersuchen.

Das einzige deutschsprachige Bolívar-Porträt, das Aufstieg und Fall des charismatischen Führers der lateinamerikanischen Unabhängigkeitsbewegung, Politikers, Schriftstellers und Frauenhelden stimmig und kompakt nachzeichnet. Sandammeer.at

Gebunden mit Schutzumschlag. 240 Seiten mit vielen Abbildungen. EUR [D/A] 19.90/20.50

Klaus Wagenbach Franz Kafka Biographie seiner Jugend

Die klassische Biographie über den jungen Kafka – eine immer wieder zitierte Quelle aller nachfolgenden biographischen Arbeiten.

»*Die bestmögliche Biographie des jungen Kafka.*« S. Löffler, Literaturen

Erweitert und neu kommentiert. Gebunden mit Schutzumschlag. 328 Seiten mit vielen Abbildungen. Lesebändchen. EUR [D/A] 29.50/30.40

Klaus Völker Boris Vian Der Prinz von Saint-Germain

Seine vielen Talente: prächtig. Seine Versteckspiele: frech. Seine Täuschungen: raffiniert. Ein leidenschaftlicher Provokateur, der unter schwerer Weihwedelphobie litt, Sartre zu seinen besten Freunden zählte und sich zuweilen selbst übersetzte.

»*Kenntnisreich und jederzeit schön zu lesen.*« Neue Zürcher Zeitung

Überarbeitete Neuausgabe. WAT 529. 192 Seiten mit vielen Photos. EUR [D/A] 12.90/13.30

... und Lebensgeschichten

Norberto Bobbio Vom Alter – De senectute

Ein leises und weises, verständliches und verständiges Buch darüber, wie wir leben und alt werden. Verfasst von einem großen Alten, dem bedeutendsten politischen Philosophen Italiens.

»*Ein Text über das Altern von brillanter Klarheit.*«

Kurt Flasch, Frankfurter Allgemeine Zeitung

Aus dem Italienischen von Annette Kopetzki. *SVLTO*. Rotes Leinen. Fadengeheftet. 144 Seiten. EUR [D/A] 15.90/16.40

Luigi Pintor Servabo Erinnerung am Ende des Jahrhunderts

Was von unserem Leben verdanken wir uns selbst und was unserer Zeit? Eine der wichtigsten Personen der italienischen politischen Kultur erzählt gelassen seine höchst seltsame Lebenskurve als eher fremdbestimmt: »Ich glaube, an der Bewegung der Gestirne teilzuhaben, während ich an einer Schreibmaschine saß.«

»*Servabo ist ein Lehrbuch der Gesittung und der Achtung vor dem anderen, auch dem politischen Gegner.*«   Heinrich Senfft, DIE ZEIT

Aus dem Italienischen von Michael Becker und Petra Kaiser. WAT 325. 120 Seiten. EUR [D/A] 7.50/7.90
sowie auch: Leinen. 120 Seiten. EUR [D/A] 11.90/12.30

Paul Ginsborg Berlusconi

Politisches Modell der Zukunft oder italienischer Sonderweg?

Seit Berlusconis Ministerpräsidentschaft wird über die Frage gestritten: Handelt es sich um einen italienischen Sonderfall von Klientelwirtschaft und Bestechung – oder ist Italien der smarte Vorreiter eines Modells der Verbindung von Medienkontrolle, Konsum und politischer Macht?

Aus dem Englischen von Friederike Hausmann. WAT 497. 192 Seiten. EUR [D/A] 11.90/12.30

Leonardo Sciascia Das Verschwinden des Ettore Majorana

Sciascias berühmtestes Buch: die Geschichte eines großen Physikers, der noch vor Heisenberg die Kernspaltung entdeckte und beschloß, die Welt vor seiner Genialität zu bewahren.

»*Klug, umsichtig und mit analytischer Schärfe schildert Sciascia das Drama eines Menschen, der seiner Zeit voraus war.*«   Brigitte

Aus dem Italienischen von Ingeborg Brandt und Ruth Wright. *SVLTO*. Rotes Leinen. Fadengeheftet. 96 Seiten mit zahlreichen Photos. EUR [D/A] 13.90/14.30

Edith Sitwell Englische Exzentriker

Dieses schon klassische Buch präsentiert berühmte Exzentriker aus dem unerschöpflichen englischen Fundus.

»*Es empfiehlt sich, das Buch wie eine kostbare Torte zu behandeln, die man Stück für Stück bei besonderen Anlässen verzehrt.*« Klaus Völker

Aus dem Englischen von Kyra Stromberg. *SVLTO*. Rotes Leinen. Fadengeheftet. 160 Seiten mit vielen Photos.
EUR [D/A] 15.90/16.40

»*Noch immer gibt es ein paar Verlage,*
die mit überlegter Gestaltung der Bücher
eine erfreuliche Einstimmung geben und signalisieren,
dass das Lesen ein sinnlicher Vorgang ist.
Der Wagenbach-Verlag gehört dazu.«

Werner Thuswaldner, Salzburger Nachrichten

»*Der Wagenbach-Verlag ist eine lobenswerte geistige Tankstelle.*«

Dirk Schümer, FAZ

Falls Sie unsere Bücher nicht finden (oder landeinwärts wohnen), bestellen Sie direkt beim Verlag oder im Internet unter **www.wagenbach.de** – wir leiten Ihre Bestellung dann an eine Buchhandlung weiter:

Name:

Straße:

PLZ/Ort:

E-Mail:

Datum, Unterschrift:

Alle Bestellungen können Sie innerhalb von zehn Tagen (Datum des Poststempels) widerrufen.

❐ Wenn Sie mehr über den Verlag und seine Bücher wissen möchten, bestellen Sie hier die Zwiebel, unseren Westentaschenalmanach mit Gesamtverzeichnis, Lesetexten aus den neuen Büchern und Photos. Jährlich! Kostenlos! Auf Lebenszeit (Ihre und unsere)! Oder stöbern Sie unter **www.wagenbach.de** in unserem Programm.

Verlag Klaus Wagenbach

Emser Straße 40/41   10719 Berlin
Telefon: 030/23 51 51 0   Fax: 030/211 61 40
mail@wagenbach.de   www.wagenbach.de

Obwohl ich alle Punkte Ihres Schreibens einzeln beantworten könnte, lasse ich sie hier aus, da ich auf die meisten von ihnen bereits eingegangen bin in einem Manifest an meine Landsleute, in dem ich ihnen das Schicksal ausgemalt habe, das sie erwartet, wenn sie sich von Ihren schönen Worten wie Freiheit und Gleichheit täuschen lassen. Erst wenn ich sehe, dass Monsieur Laveaux und andere Franzosen seines Schlages ihre Töchter mit Negern verheiraten, werde ich Ihren Reden von Gleichheit Glauben schenken können. Es bleibt mir nur noch, Herr General, Sie um die Gunst zu ersuchen, mir das von Ihnen erwähnte Schreiben des Generalkapitäns von Santo Domingo zu zeigen, in dem er Ihnen angeblich meinen Kopf versprochen hat, wenn Sie alle spanischen Gefangenen freilassen. Ich möchte Sie bitten, Krieg zu führen mit Achtung vor den Menschenrechten und mit jener Großmut, für die Sie Beispiele bei Ihren illustren Vorfahren finden können, und versichere Ihnen, dass Treulosigkeit und Verrat niemals die Sache des Generals Jean-François sein werden!

4 »Proklamieren wir die Freiheit der Neger«:

Die Freunde der Schwarzen

Am 20. September 1792, dem Tag, als in Paris der Nationalkonvent seine erste Sitzung abhielt, landete eine dreiköpfige Zivilkommission in Saint-Domingue, begleitet von einem Expeditionskorps von 6000 Soldaten, um über die Durchführung des Dekrets vom 4. April zu wachen, das den freien Farbigen die Gleichberechtigung gewährte. Bei ihrer Ankunft in Cap Français versicherten die Kommissare den besorgten Mitgliedern der Kolonialversammlung, dass sie eher zurücktreten würden, als die Aufhebung der Sklaverei zu dulden; elf Monate später erklärten sie die Sklaverei für abgeschafft. – Wie kam es zu dieser Entwicklung? Der Vorsitzende der Zivilkommission hieß Léger-Félicité Sonthonax, ein Parteigänger Brissots und radikaler Girondist, der die Prinzipien von Freiheit und Gleichheit kompro-

Léger-Félicité Sonthonax

misslos in die Praxis umsetzte. Doch der Hinweis auf seine Persönlichkeit allein genügt nicht, um diese revolutionäre Politik zu erklären; sie wurde durch die Umstände diktiert.

Am 10. August, während die Zivilkommissare sich noch auf See befanden, stürmte die Bevölkerung von Paris die Tuilerien und stürzte das Königtum; am 21. September wurde die Republik proklamiert, am 21. Januar der König hingerichtet; im Februar und März 1793 erklärte Frankreich England und Spanien den Krieg.

Der Fortschritt der Revolution im Mutterland führte in Saint-Domingue zu einer spürbaren Verschärfung der Widersprüche. Sofort nach ihrer Ankunft ließen die Kommissare den königstreuen Gouverneur Blanchelande verhaften und nach Frankreich deportieren; kurz darauf folgte ihm sein Stellvertreter, der Oberbefehlshaber der Armee, General d'Esparbès, zusammen mit den letzten Anhängern des Ancien Régime. Während die Kommissare bei diesen Maßnahmen noch die Mehrheit der weißen Pflanzer auf ihrer Seite hatten, stießen sie bei dem Versuch, die Gleichberechtigung der Farbigen durchzusetzen, auf hartnäckigen Widerstand. Sie ließen die Kolonialversammlungen und politischen Clubs, die zu Zentren der Konterrevolution geworden waren, auflösen und besetzten am 14. April 1793 mit einem Farbigenheer Port-au-Prince, dessen Einwohner sich geweigert hatten, den Befehlen der Kommissare Folge zu leisten. Borel, der Anstifter der Unruhen, floh nach Jamaika, Port-au-Prince wurde mit einer Kriegskontribution von 450 000 Francs belegt, und die Gleichberechtigung der Rassen irreversibel gemacht durch Schaffung einer gemischten Truppe aus Weißen und Farbigen (*Légion de l'Égalité*).

Die letzte Hoffnung der um ihren Besitz und ihre Privilegien bangenden Pflanzer richtete sich auf den von der Metropole designierten Nachfolger des gestürzten Gouverneurs, Galbaud, der sich leicht für ihre Pläne gewinnen ließ, da er kurz nach seiner

Ernennung Land in Saint-Domingue geerbt hatte. Die Kommissare wiesen ihm nach, dass er als Landeigentümer nicht zugleich Gouverneur sein durfte, setzten ihn ab und stellten ihn auf einem Kriegsschiff im Hafen von Cap Français unter Arrest. Am 20. Juni 1793 wiegelte Galbaud die Besatzungen der im Hafen liegenden Schiffe auf, ging mit ihnen an Land, um die Kommissare festzunehmen, und ließ die Stadt unter Artilleriebeschuss nehmen, anzünden und plündern. In dieser bedrängten Lage rief Sonthonax die aufständischen Sklaven der Nordprovinz zu Hilfe und versprachen ihnen die Anerkennung ihrer Freiheit. Tausende weißer Pflanzer verließen fluchtartig die Stadt und schifften sich mit Galbaud und seinen Soldaten nach den Vereinigten Staaten ein. Isoliert, von ihren eigenen Truppen im Stich gelassen, umgeben von reaktionären Weißen, die gegen das revolutionäre Frankreich England um Hilfe baten, und von farbigen Neubürgern, die um die Erhaltung ihres Besitzes bangten, zögerten die Kommissare nicht länger, ihr Versprechen einzulösen: Am 29. August 1793 verkündete Sonthonax die Abschaffung der Sklaverei in der Nordprovinz, einen Monat später folgte ihm sein Kollege Polverel im Westen und Süden. Am 4. Februar 1794 beschloss der Nationalkonvent in Paris die Aufhebung der Sklaverei in allen französischen Kolonien – nicht nur aus humanitären, sondern aus politischen und ökonomischen Gründen: einmal, um britische Invasionspläne auf den Antillen zu durchkreuzen, zum anderen, weil freie Lohnarbeit rentabler zu werden begann als Sklaverei. Sonthonax musste sich vor einem Untersuchungsausschuss des Konvents für sein eigenmächtiges Vorgehen verantworten, wurde jedoch freigesprochen und im Oktober 1795 erneut als Mitglied einer Zivilkommission nach Saint-Domingue geschickt.

Erste Landung der Zivilkommissare in Cap Français, 20. September 1792
D'AUGY, *Präsident der Kolonialversammlung:*
> Hohe Kommissare! Wir sind wie irdenes Geschirr in Eurer Hand, das Ihr jeden Augenblick zerbrechen könnt. Dies ist der geeignete und vielleicht der einzige Augenblick, Euch mit einer wichtigen Wahrheit vertraut zu machen, welche Eure Vorgänger

verkannt haben. Diese Wahrheit, die selbst die verfassunggebende Versammlung zur Einsicht gebracht hat, ist, dass in Saint-Domingue keine Bodenkultur möglich ist ohne Sklaverei. Wir haben nicht eine halbe Million Wilde an der afrikanischen Küste gekauft und als Sklaven hierher gebracht, um sie zu französischen Bürgern zu machen. Ihre Freiheit ist von Natur aus unvereinbar mit der unserer europäischen Brüder. Solltet Ihr, nach den Instruktionen, die Ihr vielleicht mitbringt, entschlossen sein, lieber das Mutterland um den Ertrag unserer Wirtschaft zu bringen, dieser fruchtbaren Quelle von Macht und Reichtum, als Sklaven in diesem Lande zu dulden: So würdet Ihr, ohne der empörenden Ungerechtigkeit eine noch grässlichere Barbarei hinzuzufügen, nicht umhinkönnen, diese Sklaven dorthin zurückzuschaffen, von wo Eure europäischen Brüder sie geholt haben. Denn niemand kann uns durch ein Gesetz zwingen, Wesen auf unseren Ländereien zu dulden, welche die Freiheit sofort zu einer unsteten Lebensweise, zu Verheerungen, Plünderungen und Morden verleiten würde [...]. Deshalb haben wir Gebrauch gemacht von dem uns anvertrauten Recht und durch ein Dekret vom Juni dieses Jahres erklärt, dass die Sklaverei der Schwarzen in den Kolonien unwiderruflich fortbestehen muss. Dieses Dekret haben wir dem König zur Bestätigung geschickt und erwarten eine positive Reaktion.

POLVEREL, *Zivilkommissar:* Ich erkläre im Namen meiner Kollegen, ich erkläre, ohne Furcht, desavouiert zu werden: Sollte die Nationalversammlung es wagen, an den Status Eures beweglichen Eigentums zu rühren, würde ich auf der Stelle mein Amt niederlegen und der Nation alle Vollmachten zurückgeben, mit denen sie mich ausgestattet hat, bevor ich mich zum Komplizen eines so verhängnisvollen Irrtums machen ließe im Bezug auf das Wohlergehen der Kolonie.

SONTHONAX, *Präsident der Zivilkommission:* Wir erklären, im Namen der Metropole, der Nationalversammlung und des Königs, dass wir nur zwei Klassen von Menschen kennen in der Kolonie Saint-Domingue: die Freien, ohne Unterschied der Hautfarbe, und die Sklaven. Wir erklären, dass allein den verfassungsgemäß gebildeten Kolonialversammlungen das Recht zusteht, über das Schicksal der Sklaven zu entscheiden; dass die Sklaverei notwendig ist für das wirtschaftliche Wohlergehen der Kolonie und dass weder die Nationalversammlung noch der König die Absicht haben, die diesbezüglichen Vorrechte ihrer Bewohner anzutasten.

Die Gegenrevolution der großen und kleinen Weißen

Der Zivilkommissar SONTHONAX *an die Bürger der Westprovinz, 21. März 1793:*

Bürger, Frankreichs Interessen in der Kolonie stehen auf dem Spiel, die öffentliche Sicherheit ist in Gefahr, der Krieg mit dem Ausland steht vor der Tür. Die republikanische Verfassung bot den abtrünnigen Pflanzern neue Möglichkeiten für ihre perversen Machenschaften; die Royalisten haben sich mit der Unabhängigkeitspartei verbündet; der Preis dieses monströsen Paktes war das Blut der Bürger des 4. April und das Niederbrennen ihres Besitzes [...]. Die Aufrührer haben Port-au-Prince zu ihrem Hauptquartier gemacht, hier herrscht die Wut dieser verbrecherischen Fraktion, die ohne Unterlass die Revolution und ihre eifrigsten Verteidiger verleumdet, unterstützt und protegiert von allen Freunden des Adels, des Klerus und der Monarchie in der Nationalversammlung. Hier in Port-au-Prince herrscht diese Bande verkrachter Existenzen, deren verschuldeter Besitz nur durch den Bankrott und die Unabhängigkeit wieder saniert werden kann; sie bezeichnen die Franzosen als Ausländer, den Nationalkonvent als blutige Diktatur und verbreiten einen Geist der Missachtung gegenüber dem Mutterland und seinen gesetzlichen Vertretern. Gewohnt, unter dem Ancien Régime, in den Vorzimmern von Versailles zu antichambrieren, stolz auf ihre Privilegien, die sie mit dem einstigen Adel teilten, ist ihr ganzer Ehrgeiz darauf gerichtet, die Missbräuche des Kolonialsystems zu erhalten, die Grundsätze des Mutterlandes zu beleidigen und aus der Revolution eine Vermögensspekulation zu machen, um ihre Vorurteile zu verewigen. Sie haben die geheiligte Institution der Klubs profaniert, indem sie diese zu einer Schandbühne von Denunziation und Verleumdung umwandelten, wo Widerstand gegen Gesetz und Verfassung gepredigt wurde. Sie bereiten den Untergang der Kolonie vor, indem sie die Sklaven bewaffnen, während sie gleichzeitig Frankreich und seine Delegierten beschuldigen, die Abschaffung der Sklaverei zu planen. Sie haben die Frechheit gehabt, ein Mitglied der Zivilkommission auf einem Kriegsschiff gefangenzusetzen, und nur die Loyalität der Besatzung hat diesem vor der Wut der Aufständischen das Leben gerettet. Als Urheber aller Übel, welche die Kolonie Saint-Domingue heimsuchen, werden wir sie mit der ganzen Strenge des Gesetzes verfolgen und bestrafen. Die Grenadiere der Nationalgarde, die durch ihren Mut das Komplott der Aufrührer mit den Aristokraten zunichte gemacht haben, sollen sich der Armee der Freunde Frankreichs anschließen, damit wir gemeinsam den Feind aus dem Land jagen. Kommt und schart euch um die Mandatsträger der Republik!

SONTHONAX *und* POLVEREL *an den französischen Konsul in Charleston, 5. Juli 1793*:

Im *Standard Charleston Daily Advertiser* vom 13. Juni 1793 haben wir eine grob verfälschte Darstellung der Ereignisse von Port-au-Prince gelesen. Wir haben zu viel zu tun, um alle Einzelheiten zu berichten; aber hier sind die wichtigsten Tatsachen, die auch unsere Emigranten nicht leugnen können und deren Folgen sie bald zu spüren bekommen werden.

Die Einnahme von Port-au-Prince, die Verhaftung von Hanus de Jumécourt und die Flucht von Borel, dem Anführer der Rebellen, genügte, um die aufständischen Sklaven von Croix-des-Bouquets, ohne Gewalt anzuwenden, zu ihrer Pflicht zurückkehren zu lassen. Borel und seine Komplizen haben die Kolonie verlassen, beladen mit Geld und Wechseln. Wohin sind sie geflohen? Nach Jamaika. Beachten Sie bitte, dass die Kriegserklärung gegen England bereits seit über drei Wochen in der Kolonie bekannt war. Briefe von Borel und seinen Leuten, die uns in die Hände gefallen sind, beweisen, dass sie nach Jamaika geflohen sind, um sechs Wochen später an der Spitze der britischen Streitkräfte nach Saint-Domingue zurückzukehren; die Weigerung der englischen Händler, ihre Wechsel einzulösen, hat ihren Plan zunichte gemacht und ihre Invasionshoffnungen begraben. Auch die tragischen Ereignisse von Cap Français sind Euch sicher entstellt wiedergegeben worden, denn die Hauptschuldigen sind in die Vereinigten Staaten geflohen; je schwerer ihre Verbrechen, desto mehr sind sie bemüht, die öffentliche Meinung zu täuschen.

Wir waren damit beschäftigt, im Westen und Süden der Kolonie die Ordnung wiederherzustellen, als Galbaud in Cap Français eintraf. Er setzte sich selbst zum Gouverneur ein, obwohl nur wir das Recht hatten, ihn dazu zu ernennen [...]. Sofort nach unserer Ankunft erklärten wir ihm, dass er nicht berechtigt sei, Gouverneur von Saint-Domingue zu sein, weil das Gesetz vom 4. April alle Bürger, die Land in den Kolonien besitzen, von deren Regierung ausschließt. Wir erklärten ihm, dass er nicht Gouverneur sein dürfe, enthoben ihn, soweit nötig, seiner Ämter und stellten ihn auf der Fregatte *La Normandie* unter Arrest. In dieser Lage wiegelte er, zusammen mit den Admirälen Cambis und Gersey, die Besatzungen der Schiffe auf und ernannte sich selbst zum Oberkommandierenden der Land- und Seestreitkräfte von Saint-Domingue. Er befahl den Kriegsschiffen, die Stadt unter Feuer zu nehmen, und den Mannschaften, bewaffnet an Land zu gehen und das Arsenal zu besetzen; das Haus, in dem wir uns aufhielten, ließ er unter Artilleriebeschuss nehmen, die Stadt anzünden, plündern und zu Dreivierteln in Asche legen. Auf dem Rückzug machten seine Leute alle Geschütze unbrauchbar und warfen die im Arsenal gelagerte Munition ins Meer. Dann floh er mit allen Fregatten, Kriegs- und Handelsschiffen, die im Hafen vor Anker lagen. Das Feuer verursachte der Republik Verluste von mehr als einer Milliarde Francs sowie über sechzig Millionen, falls der Schiffskonvoi mit seiner Eskorte dem Feind ausgeliefert wird. Wir verfügen in der Kolonie nur noch über drei Fregatten mit Besatzungen und kreolischen Truppen gegen 60 000 aufständische Sklaven, die Spanien und der Sache der Könige ergeben sind. Trotzdem sind wir von Verzweiflung weit entfernt; wir geben nicht auf, und die Republik wird triumphieren, solange wir leben!

Abschaffung der Sklaverei

Der Zivilkommissar SONTHONAX *an die Bürger der Nordprovinz, 29. August 1793*:
Alle Menschen sind von Geburt aus gleich und frei. Das, Bürger, ist das Evangelium Frankreichs. Es wird höchste Zeit, dass es in allen Teilen der Republik verkündet wird. Als Zivilkommissare von den Delegierten der Nation nach Saint-Domingue geschickt, hatten wir den Auftrag, für die Durchführung des Gesetzes vom 4. April zu sorgen und schrittweise, ohne Chaos und Anarchie, die Emanzipation der Sklaven vorzubereiten. Unsere Befugnisse reichten nicht weit genug, um über das Los der Afrikaner zu entscheiden, und wir wären wortbrüchig geworden, wenn wir die Gesetze missachtet hätten. Inzwischen haben sich die Verhältnisse geändert – die Menschenhändler und Kannibalen existieren nicht mehr: Erstere gingen unter als Opfer ihrer eigenen ohnmächtigen Wut, letztere sind emigriert und suchten ihr Heil in der Flucht. Die Mehrheit der Bevölkerung besteht jetzt aus den Bürgern des 4. April, die als erste den Mut aufbrachten, für ihre Rechte zu kämpfen, und die lieber den Verlust ihrer Güter in Kauf nahmen als die Schande, von neuem Ketten zu tragen. Vergesst niemals, Bürger, dass ihr ihnen die Waffen verdankt, mit denen ihr euch die Freiheit erkämpft habt; und vergesst niemals, dass von allen Völkern Europas nur die Franzosen eure Freunde sind. Die französische Republik will, dass Freiheit und Gleichheit herrschen unter den Menschen, ohne Unterschied der Hautfarbe. Die Könige fühlen sich nur wohl inmitten von Sklaven; die Tyrannen Afrikas waren es, die euch an die Weißen verkauften, und die Tyrannen Europas sind es, die diesen schändlichen Handel fortsetzten: Sie alle haben nur ein Ziel – euch in Ketten zu legen und zu vernichten.

Artikel 1: Die Erklärung der Menschen- und Bürgerrechte wird gedruckt und angeschlagen auf allen öffentlichen Plätzen, in Stadt und Land.

Artikel 2: Alle Neger und Mischlinge, die sich augenblicklich in der Sklaverei befinden, sind frei und genießen alle Rechte französischer Bürger.

Parlamentarisches Nachspiel

Paris, Nationalkonvent, 4. Februar 1794
DER PRÄSIDENT: Bürger, der Ausschuss hat die Beglaubigungsschreiben der Deputierten von Saint-Domingue geprüft und in Ordnung gefunden. Ich schlage vor, die neuen Abgeordneten zum Konvent zuzulassen.
CHAMBOULAS, Abgeordneter: Seit 1789 ist die Aristokratie der Geburt und der Religion abgeschafft, aber die Aristokratie der Hautfarbe existiert weiter. Heute ist ihre letzte Stunde gekommen: Die Gleichheit aller Menschen wird Wirklichkeit. Ein schwarzer, ein weißer und ein farbiger Bürger werden im Namen der Kolonie Saint-Domingue ihre Sitze im Konvent einnehmen.
Die Deputierten Bellay, ein Schwarzer, Mills, ein Mulatte, und Dufay, ein Weißer, betreten den Saal. Beim Anblick der Farbigen erhebt sich lang anhaltender Beifall.
LACROIX, Abgeordneter: Die Versammlung hat mit Ungeduld diesen Augenblick erwartet. Sie ist stolz darauf, Menschen jener Hautfarbe in ihrer Mitte zu sehen, die seit Jahrhunderten unterdrückt und erniedrigt worden sind. Ich bitte den Präsidenten, sie im Namen des Konvents brüderlich willkommen zu heißen.
Die Deputierten betreten die Tribüne und werden vom Präsidenten umarmt und auf beide Wangen geküsst. Alle Abgeordneten erheben sich von ihren Stühlen und spenden Beifall.
LEVASSEUR, Abgeordneter: Ich schlage der Versammlung folgende Resolution vor. (*liest*) Als wir den Plan einer Verfassung für das französische Volk entwarfen, haben wir das unglückliche Volk der Neger vergessen. Die Nachwelt wird uns hieraus einen Vorwurf machen. Lasst uns unser Versäumnis wettmachen, proklamieren wir die Freiheit der Neger. Präsident, dulde es nicht, dass die Versammlung sich durch eine Diskussion über diesen Punkt enthrt.
Der Vorschlag wird durch Akklamation angenommen.
CAMBON, Abgeordneter (*zeigt auf die Zuschauerränge*): Eine farbige Bürgerin, die regelmäßig den Sitzungen des Konvents beiwohnt, hat soeben, als sie hörte, dass wir ihrem Volk die

Freiheit schenken, vor Freude die Besinnung verloren. Ich bitte, diesen Vorfall im Protokoll zu vermerken, und die Frau, als Anerkennung für ihre staatsbürgerliche Haltung, auf der Ehrentribüne Platz nehmen zu lassen.

Die Frau wird, unter dem Beifall der Abgeordneten, zur Tribüne geführt und nimmt, während sie ihre Tränen trocknet, links neben dem Präsidenten Platz.

LACROIX: Ich verlange, dass der Marineminister den Kolonien sofort die glückliche Nachricht ihrer Befreiung übermittelt und schlage hierzu folgendes Dekret vor: Der Nationalkonvent erklärt die Sklaverei in allen Kolonien für abgeschafft. Er erklärt weiter, dass alle Menschen, die in den Kolonien leben, ohne Unterschied der Hautfarbe, französische Bürger sind und alle in der Verfassung garantierten Rechte genießen. (*Starker, nicht enden wollender Beifall*)

5 »Ich bin Toussaint Louverture«:

Von der Revolte zur Revolution

Während die Anführer der aufständischen Sklaven, Jean-François und Biassou, im Bündnis mit Spanien vor allem ein Mittel zu ihrer persönlichen Bereicherung und Karriere sahen – sie trieben selbst Sklavenhandel und verbrachten ihren Lebensabend als spanische Granden in Madrid, kannte ihr anfänglicher Untergebener und späterer Rivale Toussaint Louverture von Anfang an nur ein Ziel: *La liberté générale* – die allgemeine Freiheit.

Er benutzt die spanische Lehrzeit, um aus einer wilden Masse von entlaufenen Sklaven eine disziplinierte Armee zu machen, die den republikanischen Soldaten Frankreichs in nichts nachsteht, und wartet den geeigneten Augenblick ab, um erneut die Fronten zu wechseln, nachdem sein Angebot, den französischen Teil der Insel für Spanien zu erobern, abgelehnt worden ist – der Preis, die Freilassung aller Sklaven, erschien dem spanischen Gouverneur zu hoch.

Louverture verliest eine Proklamation, Gemälde von R.-M. Desruisseau

Toussaints »Verrat« an Spanien (Mai 1794) bringt Frankreich wieder in den Besitz einer Reihe befestigter Städte und Militärposten an der Westgrenze (*Cordon de l'ouest*) und ändert schlagartig die verzweifelte Lage des von Engländern, Spaniern, aufständischen Sklaven, Royalisten und Konterrevolutionären in die Enge getriebenen Gouverneurs Laveaux. Das Überleben der Kolonie ist damit gesichert; als Gegenleistung erhält Toussaint Louverture das Kommando über die von ihm kontrollierten Gebiete der Westgrenze, die er zu seiner territorialen Basis ausbaut. Nachdem er in einer Serie von brillanten Feldzügen Spanier und Engländer, vor allem aber seine einstigen Mitstreiter Jean-François und Biassou geschlagen und wichtige Teile der Kolonie für Frankreich zurückerobert hat, wird er in Anerkennung seiner Verdienste zum Brigadegeneral befördert. Der rasche Aufstieg der Schwarzen im Norden, verkörpert in der Person von Toussaint Louverture, wird von den militärischen Führern der Mulatten, die den Süden der Kolonie erfolgreich gegen die Engländer verteidigen, mit Misstrauen beobachtet; es kommt zu einem Putschversuch gegen den Gouverneur Laveaux in Cap Français (20. März 1796), wo wiederum Toussaint Louverture mit seinen schwarzen Grenadieren als Retter in letzter Not erscheint – zum Dank ernennt ihn Laveaux zu seinem Stellvertreter.

Nach der Niederschlagung lokaler Revolten und der Ausschaltung seiner letzten Gegner – wobei er lieber mit List als mit Gewalt vorgeht – hat Toussaint Louverture nur noch zwei ernsthafte Rivalen: den Gouverneur Laveaux und den Befreier der Sklaven und »Freund der Schwarzen« Sonthonax, der erneut als Zivilkommissar nach Saint-Domingue gekommen ist. *Après dieu, c'est Laveaux*, nach Gott kommt Laveaux, sagt Toussaint Louverture, nur um seinen *lieben Vater und besten Freund* bei nächster sich bietender Gelegenheit als Deputierten von Saint-Domingue ins Mutterland abzuschieben. Sonthonax hat er das gleiche Schicksal zugedacht; als der Kommissar sich weigert, seiner Ernennung Folge zu leisten, stellt ihm Toussaint brieflich ein Ultimatum und beschleunigt so die Abreise des einzigen Weißen, dessen Popularität bei den Schwarzen ihm hätte gefährlich werden können. Bei seiner Ankunft in Saint-Domingue hatte Sonthonax an die Plantagenarbeiter Gewehre verteilt mit den Worten: *Hier habt ihr eure Freiheit!*

Die absurd erscheinende Anklage, Sonthonax habe ihm die Unabhängigkeit von Frankreich und die Ermordung aller Weißen vorgeschlagen, ist zumindest gut erfunden, da sie Toussaint erlaubt, sich der in Paris Morgenluft witternden Kolonialpartei als Mann der Ordnung zu empfehlen, um auf diese Weise Zeit zu gewinnen. Inzwischen ist er zum Oberbefehlshaber der Armee und De-facto-Gouverneur von Saint-Domingue aufgestiegen, wenn auch formell noch unter französischer Oberhoheit.

Rückkehr zu Frankreich

Im Lager Turel, 29. August 1793:
Freunde und Brüder, ich bin Toussaint Louverture. Mein Name ist euch allen bekannt. Ich bin gekommen, um Rache zu nehmen. Ich will, dass Freiheit und Gleichheit herrschen in Saint-Domingue. Ich tue alles, um dieses Ziel zu verwirklichen. Vereinigt euch mit uns, Brüder, kämpft mit uns für die gemeinsame Sache! Euer ergebener Diener TOUSSAINT LOUVERTURE, General der königlichen Armee, für das öffentliche Wohl.

Über den Ursprung des Beinamens LOUVERTURE sind verschiedene Gerüchte im Umlauf. Keines von ihnen ist zutreffend. In einer Note, die sich im Nationalarchiv befindet, heißt es: »Da Toussaint einem Besitzer namens Louverture gehört hatte, nahm er dessen Namen an, wie es die Sklaven des Öfteren taten.« Es ist jedoch sicher, dass er niemals einem anderen Herrn gehörte als dem Grafen Breda. Im Allgemeinen wird sein Beiname auf einen Ausruf des Generals Laveaux zurückgeführt, der, als er hörte, dass Toussaint, damals noch im Dienst Spaniens, den Franzosen eine Stellung nach der andern wegnahm, gerufen haben soll: »Dieser Mensch erzielt einen Durchbruch nach dem andern!« Als Toussaint von dieser Äußerung hörte, soll er sich das Wort *ouverture*, Öffnung oder Durchbruch, als Beiname zugelegt haben. Diese Version kann allerdings auch nicht stimmen, denn er nannte sich bereits Louverture im August 1793, als er noch keine militärischen Erfolge erzielt hatte.***

TOUSSAINT LOUVERTURE, *Kommandant der Westarmee, an Étienne Laveaux, Generalgouverneur per interim, Marmelade, den 18. Mai 1794, im Jahr III der französischen Republik*:
Der Bürger Chevalier hat mir Ihren Brief vom 5. dieses Monats überbracht und, von lebhafter Anteilnahme durchdrungen, habe ich die Wahrheiten erkannt, die er enthält. Es ist wahr, General, ich bin zum Irrtum verführt worden von den Feinden der Republik, aber welcher Mensch kann von sich behaupten, dass er den Anschlägen der Bösen immer entgeht? Die Wahrheit ist, dass ich nicht blindlings in die Falle gelaufen bin. Sie werden sich sicher erinnern, dass ich vor der Katastrophe von Cap Français nichts unversucht ließ, um an der Seite Frankreichs gegen seine Feinde zu kämpfen.

Unglücklicherweise für uns alle wurde der von mir vorgeschlagene Weg zur Versöhnung: Anerkennung der Freiheit aller Schwarzen und Erlass einer Generalamnestie, verworfen. Mein Herz blutete, und ich vergoss Tränen über das unglückliche Schicksal meines Vaterlandes [...]. Unter diesen Umständen bot mir Spanien seinen Schutz an, mir und allen anderen, die bereit waren, für die Sache der Könige zu kämpfen. Da ich stets für die Freiheit meiner Hautfarbe eingetreten bin und da ich mich von meinen französischen Brüdern verlassen glaubte, nahm ich das Angebot an. Erst jetzt hat mir eine verspätete Einsicht die Augen geöffnet über die wahren Absichten unserer Beschützer, die uns gegeneinander in den Kampf hetzen, um die Überlebenden desto leichter in Ketten zu legen und in die Sklaverei zurückstoßen zu können. Nein, niemals sollen sie ihr schändliches Ziel erreichen [...]. Vergessen wir die Vergangenheit, schließen wir uns zusammen, um gemeinsam den Feind zu schlagen und uns an unseren treulosen Nachbarn zu rächen.

Die Fahne der Republik weht über Gonaives und Umgebung, von wo ich alle Spanier und Emigranten vertrieben habe; aber mein Herz ist betrübt beim Gedanken an einige unschuldige Weiße, die den Kampfhandlungen zum Opfer fielen. Ich gehöre nicht zu denen, die kaltblütig alle Schrecken mit ansehen; ich habe stets Mitgefühl empfunden, und es schmerzt mich, Unglück nicht verhindern zu können. Es hat kleinere Aufstände in den Pflanzungen gegeben, aber ich habe die Ordnung wiederhergestellt, und alles arbeitet wie früher. Gonaives, Le Gros Morne, die Kantone von Ennéry, Plaisance, Marmelade, Dondon, Lacul, Limbé und Umgebung stehen unter meinem Befehl, und ich habe 4000 Mann unter Waffen, die 600 Bürger von Gros Morne nicht mitgerechnet [...].

Ich bin völlig entblößt von Munition. Bei der Einnahme von Gonaives sind mir hundert Geschützkartuschen in die Hände gefallen, aus denen ich Gewehrkugeln machen lasse, um die Brücke über den Fluss Ester anzugreifen, wo sich die Emigranten verschanzt haben [...]. Nach Beseitigung dieser Stellung haben wir freie Bahn, um uns zu treffen und unser weiteres Vorgehen zu koordinieren im Interesse der Republik. Mit patriotischem Gruß – *Toussaint Louverture*

Krieg gegen Spanien und England

TOUSSAINT LOUVERTURE *an Laveaux, Marmelade, 7. Juli 1794, im Jahr III der französischen Republik:*
Ich beeile mich, Ihnen den Erfolg zu melden, den ich vor drei Tagen gegen General Jean-François in Dondon errungen habe. Dieser war von Fort Dauphin aus geschickt worden, um mich zu bekämpfen. Während ich mich in Port Margot aufhielt, griff er wiederholt meine Truppen an, wurde aber jedes Mal zurückgeschlagen. Nach der Einnahme von Camp Bertin beschloss ich, ihn meinerseits zu attackieren. Nachdem ich Vorbereitungen getroffen hatte, griff ich zugleich Dondon und alle seine Stellungen an, die mit dem Säbel in der Faust erobert wurden. Um ein Haar hätte ich Jean-François selbst erwischt; er verdankt sein Heil einzig den dichten Büschen, in die er Reißaus nehmen konnte. Ich habe sein gesamtes Gepäck und seine Papiere erbeutet. Meine Soldaten haben furchtbar unter seinen Leuten gewütet. Ich habe viele Gefangene gemacht. Die Verwirrung war so groß, dass auch Le Grand Boucan evakuiert wurde. Ich habe den Feind bis zur Montagne Noire verfolgt.

TOUSSAINT LOUVERTURE *an Laveaux, 4. Oktober 1794:*
Saint Marc wäre in unserem Besitz, hätte ich nicht das Pech gehabt, mich an der Hand zu verletzen, als ich eine Kanone in Stellung brachte. Hätte ich wie gewohnt an der Spitze meiner Truppen kämpfen können, die Stadt hätte sich keine Stunde halten können, oder ich wäre gefallen. Stattdessen musste ich, vor Schmerzen handlungsunfähig, eine Meile entfernt warten und den Angriff meinen Offizieren überlassen. Sie taten, was sie konnten, aber das Glück war nicht auf ihrer Seite, und bei einem derartigen Feldzug geht es nie gut, wenn der Anführer fehlt. Der Mangel an Munition hat ebenfalls zu unserem Rückzug beigetragen. In Ihrem Brief vom 6. Vendémiaire (27. September) schreiben Sie, dass Sie mir im Augenblick keine Munition schicken können; um die Stadt anzugreifen und die Forts zu sprengen, brauchen wir jedoch eine Menge Schießpulver. Bis Nachschub eintrifft, halte ich es für klüger, in der Defensive zu bleiben.

Ich habe 200 Hammel und Schafe zu Ihrer Verfügung, die ich dem Feind abgenommen habe. Ich schicke sie Ihnen, wenn Sie wollen, für Ihre Hospitäler brauchen Sie sicher frisches Fleisch. Mit patriotischem Gruß – *Toussaint Louverture*

TOUSSAINT LOUVERTURE *an Laveaux, 21. Oktober 1794:*
Ich beeile mich, Ihnen vom Gelingen meines Feldzugs nach Saint Raphaël und Saint Michel zu berichten. Der Erfolg wäre noch größer gewesen, wenn ich die Spanier in beiden Ortschaften überrascht hätte, aber die Nacht begünstigte ihren Rückzug. Trotzdem habe ich zwei Offiziere und etwa fünfzig Soldaten gefangengenommen, Verletzte und Gesunde. Auch in unseren eigenen Reihen gab es Tote und Verwundete.

Die Spanier waren gezwungen, eine Menge Waffen, Artillerie und Munition zurückzulassen. Ich habe noch keine Zeit gehabt, eine genaue Aufstellung darüber zu machen; Sie bekommen sie mit dem nächsten Kurier. Da wir viel Munition und Soldaten brauchen würden, um die Stellungen zu halten und da diese anderswo dringender benötigt werden, lasse ich Pferde und Rinder in den französischen Teil treiben und die Festungen schleifen, ebenso wie die umliegenden Hütten, damit der Feind sich von uns entfernt hält. Mit patriotischem Gruß – *Toussaint Louverture*

P.S. Als wir das Vorwerk von Saint Raphaël im Sturm nahm, haben wir neunzig Spanier, die sich nicht ergeben wollten, mit der Kavallerie niedergemacht.

Bericht des GENERALS LAVEAUX *an die französische Regierung, November 1794*:

Ich wollte die Stellungen dieses tapferen Mannes besichtigen. Alle Einwohner, insbesondere die Weißen, lobten die Vorzüge und Verdienste von Toussaint gegenüber allen Bürgern, gleich welcher Hautfarbe, sowie seine Achtung vor dem Recht auf Eigentum, der Grundlage jeder Gesellschaft. Ich traf ihn in Dondon und hatte Gelegenheit, seine Intelligenz bei der Anlage der Posten, der Disziplin seiner Truppen und der Wahl seiner höheren Offiziere zu bewundern, die er mir einzeln vorstellte: Moyse, Dessalines, Christophe, Clervaux, Maurepas und andere. Viele Weiße sind auf ihre Plantagen zurückgekehrt [...]. Einige Frauen, deren Besitztümer von den Engländern beschlagnahmt worden waren, erzählten uns, wie viel Hilfe und Umsicht sie diesem erstaunlichen Mann verdankten [...]. Im Bezirk von Petite Rivière waren mehr als 15 000 Landarbeiter auf die Felder zurückgekehrt, voller Dankbarkeit gegenüber der Republik: Weiße, Schwarze, Farbige, Soldaten, Arbeiter und Gutsbesitzer – alle lobten den tüchtigen Befehlshaber, der dem Land Frieden gebracht hatte.

DEFERMONT, *Rapport vor dem Nationalkonvent, 22. Juli 1795:*

Die Neger und Mulatten von Saint-Domingue haben den Namen Frankreichs ruhmreich verteidigt. Ohne Hilfe von außen, von jedem Nachschub abgeschnitten, fast ohne Munition, wurde ihr Mut auf die härteste Probe gestellt und blieb dennoch unbesiegt. Sie haben mit Ehre, Energie, Hartnäckigkeit und Erfolg gegen Spanier und Engländer gekämpft. Ich schlage folgendes Dekret vor:

Artikel eins: Die Verteidiger der Republik in der Kolonie Saint-Domingue haben sich um das Vaterland verdient gemacht.

Artikel zwei: General Laveaux wird zum Divisionsgeneral befördert.

Artikel drei: Die Offiziere Villatte, Toussaint Louverture, Beauvais und Rigaud werden zu Brigadegenerälen befördert.

Kampf gegen Feinde im Innern

TOUSSAINT LOUVERTURE *an die aufständischen Bürger von Verrettes, 22. März 1795:*
Brüder und Schwestern, der Augenblick ist gekommen, wo der dichte Vorhang, der das Licht verdunkelt hat, fallen muss. Die Dekrete des Nationalkonvents dürfen nicht länger missachtet werden. Seine Grundsätze, seine Liebe zur Freiheit sind unerschütterlich, und niemand darf hoffen, dieses heilige Gebäude zum Einsturz zu bringen [...]. Mit großer Freude habe ich die Rückkehr der Bürger von Verrettes in den Schoß der Republik vernommen; sie werden dort das Glück wiederfinden, vor dem die Soldaten der Tyrannei und des Königtums sie zu fliehen zwangen. Die Franzosen sind eure Brüder; Engländer, Spanier und Royalisten sind wilde Tiere, die euch nur in Sicherheit wiegen, um das Blut eurer Frauen und Kinder zu saufen. Bürger, ich will jetzt nicht eure Fehler aufzählen; ich habe sie stets nur als Verirrungen angesehen. Ihr seid in den Schoß der Republik zurückgekehrt: Also gut, die Vergangenheit sei von heute an vergessen. Jetzt ist es eure Pflicht, die Grundsätze der heiligen Freiheit zu säen und mit allen physischen und moralischen Kräften zum Wiederaufbau eurer Gemeinde beizutragen. Weigert ihr euch, dies zu tun, so hofft nicht länger auf Zeichen der Brüderlichkeit. Denkt gut darüber nach. Unter diesen Umständen erlasse ich die folgenden Verordnungen:

1. Alle Bürger, die sich unter der Fahne der französischen Nation gesammelt haben und noch sammeln, stehen unter dem Schutz des Gesetzes; ich verbiete jegliche Art von Ausschreitungen gegen sie.
2. Die Erhaltung ihres Besitzes wird von der Verfassung garantiert; die Kommandanten aller Gemeinden, Lager und Posten der Westgrenze sind mir persönlich für die Achtung und den Schutz ihres Eigentums verantwortlich.
[...]
5. 24 Stunden nach Veröffentlichung dieser Proklamation haben sich alle Landarbeiter an ihre Arbeitsplätze zu begeben, ausgenommen jene Pflanzungen, die an feindliches Gebiet grenzen.

Die Arbeiter dieser Pflanzungen, soweit sie nicht in der Armee dienen, helfen in den übrigen Plantagen bei der Arbeit.
6. Die Arbeit ist notwendig, sie ist eine Tugend, auf der das Wohl des Staates beruht. Jeder, der faulenzt und sich herumtreibt, wird festgenommen und nach dem Gesetz bestraft. Aber die Arbeit erfolgt freiwillig und kann nur durch Anerkennung und gerechten Lohn gefördert werden.

Antwort auf den Appell von Jean-François an seine angeblichen Brüder in Dondon 25. Prairial III, 13. Juni 1795:
1. Ihr versucht den Eindruck zu erwecken, als gäbe es Republikaner, die bereit seien, zu euch überzulaufen. Sollte es unter uns Männer geben, die feige genug sind, ihre Ketten wieder aufzunehmen, so überlassen wir sie euch gratis; sie sind unwürdig, unsere Brüder zu sein.
2. Ihr wollt uns beweisen, dass man uns betrügt; wir aber können euch beweisen, dass jeder Untertan oder Vasall der Könige ein schäbiger Sklave ist und dass nur Republikaner vollwertige Menschen sind.
3. Die Freiheit, behauptet ihr, die uns die Republik schenkt, sei falsch. Wir sind Republikaner und deshalb von Natur aus frei. Die Könige sind es, deren Name allein schon alles Hassenswerte auf der Welt ausdrückt, welche sich das Recht anmaßen, andere zu versklaven, die von Natur aus so frei geboren sind wie sie.
[...]
8. Ihr bietet uns Geld und Beförderungen. Behaltet eure Orden und Uniformen; eines Tages werden sie euch genauso viel nützen wie die aufgeblasenen Titel unserer ehemaligen Aristokraten.
9. Zum Schluss bietet ihr uns, als feige Sklaven, den Schutz des Königs, eures Herrn, an. Geht und sagt Casacalvo, dass Republikaner nicht mit Königen verhandeln; soll er doch kommen, und ihr mit ihm, und wir werden euch auf echt republikanische Weise empfangen [...]. Unser General Toussaint Louverture hatte seinen Schwager als Unterhändler zu euch geschickt. Ihr habt die Frechheit besessen, ihn festzuhalten, ohne unserem General zu antworten. Da er großmütiger als

ihr ist, schickt er euch euren Boten zurück und warnt euch, in Zukunft den Republikanern keine schmutzigen Angebote mehr zu machen; mit Royalisten verhandeln wir nur mit der Waffe in der Faust! CHRISTOPHE, MOYSE, DESSALINES

TOUSSAINT LOUVERTURE *an Dieudonné, Führer der Aufständischen der Westprovinz, 23. Pluviôse IV, 12. Februar 1796*:
Mein lieber Freund und Bruder, ich schicke Euch drei meiner Offiziere mit einer Botschaft des Generalgouverneurs Laveaux. Obwohl ich nicht das Vergnügen habe, Euch persönlich zu kennen, weiß ich, dass Ihr wie ich zu den Waffen gegriffen habt, um für unsere Rechte und für unsere Freiheit zu kämpfen; dass unsere Freunde, die Kommissare Sonthonax und Polverel, Vertrauen zu euch hatten, weil Ihr ein guter Republikaner seid. Deshalb kann ich Gerüchten keinen Glauben schenken, dass Ihr Euer Vaterland verraten haben sollt, um zu den Engländern überzulaufen, den geschworenen Feinden unserer Freiheit und Gleichheit.

Ist es möglich, mein lieber Freund, dass in einem Augenblick, da Frankreich über die Royalisten triumphiert und uns als seine Kinder anerkennt durch sein segensreiches Dekret vom 9. Thermidor, dass Ihr Euch in dem Augenblick, da Frankreich alle unsere Rechte bestätigt, von unseren einstigen Tyrannen täuschen lasst, die uns gegeneinander aufhetzen, um uns desto leichter in Ketten legen zu können? Auch mich haben die Spanier eine Zeitlang getäuscht, aber ich habe ihre Doppelzüngigkeit durchschaut. Ich bin zu meinem Vaterland zurückgekehrt, das mich mit offenen Armen aufnahm und für meine Verdienste belohnte. Ich fordere Euch auf, lieber Bruder, meinem Beispiel zu folgen [...]. Ich bin ein Schwarzer wie Ihr und habe nur den einen Wunsch, meine Brüder glücklich zu sehen. Dieses Ziel erreichen wir nur, indem wir der französischen Republik dienen, denn nur unter ihrer Fahne sind wir frei und gleich [...]. Wenn es mir möglich gewesen wäre, Euch zu sehen, hätte ich Euch mit Freuden in meine Arme geschlossen, und ich bin sicher, dass Ihr meine Freundschaft nicht abgelehnt hättet. Haltet Euch an das, was meine Offiziere sagen; es ist die Wahrheit [...]. Vergesst niemals, lieber Freund, dass die

Toussaint Louverture in Galauniform (1798)

französische Republik eins und unteilbar ist und dass sie durch ihre Macht all ihre Feinde besiegt […]. Ich grüße und umarme Euch im Namen des Vaterlandes, Euch und all unsere Brüder –
Toussaint Louverture

Toussaint Louverture *an Laveaux, Gonaives, 24. Februar 1796:*
Ich beeile mich, Ihnen die Rückkehr der Abordnung zu melden, die ich zu Dieudonné geschickt hatte. Sie begaben sich direkt in sein Hauptquartier, wo sie Ihre Depeschen und meinen Brief in Anwesenheit der Truppen und des versammelten Volkes vorlasen. Beides hatte die gewünschte Wirkung: Unsere armen Brüder, denen die soeben gehörten Wahrheiten die Augen geöffnet hatten, ergingen sich in Verwünschungen gegen Dieudonné und andere Verräter seines Schlages. Einer der Anführer, namens Laplume, der über großen Einfluss verfügt, benutzte die allgemeine Erregung, um Dieudonné und zwei seiner Adjutanten auf der Stelle zu verhaften; sie sind in unserer Hand. Dass der brave Laplume sich entschloss, Dieudonné festzunehmen, war das Beste, was der dortigen Bevölkerung geschehen konnte, denn mit seinem schädlichen Einfluss hätte er sie ins Verderben geführt. Vor dem Abmarsch hatte ich meinen Offizieren eingeschärft, falls Dieudonné zu den Engländern übergelaufen sein sollte, die übrigen Anführer beiseite zu nehmen und ihnen klarzumachen, dass sie betrogen würden und dass Dieudonné sie ebenfalls an die Engländer verkaufen wolle. Diesen Plan haben sie äußerst geschickt in die Tat umgesetzt.

Laveaux *an Toussaint Louverture, Cap Français, 6. Germinal IV, 26. März 1796*:
Am 20. März um zehn Uhr vormittags war ich allein in meinem Schlafzimmer, am Tisch sitzend, im Gespräch mit dem Chefingenieur. Sieben oder acht Personen treten ein durch die Tür meines Arbeitszimmers, ungefähr hundert durch den Salon, alles farbige Bürger, kein Weißer oder Schwarzer unter ihnen. Ich dachte, es handele sich um einen Streit, den ich schlichten sollte; ich stehe ruhig auf, sie bilden einen Kreis um mich, ich frage: »Was wollt ihr, Bürger?« Im selben Augenblick versetzt mir einer von ihnen, offenbar als Signal, einen Fausthieb an den Kopf; ich stürze mich auf ihn und schlage ihn nieder. Ich sage zu den andern: »Ihr seid Mörder. Ich bin unbewaffnet.« Daraufhin umringt mich ein Dutzend Leute mit dem Ruf: »Im Namen des Volkes, wir stecken dich ins Gefängnis!« Ich frage nach einem Haftbefehl. »Den brauchen

wir nicht; los, Kerl, komm schon«, ist die Antwort. »Nein«, sage ich, »ihr seid nicht das Volk; ich sehe keine weißen oder schwarzen Bürger unter euch; ihr seid Mörder!« Man schlägt mich nieder, es gelingt mir, mich loszureißen, und ich rufe um Hilfe.

Man misshandelt mich mit Faustschlägen und Stockhieben. Ich bin in Pantoffeln, die ich bei der Auseinandersetzung verliere. Barfuß, mit entblößtem Haupt, werde ich an Armen und Beinen gepackt und ins Gefängnis geworfen. Vergeblich verlange ich einen Arzt; vom 30. Ventôse bis zum 1. Germinal um halb neun abends sehe ich keinen einzigen Menschen und bleibe ohne Hilfe.

Proklamation der aufständischen Mulatten an die Bürger von Cap Français, 30. Ventôse IV, 20. März 1796:

Im Namen des Volkes. Der Gouverneur ist soeben verhaftet worden; er hat das Vertrauen der Öffentlichkeit verloren. General Villatte wird zum Gouverneur von Saint-Domingue ernannt [...]. General Villatte, der aufgrund seines Dienstgrads den Gouverneur im Falle der Abwesenheit vertritt, wird aufgefordert, alles zu tun, was er zur Aufrechterhaltung von Ruhe und Ordnung für notwendig hält [...].

T OUSSAINT L OUVERTURE UND DIE O FFIZIERE DER W ESTAR -MEE *an die Bürger von Cap Français, 21. März 1796:*

Freunde und Brüder,

mit Bestürzung haben wir von dem verbrecherischen Komplott erfahren, das in eurer Stadt angezettelt wurde. Von Feinden umzingelt, von Krieg und Unheil bedroht, habt ihr nichts Besseres zu tun, als Unruhe zu schüren und einen Bürgerkrieg vorzubereiten. Hütet euch vor allen Aufwieglern, misstraut ihren Intrigen, kämpfen wir gemeinsam, um Frankreich die kostbaren Reste seiner Kolonie zu erhalten. Blinder Gehorsam gegenüber den Gesetzen und ihren rechtmäßigen Vertretern, das ist der Weg, den ihr einschlagen müsst, um der Vernichtung zu entgehen. Euer Verhalten gegenüber dem Repräsentanten der Republik ist blamabel: Ihr habt Freiheit und Gleichheit gefordert, Frankreich hat sie euch gewährt. Verrat am Gouverneur ist Verrat an Frankreich. Was wird das Vaterland sagen, wenn es von eurem ungesetzlichen Vorgehen gegen seinen Vertreter erfährt? Schaut euch um in der Kolonie, seht nur, mit welch unerhörter

Grausamkeit die Engländer gegen eure Brüder und Schwestern vorgehen. Die farbigen Männer werden auf Schiffe verfrachtet und im Meer ertränkt oder mit glühenden Eisen gebrandmarkt und wie Galeerensklaven in Ketten gelegt; ihre Frauen fliehen in die Wälder, um den Soldaten zu entkommen. Und statt Frieden zu halten und gemeinsam den Feind zu vertreiben, stiftet ihr Unruhe und Verwirrung!

Erlass des Direktoriums, Paris, 30. Thermidor IV, 17. August 1796:
1. Der Bürger Villatte und seine Komplizen, angeklagt, Urheber der Revolte von Cap Français vom 30. Ventôse gewesen zu sein, werden aus Saint-Domingue deportiert und nach der Landung in Frankreich vor ein Kriegsgericht gestellt.
2. Der Erlass der Bevollmächtigten des Direktoriums in Saint-Domingue, der den Bürger Toussaint Louverture zum Divisionsgeneral ernennt, wird bestätigt. Die Kinder dieses Offiziers werden nach Frankreich geschickt, wo sie eine Erziehung und Ausbildung auf Kosten der Regierung erhalten. Dem Bürger Toussaint Louverture werden ein Säbel und ein Paar Pistolen aus der Manufaktur von Versailles übersandt.

RÉVEILLÈRE-LEPEAUX, Präsident

Ausweisung von Laveaux und Sonthonax

TOUSSAINT LOUVERTURE *an Laveaux, 17. August 1796:*
Mein General, mein Vater, mein guter Freund,
da ich mit Betrübnis voraussehe, dass Ihnen in diesem unglücklichen Land, für dessen Bewohner Sie Ihr Leben und das Glück Ihrer Familie opfern, Unannehmlichkeiten bevorstehen, deren Zeuge ich nicht gern sein möchte, wünschte ich, Sie würden zum Deputierten ernannt, damit Sie die Freude haben, Ihr Vaterland wiederzusehen und geschützt sind vor den Parteikämpfen in Saint-Domingue. Ich bin sicher, ich und alle meine Brüder, dass wir in Ihnen den eifrigsten Verteidiger unserer Sache haben werden. Ja, General, mein Vater und Wohltäter, Frankreich besitzt viele bedeutende Männer, aber keiner von ihnen ist ein Freund der Schwarzen wie Sie [...]. Ich küsse

und umarme Sie tausend Mal. Seien Sie versichert, wenn mein Wunsch in Erfüllung geht, dass Sie in Saint-Domingue den besten Freund der Welt zurücklassen.
Ihr Sohn, Ihr treuer Freund – *Toussaint Louverture*
P. S. Ich habe keine Zeit verloren und zuverlässige Leute beauftragt, den Wählern klarzumachen, wie wichtig Ihre Ernennung zum Deputierten für das Wohlergehen der Schwarzen ist. Ich bin sicher, dass Sie gewählt werden, und werde alles tun, was in meiner Kraft steht [...]. Ja, mein General, mein Vater, mein Tröster und Wohltäter, Sie allein sind die festeste Stütze unserer Freiheit. Der Name Laveaux bleibt für immer in die Herzen der Schwarzen eingegraben. Wie sehr bewundere ich Ihre Liebe zu den Negern!

TOUSSAINT LOUVERTURE, *Oberbefehlshaber der Armee, an den Bürger Sonthonax, Abgeordneten und Zivilkommissar der Inseln unter dem Winde, Cap Français, 3. Fructidor V, 20. August 1797:*
Bürger Abgeordneter,
das lange Schweigen der Regierung erfüllt die Freunde der Republik mit Sorge. Die Feinde der Ordnung und der Freiheit versuchen, von der Ungewissheit zu profitieren, in der wir uns befinden, und verbreiten Gerüchte, um die Kolonie in neue Wirren zu stürzen. Unter diesen Umständen ist es notwendig, dass jemand, der die Verhältnisse kennt und Zeuge des Umschwungs war, welcher der Kolonie Ruhe und Ordnung brachte, sich zum regierenden Direktorium der Republik begibt, um dort die Wahrheit zu verbreiten.

Nach Ihrer Wahl zum Abgeordneten der Kolonie im Gesetzgebenden Körper (*Corps législatif*) machten es Ihnen gebieterische Umstände zur Pflicht, noch eine Zeitlang bei uns zu bleiben; Ihre Anwesenheit war nötig, um Unruhen zu ersticken, die uns erschütterten. Heute, da Ordnung, Friede, Eifer für den Aufbau der Wirtschaft und Siege über unsere auswärtigen Feinde es Ihnen gestatten, Ihre Funktionen wahrzunehmen, gehen Sie nach Frankreich, berichten Sie von den Wundern, deren Augenzeuge Sie waren, und bleiben Sie stets der Verteidiger der heiligen Sache, die wir gemeinsam verfechten!
Gruß und Achtung – *Toussaint Louverture*

Édouard Duval-Carrié:
Toussaint Louverture

P. S. Sie wurden durch den Willen des Volkes als Abgeordneter in den gesetzgebenden Ausschuss gewählt. Mit diesem Brief möchten wir unsere Zustimmung zur Entscheidung der Allgemeinheit zum Ausdruck bringen. Sollten die Feinde der Freiheit es wagen, Sie weiter zu verfolgen, sagen Sie ihnen, dass wir alles tun werden, um ihre Intrigen zu vereiteln. Durch das, was Sie in der Kolonie gesehen haben, ist Ihnen sicherlich klar geworden, dass es für uns ebenso leicht ist, unsere Sache zu verteidigen, wie unsere Feinde zu vernichten. Gruß und Achtung – T. L.

TOUSSAINT LOUVERTURE *an Laveaux, 1. Juni 1798:*

Ich höre mit Staunen, dass Sie als Repräsentant des Volkes von Saint-Domingue zum Empfang von Sonthonax geeilt sind, jenem Ungeheuer, das, wie Sie wissen, nur Hass und Leidenschaften geschürt und den Umsturz gepredigt hat. Er schlug mir vor, die Kolonie von der Metropole unabhängig zu machen [...]. Ich habe ihn nach Frankreich zurückgeschickt, weil er die Ermordung der Europäer plante.

27. September 1798:

Wie haben Sie nur glauben können, lieber General, ich hätte Sonthonax, der mir die Unabhängigkeit und die Ermordung aller Europäer vorschlug, zurückgeschickt, um selbst die Macht zu ergreifen [...]. Unter Ihrem Befehl habe ich das Gegenteil bewiesen: Nicht nach Macht habe ich gestrebt, sondern Sonthonax, den Freiheitsmörder und Vaterlandsverräter, deportiert und seine Unabhängigkeitspläne zunichte gemacht. Ich werde den Respekt vor meinen Vorgesetzten unter Beweis stellen, wenn General Hédouville, der Befreier der Vendée, hier eintrifft.

6 »Die Sicherung der Freiheit«:

Von der Revolution zur Restauration

Die militärischen Siege der Republik, die zum Frieden mit Spanien, Preußen und Österreich führten (1795/97), und die Machtübernahme durch das Direktorium, das die Revolution im Inneren liquidierte (Hinrichtung von Babeuf 1797), gaben den Hoffnungen der Handelsbourgeoisie auf Wiederherstellung des Ancien Régime neuen Auftrieb. General Hédouville, der als Stabschef von General Hoche bei der Niederschlagung des Bauernaufstands in der Vendée einschlägige Erfahrungen gesammelt hatte, wurde nach Saint-Domingue geschickt, um den allzu selbständig agierenden Toussaint Louverture in seine Schranken zu weisen – allerdings ohne die erforderlichen Truppen, um seinen Befehlen Nachdruck zu verschaffen.

Nach Kompetenzstreitigkeiten und wechselseitigen Schikanen – von Hédouville beauftragt, einen Waffenstillstand auszuhandeln mit den Engländern, die er aus der Mehrzahl ihrer Stützpunkte vertrieben hatte, legte Toussaint Louverture nach Ansicht des Generals zu viel Eigenmächtigkeit an den Tag – bot dieser ihm seinen Rücktritt an. Als das Gesuch abgelehnt wurde, ergriff er den nächstbesten Vorwand – Hédouvilles Offiziere hatten sich mit seinem Neffen Moyse, dem Kommandanten der Nordprovinz, angelegt –, um den General nach Frankreich auszuweisen; ein langer Rechtfertigungsbrief an das Direktorium folgte (Oktober 1798). Während Frankreich sich nach dem Staatsstreich vom 18. Brumaire (9. November 1799), unter der Ägide des Ersten Konsuls Bonaparte, für die Rückeroberung der Kolonie rüstete, nutzte Toussaint Louverture die noch verbleibende Zeit, um die gewonnene Freiheit nach innen und außen zu sichern.

Die Mulatten hatten im Süden von Saint-Domingue eine Art unabhängigen Staat errichtet, der nur noch formell der Hoheit des Gouverneurs unterstand; vor seiner erzwungenen Abreise aus der Kolonie hatte General Hédouville ihren Oberbefehlshaber Rigaud von der Gehorsamspflicht gegenüber Toussaint Louverture entbunden. Die alte Rivalität zwischen Schwarzen und Mulatten, die durch die Emanzipation der Sklaven ihren Besitz bedroht sahen, flackerte erneut auf. Mit einem Überraschungsangriff auf die Provinzstadt Léogane versuchte Rigaud, Toussaint Louverture zuvorzukommen, doch nach anfänglichen Erfolgen wurde seine Streitmacht in einem langwierigen, verlustreichen Guerillakrieg geschlagen: Die Eroberung von Jacmel, der Hochburg der Mulatten im Süden, durch die Armee des Generals Dessalines im März 1800 besiegelte die Niederlage von Rigauds Truppen. Während Toussaint Louverture eine offizielle Amnestie verkündete, nahm Dessalines, der eigentliche Sieger des Krieges, blutige Rache an den militärischen und politischen Führern der Farbigen.

Im Frieden von Basel 1795 hatte Spanien den Ostteil Hispaniolas an Frankreich abgetreten, das dieses Gebiet jedoch nie offiziell in Besitz nahm. Um besser gegen eine mögliche Invasion gewappnet zu sein, entschloss sich Toussaint Louverture, ohne die Genehmigung der französischen Regierung abzuwarten, die spanische Kolonie zu annektieren; die ohne Blutvergießen vollzogene Besitzergreifung von Santo Domingo wurde von Napoleon nachträglich annulliert (1801).

Toussaints Hauptsorge galt dem wirtschaftlichen Wiederaufbau der durch Krieg und Bürgerkrieg verwüsteten Kolonie. Er schloss Handelsverträge mit England und den Vereinigten Staaten, ermunterte die geflohenen und emigrierten Pflanzer, auf ihre Plantagen zurückzukehren, erließ eine drakonische Arbeitsgesetzgebung, die die Landarbeit zur ersten Pflicht jedes Bürgers machte, und eine Verfassung, die ihn zum Gouverneur auf Lebenszeit ernannte, mit dem Recht, seinen Nachfolger selbst zu bestimmen. Das Inkrafttreten dieser Verfassung, ohne formelle Bestätigung der Metropole, diente Napoleon später als Vorwand zur militärischen Invasion. Der Mangel an Arbeitskräften zwang Toussaint Louverture, Sklaven aus Afrika einzuführen, die nach der Ankunft in Saint-Domingue freigelassen und in die Armee eingegliedert wurden. Derartige Maßnahmen, vor allem die Rückkehr der Pflanzer mit ihrer verhassten Arbeitsdisziplin, ließen das Gerücht entstehen, er wolle die Sklaverei wieder einführen; die Unzufriedenheit der Landarbeiter machte sich in einem Aufstand Luft, bei dem in der Nordprovinz etwa hundert Weiße ermordet wurden. Toussaints Neffe Moyse, der mit den Aufständischen sympathisierte, wurde als Anstifter der Revolte verhaftet und auf Befehl seines Onkels erschossen. In einer langatmigen Proklamation, die als sein politisches Testament gilt, rechtfertigte Toussaint Louverture sein hartes Durchgreifen und beklagte sich über Korruption, Disziplinlosigkeit und Unmoral in Armee und Bevölkerung; die politische Isolierung, die hier zum Ausdruck kam, sollte bei der Landung der von Napoleon entsandten Truppen verhängnisvolle Folgen zeitigen.

Ankunft des Generals Hédouville und Frieden mit England

ADMIRAL VILLARET-JOYEUSE *vor dem Rat der Fünfhundert* (Conseil des Cinq Cents), *Paris, 3. Juni 1797:*

Was ihr mit so großem Erfolg in der Vendée erreicht habt, warum versucht ihr es nicht auch in Saint-Domingue? Die Kolonie Saint-Domingue ist eine zweite Vendée, die es zurückzuerobern gilt. Sie wird verwüstet von der zweifachen Geißel des Bürgerkriegs und des auswärtigen Kriegs; nur durch die Macht der Waffen und durch die Verbindung von Energie und Flexibilität könnt ihr sie unterwerfen [...]. Bis zum allgemeinen Friedensschluss gibt es nur ein Regime, das geeignet ist für Saint-Domingue: das militärische. Die Kolonien sind Manufakturen, die im Interesse der Metropole arbeiten; sie erfordern ein besonderes Reglement für ihre Plantagen. Diese Feststellung steht nicht im Widerspruch zur Verfassung: Herrscht nicht auch in der Armee ein strengeres Regiment als im Zivilleben, wird nicht auch hier jedes kleinste Delikt hart bestraft wegen der furchtbaren Folgen, die der Ungehorsam nach sich zieht? Das Gleiche gilt für ein Land, in dem 30 000 oder 40 000 Weiße über 400 000 oder 500 000 Neger herrschen.

TOUSSAINT LOUVERTURE *an das Direktorium der Republik, 5. November 1797:*

Die Anschläge gegen unsere Freiheit, die die Kolonialpartei vorschlägt, sind umso gefährlicher, weil sie ihre verabscheuungswürdigen Pläne unter dem Mantel des Patriotismus verbirgt [...]. Schon haben sich treulose Agenten bei uns eingeschlichen, um die Hefe in Gärung zu halten, die die Hände der Freiheitsmörder kneten. Aber ihre Pläne werden scheitern – das schwöre ich beim Allerheiligsten der Freiheit. Meine Anhänglichkeit an Frankreich und das Vertrauen, das die Schwarzen mir entgegenbringen, machen es mir zur Pflicht, Sie nicht im Unklaren zu lassen über die geplanten Verbrechen und über den Schwur, den wir hiermit erneuern, lieber auf den Ruinen eines freien Landes zu sterben als die Rückkehr der Sklaverei zu dulden [...]. Es liegt an Ihnen, Bürger Direktoren, das Unwetter abzuwenden, das sich über unseren Köpfen zusammenbraut und das die Feinde der Freiheit im Stillen vorbereiten [...]. Diese Verblendeten! Sie sehen nicht, dass sie durch ihr schändliches Verhalten das Signal geben zu neuen Katastrophen und dass sie, statt ihren verlorenen Besitz zurück zu gewinnen, sich selbst und die Kolonie vernichten. Glauben Sie denn, dass Menschen, die einmal die Wohltaten der Freiheit genossen haben, ruhig mit ansehen werden, wie man sie ihnen wieder raubt? Sie haben ihre Ketten getragen, solange sie kein anderes Leben kannten als die Sklaverei, aber heute, nachdem sie die Sklaverei abgeschüttelt haben, würden sie lieber tausend Leben geben, als sich zu unterwerfen. Nein, die Hand, die unsere Ketten zerbrochen hat, wird uns nicht erneut versklaven, Frankreich wird seine Grundsätze nicht verraten, es wird nicht zulassen, dass seine höchste Moral pervertiert, das ehrenvolle Dekret vom 16. Pluviôse widerrufen wird. Wird trotzdem der Versuch unternommen, die Sklaverei in Saint-Domingue wieder einzuführen, dann erkläre ich Ihnen, dass man Unmögliches versucht: Wir haben allen Gefahren getrotzt, um unsere Freiheit zu erringen, und wir werden in den Tod gehen, um sie zu behalten.

GENERAL HÉDOUVILLE *an Toussaint Louverture, Mai 1798*:
Die Entscheidung über politische Maßnahmen liegt allein bei der Regierung, die diese Befugnis nicht aus der Hand geben darf; die Ausführung solcher Maßnahmen wird den zivilen und militärischen Behörden anvertraut. In Zeiten innerer Unruhe ist es manchmal unumgänglich, die Politik vorübergehend dem Militär zu überlassen, wie es in Frankreich praktiziert wurde

bei der Niederschlagung des Bürgerkriegs in der Vendée und kleinerer Aufstände im Süden. Wenn ich das Vergnügen haben werde, Sie zu sehen, werden wir uns darüber unterhalten, warum in manchen Teilen der Insel die Ausführung der großen Politik vorübergehend den Militärbehörden anvertraut werden muss, und ich bin sicher, dass wir in diesem Punkt die gleichen Anschauungen haben.

Überzeugt von der Weisheit der von Ihnen ergriffenen Maßnahmen, ermächtige ich Sie, im Namen des Direktoriums, mit dem britischen General Maitland über einen Waffenstillstand zu verhandeln, zu Bedingungen, die der Würde unserer großen Nation angemessen sind, sowie alle französischen Bürger, die nicht emigriert sind und nicht in der englischen Armee gedient haben, in die Amnestie einzuschließen.

Waffenstillstandsvertrag zwischen TOUSSAINT LOUVERTURE *und* GENERAL MAITLAND, *Môle Saint-Nicolas, 31. August 1798:*
1. General Maitland erklärt feierlich und verbindlich, dass britische Truppen unter keinerlei Vorwand die Kolonie Saint-Domingue angreifen werden.
2. General Toussaint Louverture erklärt feierlich und verbindlich, dass französische Kolonialtruppen unter keinerlei Vorwand Jamaika angreifen werden.
3. General Maitland erklärt, dass seine Regierung sich unter keinerlei Vorwand in die inneren Angelegenheiten von Saint-Domingue einmischen wird.
4. Toussaint Louverture erklärt feierlich und verbindlich, dass er sich auf keine Weise in die innenpolitischen Angelegenheiten der Insel Jamaika einmischen wird.
5. General Maitland verpflichtet sich und seine Regierung, in die im Folgenden genannten Häfen von Saint-Domingue die im Folgenden genannten Schiffsladungen einlaufen zu lassen, ohne Gefahr für Kriegsschiffe Seiner Majestät; der Preis für die Warenlieferungen wird in Kolonialprodukten bezahlt, die Saint-Domingue ohne Gefahr seitens britischer Kriegsschiffe verlassen dürfen [...]. Diese Abmachung bleibt so lange in Kraft, bis eine der vertragschließenden Parteien ihre anders lautende

Absicht erklärt und dies einen Monat vorher ankündigt – in diesem Fall sind die getroffenen Vereinbarungen ungültig.

TOUSSAINT LOUVERTURE *wird von den Engländern mit militärischen Ehren empfangen, Môle Saint-Nicolas, 1. Oktober 1798:*
Die Truppen standen Spalier, ein Geistlicher schritt ihm an der Spitze der Prozession entgegen und empfing ihn unter einem Baldachin mit den heiligen Sakramenten. Die Engländer erwiesen ihm die größte Ehrerbietung. Auf dem Hauptplatz der Stadt war ein prächtiges Zelt aufgeschlagen, in dem General Maitland ihm ein Festessen gab; nach dem Essen machte er ihm das wertvolle Tafelsilber zum Geschenk. Anschließend nahm Toussaint die Revue der britischen Truppen ab, die in Galauniform an ihm vorbeimarschierten. Danach schenkte ihm General Maitland, im Namen des Königs von England, zwei Feldschlangen aus Bronze und das von den Engländern erbaute und elegant eingerichtete Regierungsgebäude.

In den Archiven von Port-au-Prince habe ich geheime Unterlagen gesehen, aus denen hervorgeht, dass Maitland dem Generalgouverneur Toussaint Louverture vorschlug, ihn zum König von Haiti zu krönen, wenn er bereit gewesen wäre, einen Vertrag zu unterschreiben, der den Engländern das Exklusivrecht des Ein- und Ausfuhrhandels mit der Kolonie eingeräumt hätte. London wollte seine Herrschaft anerkennen und zu seinem Schutz starke Flottenverbände in den Häfen und an der Küste der Kolonie stationieren.**

TOUSSAINT LOUVERTURE lehnte das Angebot der Engländer ab. Er hatte nicht die Ambitionen eines Bonaparte [...]. Der erzbonapartistische Historiker Thiers hat eine andere Erklärung parat: »Die Ehre, zur ersten Nation der Welt zu gehören, die Genugtuung, General im Dienste Frankreichs zu sein, unter dem Befehl des Ersten Konsuls, ließ ihn das Angebot Englands ausschlagen. Er wollte Franzose bleiben«. Nach Meinung von Thiers war also »die Genugtuung, General zu sein unter dem Befehl des ersten Konsuls, stärker als der Wunsch, eine Krone zu tragen«, und zwar zu einer Zeit – 1798 – als es noch gar keinen Ersten Konsul gab! [...]

Die Umgebung von General Hédouville versuchte, Toussaint bei den Schwarzen lächerlich zu machen. Offiziere seines Stabes brüsteten sich damit, vier entschlossene Männer würden genügen, um »den mit einem Kopftuch bekleideten Affen« in seinem Hauptquartier zu verhaften – Toussaint trug stets ein Madrastuch unter seinem Dreispitz [...]. Jemand aus der Suite von Hédouville pries eines Tages vor Toussaint die Schönheiten Frankreichs und forderte ihn auf, dieses Land zu besuchen. »Das habe ich auch vor«, antwortete Toussaint Louverture, »sobald dieser Baum genug Holz zu einem Schiff liefern wird« – und er zeigte auf ein winziges Bäumchen. Der Divisionschef Fabre, Kommandant eines Flottenverbandes, meinte, als Toussaint sich über die Last seines Amtes beklagte, es werde ihm ein Vergnügen sein, ihn nach Frankreich mitzunehmen, wo er Ruhe finden werde. »Ihr Schiff ist zu klein, um einen Mann wie mich zu fassen«, erwiderte Toussaint.***

TOUSSAINT LOUVERTURE *an Laveaux, Oktober 1798*:
Ich will Ihnen offen von meiner Unruhe berichten und von den ständigen Belästigungen, denen ich ausgesetzt bin. General Hédouville ist mir gegenüber voreingenommen und schikaniert mich. Jeder Schritt, den ich mache, wird getadelt und zensiert. Ich weiß nicht, was für Berichte er an die Regierung schickt, aber ich nehme an, dass sie von Lügen und boshaften Unterstellungen wimmeln. Unter diesen Umständen, mein Freund, angesichts der Gefahren, die daraus noch entstehen können, und da ich überzeugt bin, dass ich andernfalls den Rest meines Lebens damit zubringen würde, mich für alles Gute, das ich getan habe, zu rechtfertigen, möchte ich am liebsten meinen Rücktritt einreichen.

Krieg gegen die Mulatten im Süden

HÉDOUVILLE *an Rigaud, 22. Oktober 1798:*
Bürger General! Gezwungen, die Kolonie zu verlassen, durch den Ehrgeiz und die Treulosigkeit des Generals Toussaint Louverture, der sich an die Engländer, die Amerikaner und die Emigranten verkauft hat und der nicht davor zurückschreckt, die

feierlichsten Eide zu brechen, entbinde ich Sie voll und ganz der Befehlsgewalt, die ihm als oberstem General zustand, und fordere Sie auf, das Kommando über den Südteil der Insel zu übernehmen, so wie es in dem Gesetz vom 4. Brumaire vorgesehen ist.

TOUSSAINT LOUVERTURE *über Rigaud, Dezember 1798*:
Ich brauche Herrn Rigaud noch. Er ist heftig, er ist fähig, einen Krieg vom Zaun zu brechen, und dieser Krieg käme mir sehr gelegen. Die Kaste der Mulatten ist der meinigen überlegen, und wenn ich ihr Herrn Rigaud wegnehmen würde, würde sie vielleicht einen besseren Anführer finden. Ich kenne Rigaud, er lässt seinem Pferd beim Galopp die Zügel schießen, er entblößt den Arm, wenn er schlägt. Ich galoppiere auch, aber ich kann auf der Stelle haltmachen, und wenn ich zuschlage, spürt man mich, aber man sieht mich nicht. Rigaud kann keinen Volksaufstand ohne Blutvergießen und Massaker inszenieren; ich kann das Volk auf andere Weise in Bewegung setzen. Rigaud weint, wenn er das Volk in Wut sieht, nachdem er es aufgewiegelt hat, doch wo ich erscheine, herrscht Ruhe.

GENERAL RIGAUD *an das Direktorium, 18. Vendémiaire VIII, 10. Oktober 1799*:
General Toussaint Louverture hat die Republik verraten; er hat Verträge mit England und mit dem Präsidenten der Vereinigten Staaten abgeschlossen, deren Kopien ich hier beilege. Weil ich mich weigerte, diese Verträge zu billigen, hat mich Toussaint überfallen und zum Rebellen erklärt [...]. Durch ihre Zuverlässigkeit und Energie haben die Bürger des Südens Toussaint und die Engländer zurückgeschlagen. Wir hoffen, Frankreich diesen Teil der Kolonie zu erhalten, wenn die Regierung uns die nötige materielle und moralische Unterstützung gewährt. In der Zwischenzeit werde ich mein Bestes tun, um den Angriffen von Toussaint zu widerstehen, der uns auf dem Land- und Seeweg umzingelt und die Häfen des Südens von englischen Kriegsschiffen blockieren lässt.

Als TOUSSAINT LOUVERTURE die Strecke von Gros Morne nach Jean Rabel entlang ritt, wurde er von den Bäumen am Straßenrand aus unter Feuer genommen. Sein Arzt, Monsieur Piramond, ein Weißer, fiel und war auf der Stelle tot. Er selbst kam wie durch ein Wunder davon; nur der Federbusch auf seinem Dreispitz wurde von einer Kugel zerfetzt [...]. Ein anderer Hinterhalt wurde ihm zwischen Arcahaye und La Source Puante gelegt; die Schüsse trafen seinen Wagen, dessen Kutscher getötet wurde, während er selbst in einiger Entfernung ruhig hinterherritt.***

Proklamation des GENERALS RIGAUD *an die Armee des Südens, 14. März 1800:*

Toussaint Louverture ist der bluttriefende Proteus von Saint-Domingue, ein Tiger, der friedliche Bürger, Frauen und Kinder massakriert, der alle Plätze, die seine barbarischen Horden überschwemmen, dem Erdboden gleichmacht und der uns jeden Tag durch Ströme von Blut über seine politischen Absichten aufklärt. Im Bezirk von Jacmel hat er mehr als 2000 Menschen ermorden, im Norden und Westen ebenso viele erschießen, kanonieren oder ertränken lassen [...]. Die wahren Freunde Frankreichs müssen sich erheben; das janusköpfige Ungeheuer, das nacheinander Spanien, England und Frankreich verraten hat, der blutrünstige Fanatiker, der sich von frischem Menschenblut ernährt – er soll sich zeigen, und ich schwöre, dass die Erde von seiner abscheulichen Existenz gereinigt und dass die Natur gerächt wird für den Irrtum, ihm eine menschliche Gestalt gegeben zu haben!

TOUSSAINT LOUVERTURE *an die Bürger des Südens, 20. April 1800:*

Bürger, warum, aufgrund welches verhängnisvollen Irrtums, stellt ihr euch taub, wenn meine Stimme euch zur Ordnung ruft, und folgt lieber dem falschen Rat von Rigaud? Ich wiederhole euch zum dritten und letzten Mal: Ich habe nichts gegen die Bürger des Südens, sondern ich will einzig und allein Rigaud, wegen Auflehnung und Ungehorsams, zur Rechenschaft ziehen. Ihr hättet ihn nicht unterstützen dürfen. Er wollte allen Weißen und Schwarzen Befehle erteilen, ohne von ihnen Befehle entgegenzunehmen. Denkt an die Gefahren und das Unglück, das euch bedroht, und beeilt euch, es abzuwenden. Ich bin menschlich und gut, ich reiche euch die Hand, kommt her zu mir, und ich werde euch väterlich aufnehmen. Denkt an die Unordnung, die ihr durch euren Starrsinn verursacht, kommt und unterwerft euch der gesetzlichen Autorität. Solltet ihr jedoch, entgegen meiner Erwartung, weiter die von Rigaud geschürte Revolte unterstützen, dann verlasst euch nicht auf die von ihm gebauten Befestigungsanlagen: Die Armee des Generals Toussaint Louverture, geführt von seinen tapferen Generälen, wird euch besiegen und vernichten. Da ich der französischen Nation beweisen will, dass ich nichts unversucht lasse für das Glück und Wohlergehen meiner Mitbürger, erkläre ich, dass ich Rigaud, trotz seiner Verbrechen, empfangen werde, wenn er in guter Absicht zu mir kommt und seine Fehler aufrichtig bereut. Der Vater verzeiht seinem verlorenen Sohn, sofern dieser Buße tut.

Sicheres Geleit, Cap Français, den 19. Messidor im Jahre VIII der einen und unteilbaren Republik, 8. Juli 1800:

Der Geschäftsträger der französischen Regierung in Saint-Domingue, Philippe Roume, ermächtigt durch dieses Schreiben, auf Befehl der Konsuln der Republik, den Bürger Vincent, Direktor der Festungsanlagen, sich unverzüglich in die Stadt Les Cayes zu begeben, um dort den Friedenszweig zu überbringen und Ruhe, Ordnung und Glück in der zerrissenen Kolonie wiederherzustellen, was nur durch eine ehrliche Versöhnung der Bewohner von Les Cayes mit ihren Mitbürgern möglich ist.

GENERAL DESSALINES, *nach dem Sieg über Rigaud, an die Soldaten seiner Armee:*

Der Krieg, den ihr geführt habt, war nur ein kleiner Krieg, und ihr müsst noch zwei große Kriege führen: den einen gegen die Spanier, die uns ihr Gebiet nicht abtreten wollen und unseren Gouverneur beleidigt haben, den anderen gegen Frankreich, das euch in die Sklaverei zurückstoßen will, sobald es seine Feinde besiegt hat. Wir werden beide Kriege gewinnen!

Krieg gegen die Spanier im Osten

TOUSSAINT LOUVERTURE *an Don Joaquim García, Generalkapitän und Gouverneur des spanischen Königs in Santo Domingo, 19. Frimaire IX, 10. Dezember 1800:*

Staatspolitische Gründe haben die Bevollmächtigten der Regierung bewogen, mir am 7. Floréal des Jahres VIII den Befehl zu erteilen, im Namen der französischen Republik Besitz zu ergreifen von dem Teil der Insel, der im Frieden von Basel von seiner Katholischen Majestät an Frankreich abgetreten worden ist. Demgemäß teile ich Ihnen mit, dass ich den General Moyse, Oberkommandeur der Division des Nordens, mit der Durchführung dieser Operation beauftragt habe; nach der Schmach, die der Regierung in der Person des Generals Agé angetan wurde, habe ich General Moyse mit ausreichenden Streitkräften versehen, damit er seinen Auftrag ausführen und diesen Teil der Insel gegen die Feinde der Republik verteidigen kann.

Ich hoffe und wünsche von ganzem Herzen, dass die spanischen Einwohner sich ebenso loyal verhalten wie Sie, damit die Truppen, die ich aus Sicherheitsgründen in Marsch gesetzt habe, nicht zum Einsatz kommen müssen.

Ich hoffe ebenso, dass Sie, verehrter Herr, die Spanier nicht im Ungewissen darüber lassen, dass ihre Personen und ihr Eigentum geachtet und dass ihre religiösen Bräuche respektiert werden; darauf gebe ich Ihnen mein Ehrenwort als Soldat. Seien Sie gleichzeitig versichert, Exzellenz, dass ich nur deshalb auf der Erfüllung meiner Forderungen bestehe, damit der französische Name geachtet und die freundschaftlichen Beziehungen zwischen unseren Ländern aufrechterhalten bleiben. Der Generalgouverneur von Saint-Domingue – *Toussaint Louverture*

Im Augenblick, da TOUSSAINTS Truppen in spanisches Gebiet marschierten, wurden Toussaints Bewegungen durch einen besonderen Umstand beschleunigt. Die Nachricht, dass soeben eine leichte Fregatte aus Frankreich in Cap Français eingelaufen sei, weckte bei Toussaint Louverture die Befürchtung, die Beschwerden des Bevollmächtigten Roume und des Madrider Hofes könnten die Konsulatsregierung bewogen haben, der geplanten Annexion die Zustimmung zu verweigern. Er bestieg sofort sein Pferd und gab Befehl, ihm die Depeschen der Regierung nachzuschicken. Der Offizier, der die Befehle der Regierung überbrachte, machte sich an die Verfolgung des Oberbefehlshabers, aber ohne Ergebnis. Alles war eingefädelt, um seinen Auftrag scheitern zu lassen. An jeder Station sagte man ihm, Toussaint Louverture habe entgegen seiner Gewohnheit auf ihn gewartet und ständig wiederholt: »Ich erwarte Nachrichten aus Frankreich; ein Wink der Regierung genügt, und ich rufe meine Truppen zurück, die in diesem Augenblick die Grenze überschreiten«. Völlig erschöpft machte sich der arme Offizier wieder auf den Weg, nur um an der nächsten Station die gleiche Auskunft zu erhalten. Als er Toussaint Louverture endlich einholte, war dieser schon im Triumph in Santo Domingo einmarschiert und äußerte sein Bedauern darüber, dass er den gegenteiligen Befehl der Regierung nicht rechtzeitig erhalten habe.*

TOUSSAINT LOUVERTURE, *Oberbefehlshaber der Armee von Saint-Domingue, an den Bürger Bonaparte, Erster Konsul der französischen Republik, Santo Domingo, den 23. Pluviôse IX, 12. Februar 1801*:

Bürger Konsul,

es ist meine Pflicht, Ihnen zu schreiben und heute, da die Kolonie befriedet, beruhigt und von Feinden befreit ist, Ihre Zustimmung zu den Beförderungen zu erbitten, die ich zugunsten der tapferen Soldaten ausgesprochen habe, die mich bei meiner mühevollen Arbeit unterstützten. Es sind allesamt verdiente Offiziere, die Ihres Vertrauens und des Danks der Nation würdig sind. Bürger Konsul, die Soldaten von Saint-Domingue haben die Anerkennung durch die französische Regierung verdient. Sie können volles Vertrauen zu ihnen haben; gut geführt, sind sie zu großen Dingen fähig.

Im letzten Feldzug von Santo Domingo, der zwar nicht mörderisch, aber erschöpfend genug war, haben sie gezeigt, dass sie ausdauernder sind als die Pferde. Ich war mehrfach gezwungen, ihren Marsch zu verlangsamen, um der Kavallerie Zeit zu geben, sie einzuholen; bei entsprechender Disziplin werden sie europäischen Truppen in nichts nachstehen.

Aufgeschreckt durch meinen Entschluss, den spanischen Teil der Insel unter die Herrschaft der Republik zu stellen, ließen meine Feinde alle Register der Intrige spielen, um mir Hindernisse in den Weg zu legen. Es gelang ihnen, den Bevollmäch-

Toussaint Louverture nimmt Abschied von seiner Familie (1802)

tigten der Regierung, Bürger Roume, auf ihre Seite zu ziehen und zum Widerruf seines Dekrets vom 7. Floréal zu bewegen, um so die von ihm selbst befohlene Besitzergreifung des spanischen Teils wieder rückgängig zu machen. Entschlossen, die Annexion mit Waffengewalt zu erzwingen, sah ich mich vor dem Abmarsch genötigt, den Bürger Roume zu bitten, seine Ämter niederzulegen und sich bis auf weiteren Befehl nach Dondon zu begeben, wo ihm die Intrigen meiner Feinde nicht den Kopf verdrehen können. Er steht zu Ihrer Verfügung; wenn Sie wollen, schicke ich ihn Ihnen zurück. Was auch immer meine Feinde an Verleumdungen verbreiten – ich habe es nicht nötig, mich zu rechtfertigen; aber während die Diskretion mir Schweigen auferlegt, zwingt mich die Pflicht, andere daran zu hindern, Böses zu tun. Gruß und tiefen Respekt – *Toussaint Louverture*

Befehl vom 7. Brumaire X, 29. Oktober 1801:
Die Annexion des spanischen Teils durch Toussaint ist null und nichtig. Wenn der neue Oberkommandierende, Leclerc, es für angemessen hält, lässt er die Besitzergreifung nach vorgeschriebenem Protokoll vollziehen, mit allem gebotenen Respekt vor der verbündeten Macht, die dieses Gebiet an die Republik abgetreten hat. Alle Handlungen, die Toussaint Louverture auf spanischem Territorium vorgenommen hat, sind, ihrer Natur nach, null und nichtig. Der Erste Konsul – BONAPARTE

Toussaint Louverture an der Macht

Die Konsuln der Republik an die Bürger von Saint-Domingue, Paris, den 4. Nivôse im Jahre VIII der einen und unteilbaren Republik, 25. Dezember 1799:
Bürger, eine Verfassung, die sich nicht halten konnte gegen wiederholte Verletzungen, wird ersetzt durch einen neuen Pakt zur Festigung der Freiheit. Artikel 91 bestimmt, dass die französischen Kolonien nach besonderen Gesetzen regiert werden sollen. Diese Bestimmung entspringt der Natur der Sache und den Unterschieden des Klimas. Die Bewohner der französischen Kolonien in Amerika, Afrika und Asien können nicht nach den gleichen Grundsätzen regiert werden wie das Mutterland. Die Verschiedenheit der Sitten und Gebräuche sowie die Beschaffenheit des Bodens, des Ackerbaus und seiner Erzeugnisse erfordern abgestufte Maßnahmen. Eine der ersten Handlungen der neuen Gesetzgeber wird die Ausarbeitung von Gesetzen sein, nach denen ihr künftig regiert werden sollt.

Weit entfernt, für euch ein Anlass zur Sorge zu sein, werdet ihr darin die tiefe Weisheit erkennen, von der die Gesetzgeber Frankreichs erfüllt sind. Indem die Konsuln der Republik euch von dem neuen Gesellschaftsvertrag in Kenntnis setzen, erklären sie zugleich, dass die geheiligten Grundsätze der Freiheit und Gleichheit der Schwarzen keinerlei Eingriffen oder Änderungen ausgesetzt sein werden. Wenn es in der Kolonie übelgesinnte Menschen gibt, die mit feindlichen Mächten in Verbindung stehen, dann, brave Schwarze, erinnert euch, dass nur das französische Volk eure Freiheit und die Gleichheit eurer Rechte anerkennt. Der Erste Konsul – BONAPARTE

Erlass vom gleichen Tag
1. Die Bürger Vincent, Ingenieur, Raymond, Farbiger, früherer Bevollmächtigter Frankreichs, und der General Michel begeben sich sofort nach Saint-Domingue.
2. Sie überbringen die beigefügte Proklamation.
5. Die Worte »Brave Schwarze, erinnert euch, dass nur das französische Volk eure Freiheit und die Gleichheit eurer Rechte anerkennt« werden in goldenen Lettern auf die Fahnen aller Bataillone der Nationalgarde von Saint-Domingue gestickt.

Der Ingenieur und Brigadechef VINCENT überbrachte Toussaint Louverture am 25. Juni 1800 diese Proklamation und teilte ihm mit, die Regierung habe ihn in seiner Stellung als Oberbefehlshaber bestätigt. Toussaint war wenig beeindruckt. Er beklagte sich, dass der Erste Konsul versäumt habe, ihm persönlich zu schreiben, lehnte es ab, trotz drängender Bitten von Vincent, auf den Fahnen die vorgesehene Inschrift anbringen zu lassen, und begründete seine Weigerung mit den Worten: »Wir wollen nicht eine Freiheit, die uns aufgrund zufälliger Umstände allein zugestanden wird – was wir verlangen, ist die Anerkennung des absoluten Prinzips, dass kein Mensch, ob weiß, schwarz oder rot, Eigentum seines Mitmenschen sein darf. Heute sind wir frei, weil wir die Stärkeren sind. Der Erste Konsul hält die Sklaverei in Martinique und anderswo aufrecht; er wird uns zu Sklaven machen, wenn er stark genug ist.«***

Die Zentralversammlung von Saint-Domingue an die Bevölkerung und die Armee:
Französische Siedler und ihr, tapfere Soldaten!
Die ständig wechselnden Parteien und Fraktionen an der Spitze Frankreichs, deren Propaganda bis zu unserer Insel gedrungen ist, haben die gerechten Forderungen ihrer Einwohner unterdrückt und diese ihrer Würde als freie Menschen beraubt, indem sie ihnen Gesetze aufzwangen, die sie weder gewünscht noch gebilligt haben. So wurde, mit furchtbarer Konsequenz, das Wohlergehen der Kolonie abhängig gemacht vom Schicksal der Metropole. Nur so war es möglich, dass der Parteigeist, der Frankreich ins Unglück stürzte, seine Fühler über das Meer hinweg ausstreckte, um Saint-Domingue unter der Last des Vorurteils niederzudrücken.

Konnte dieser Zustand der Auflösung jemals von Dauer sein? Nein, die Stunde der Gerechtigkeit ist gekommen. Die mächtige und große Nation, der ihr angehört, hat die schmachvollen Ketten zerbrochen, die Parteigeist und Anarchie ihr aufgezwungen hatten. Sie hat die Rechte anerkannt, die die Natur euch gegeben hat. Von heute an braucht ihr nicht mehr vor politischen Stürmen und Erdbeben zu zittern, als Folge von Gesetzen, die fern von euch erdacht worden sind und die weder eurer Lebensweise noch dem Klima, unter dem ihr lebt, entsprechen.

Französische Siedler! Ihr habt Eure Wünsche dem Manne zur Kenntnis gebracht, der diese Insel regiert, dem Manne, der sie so oft vor dem Sturz in den Abgrund bewahrt hat. Inmitten der krampfhaften Konvulsionen der Anarchie hat er die Größe und Kühnheit besessen, die Zügel der schutzlos verlassenen Kolonie aufzunehmen. Er hat dem Namen Frankreichs wieder Respekt verschafft – über der ganzen Insel wehen heute die französischen Farben. Französische Siedler und Ihr, tapfere Soldaten! Sammelt Euch um den Pakt der Eintracht und Freundschaft, den Eure gewählten Vertreter in Eure Hände legen als Garantie der Freiheit nach innen und außen. Es lebe die Republik, die ihre Kolonien schützt und festigt!
BORGELLA, *Präsident;* COLLET, RAYMOND, GASTON NOGÉRÉE, LACOUR, ROXAS, MUÑOS, MANCEBO und VIART, *Sekretär.*

Verfassung von Saint-Domingue (Auszug)

Artikel 1: Saint-Domingue und die angrenzenden Inseln bilden das Territorium einer einzigen Kolonie, die Teil Frankreichs ist, aber eigenen Gesetzen unterliegt.

Artikel 3: Es gibt keine Sklaven mehr auf diesem Territorium; die Sklaverei ist für immer abgeschafft. Alle Menschen hier werden geboren, leben und sterben frei und als Franzosen.

Artikel 4: Jedermann, gleich welcher Hautfarbe, hat Zugang zu allen Berufen und öffentlichen Ämtern; das Gesetz ist für alle gleich.

Artikel 6: Die einzige Religion, die öffentlich ausgeübt werden darf, ist die römisch-katholische.

Artikel 15: Jede Pflanzung ist eine Produktionsstätte, die zu ihrem Betrieb Verwalter und Arbeiter erfordert; sie ist der ruhige Hort einer fleißigen Familie, deren Vater der Eigentümer oder sein Stellvertreter sein muss.

Artikel 17: Die für das wirtschaftliche Wachstum der Kolonie unerlässliche Einfuhr von Arbeitskräften regelt sich wie folgt: Die Verfassung beauftragt den Gouverneur, alle notwendigen Schritte zur Vergrößerung der Arbeitsreserven zu unternehmen und die wechselseitig eingegangenen Verpflichtungen zu erfüllen, die sich daraus ergeben.*

Artikel 28: Die Verfassung beruft als Gouverneur den Bürger Toussaint Louverture, obersten General der Armee von Saint-Domingue; in Anbetracht seiner Verdienste um das Wohlergehen der Kolonie in der kritischsten Phase der Revolution, wird ihm die Leitung der Regierungsgeschäfte für die gesamte Dauer seines ruhmreichen Lebens übertragen.

Artikel 34: Er erlässt und bestätigt alle Gesetze, nimmt Berufungen auf alle zivilen und militärischen Posten vor.

---

* Hinter dieser schwammigen Formulierung verbarg sich eine Vollmacht zum Ankauf von Sklaven, die zwar formell freigelassen, *de facto* aber zum Militärdienst oder zur Arbeit auf den Plantagen gezwungen wurden. (Anm. des Verf., HCB)

Artikel 39: Er überwacht und zensiert, durch seine Kommissare, alle auf der Insel gedruckten Schriften; er beschlagnahmt alle ausländischen Druckerzeugnisse, die geeignet scheinen, die Sitten zu verderben oder die Ruhe der Kolonie zu stören; er bestraft die Verfasser oder Verbreiter solcher Schriften gemäß der Schwere ihres Vergehens.

Artikel 40: Sollte dem Gouverneur zu Ohren kommen, dass eine Verschwörung gegen die Sicherheit der Kolonie im Gange ist, lässt er sofort alle Personen festnehmen, die als Urheber oder Komplizen verdächtig sind, und übergibt sie, nachdem sie einem außergerichtlichen Verhör unterzogen worden sind, dem zuständigen Gericht.

Artikel 77: Der oberste General Toussaint Louverture wird beauftragt, die vorliegende Verfassung zur Bestätigung an die französische Regierung weiterzuleiten. Wegen des Fehlens einschlägiger Gesetze tritt die Verfassung gemäß dem einstimmigen Wunsch der Bürger von Saint-Domingue auf dem gesamten Territorium in Kraft.

Port Républicain, vormals Port-au-Prince, 19. Floréal im Jahre IX der unteilbaren französischen Republik, 9. Mai 1801

Reglement der Landarbeit (Auszug)

TOUSSAINT LOUVERTURE, *Oberbefehlshaber, an alle Zivil- und Militärbehörden:*

Bürger, ihr alle wisst, dass die Landwirtschaft die wichtigste Stütze des Staates ist, weil sie Wirtschaft, Handel und Fruchtbarkeit fördert, Handwerk und Industrie hervorbringt und alle Arme beschäftigt. Zivile und militärische Behörden, dies ist der Plan, den es anzunehmen, das Ziel, das es zu erreichen gilt und das ICH euch vorschreibe; ich verspreche, mit eigener Hand für seine Verwirklichung zu sorgen. Mein Land erfordert diese heilsame Maßnahme, meine Stellung verpflichtet mich dazu, und die Sicherung unserer Freiheit verlangt sie gebieterisch. Aus diesen Gründen, da ich absolut will, dass meine Proklamation voll und ganz verwirklicht wird und dass die Missbräuche, die sich auf den Pflanzungen breitgemacht haben, sofort ein Ende finden, befehle ich sehr bestimmt, was folgt:

1. Alle Verwalter, Aufseher und Arbeiter sind angehalten, ihre Pflichten ordentlich, fleißig und gehorsam zu erfüllen wie Offiziere und Soldaten.
2. Alle Verwalter, Aufseher und Arbeiter, die ihre Pflichten nicht zuverlässig erfüllen, werden festgenommen und genauso hart bestraft wie Offiziere und Soldaten, die ihre militärischen Pflichten vernachlässigen.
3. Alle Arbeiter, die sich in Städten, Dörfern oder auf Plantagen herumtreiben, um sich vor der Arbeit zu drücken, sind verpflichtet, sofort auf ihre Pflanzungen zurückzukehren.
4. Wer keinen Beruf nachweisen kann, wird festgenommen und in die Armee eingegliedert oder zur Arbeit aufs Land geschickt.
6. Alle Stadt- und Landbewohner, die Arbeitslosen Unterschlupf gewähren, alle Gutsbesitzer, die Vagabunden auf ihren Pflanzungen dulden, werden mit einer Geldstrafe von 800 Pfund oder mit einer Gefängnisstrafe von einem Monat belegt, im Wiederholungsfall mit dreifachem Strafmaß.
9. Ich verbiete ausdrücklich allen Offizieren, Frauen in den Kasernen zu dulden, unter Anordnung strengster Strafen, ausgenommen ihre Ehefrauen.
11. Die Kreisverwaltungen werden beauftragt festzustellen, ob die weiblichen Personen, die sich Domestiken nennen, dies auch wirklich sind, wobei zu beachten ist, dass Arbeiterinnen niemals Domestiken sein dürfen.
13. Ich beauftrage alle Generäle und Kommandanten der Kreise und Départements, über die Ausführung des vorliegenden Dekrets zu wachen, wofür sie mir persönlich verantwortlich sind. Sie müssen wissen, dass es keine Freiheit ohne Arbeit gibt. Vorliegendes Reglement wird gedruckt, verlesen, publiziert und angeschlagen an allen öffentlichen Plätzen, auch auf den Pflanzungen, damit niemand Unkenntnis vorschützt und jeder sich entsprechend seinen Rechten und Pflichten verhält.

Im Hauptquartier von Port Républicain, am 20. Vendémiaire IX der einen und unteilbaren Republik, 12. Oktober 1800 –
TOUSSAINT LOUVERTURE

Proklamation

TOUSSAINT LOUVERTURE, *Generalgouverneur von Saint-Domingue, Cap Français, 4. Frimaire X, 25. November 1801*:
Seit der Revolution habe ich alles getan, um meinem Land Glück zu bringen und die Freiheit meiner Mitbürger zu sichern. Gezwungen, innere und äußere Feinde der Republik zu bekämpfen, habe ich Krieg geführt mit Ehre, Mut und Loyalität. Selbst im Umgang mit meinen Feinden habe ich mich niemals von den Regeln der Gerechtigkeit entfernt; ich habe stets versucht, die Schrecken des Krieges zu lindern, das Blut der Menschen zu schonen. Oft habe ich nach dem Sieg diejenigen als Brüder willkommen geheißen, die noch am Vortag unter feindlicher Flagge kämpften. Indem ich ihnen ihre Fehler verzieh, wollte ich auch meine erbitterten Gegner dazu bringen, die heilige Sache der Freiheit zu lieben.

Offizier mit Säbel verliest ein Dekret (1800)

Meinen Waffenbrüdern, Generälen und Offizieren, habe ich immer wieder eingeschärft, dass ihr hoher Rang nur die Belohnung für Ehre, Mut und untadliges Verhalten sein durfte; dass ihre Worte und Taten umso untadliger sein mussten, je höher sie über ihren Mitbürgern standen; dass der Skandal, den sie in der Öffentlichkeit erregen, schlimmere Folgen hat als bei einem einfachen Bürger; dass der Rang und das Amt, welches sie bekleiden, nicht ihrem persönlichen Ehrgeiz, sondern nur dem Allgemeinwohl dienen durften [...]. Das ist es, was ich dem General Moyse immer wieder einschärfte, im Beisein seiner Kameraden und Offiziere, und was ich ihm in meinen Briefen ständig wiederholte. Bei jeder Gelegenheit war ich bemüht, ihm die heiligen Maximen der Religion zu erklären, ihm zu beweisen, dass der Mensch nichts ist ohne die Macht und den Willen Gottes. Was habe ich nicht alles unternommen, um seine lasterhaften Neigungen zu bekämpfen und ihn auf den Pfad der Tugend zurückzuführen? Doch statt die Mahnungen seines Oheims zu hören und den Befehlen seines Vorgesetzten zu folgen, ließ er sich von seinen Leidenschaften treiben, folgte seinen perversen Trieben und ging elend zugrunde. Dieses Schicksal erwartet alle, die es ihm nachtun wollen. Die Gerechtigkeit des Himmels ist langsam, aber unfehlbar, früher oder später trifft sie alle Schuldigen.

Ich erlasse deshalb die folgende Verordnung:

1. Jeder Kommandant, der Kenntnis der jüngsten Verschwörung hatte und, unter Missachtung des Gesetzes, Morde oder Plünderungen zugelassen hat, wird vor ein Militärgericht gestellt und strengstens bestraft.
   [...]
3. Jeder Kommandant, der nicht alle notwendigen Maßnahmen getroffen hat, um Unruhen in seinem Befehlsbereich zu verhindern; jeder Soldat der Armee oder der Nationalgarde, der sich weigert, einen gesetzlichen Befehl zu befolgen, wird mit dem Tode bestraft.
4. Jede Person, gleich welchen Geschlechts und welcher Hautfarbe, die überführt ist, aufrührerische Reden gehalten zu haben, wird vor ein Kriegsgericht gestellt und hart bestraft.
   [...]
6. Jeder Ausländer, der sich eines der genannten Vergehen schuldig macht, wird aus der Kolonie deportiert.
7. In allen Bezirken, in denen es Verwaltungsbehörden gibt, sind alle Bürger und Bürgerinnen, unabhängig von Stand und Beruf, verpflichtet, eine Sicherheitskarte bei sich zu tragen. Diese Karte enthält Namen, Vornamen, Wohnort, Stand, Beruf, Alter und Geschlecht ihres Trägers. Sie ist unterzeichnet vom Bürgermeister und Polizeikommissar des Bezirks, in dem ihr Besitzer wohnt. Sie wird alle sechs Monate erneuert gegen Zahlung von einer Gourde pro Person – das Geld wird für öffentliche Zwecke verwandt.

9. Wer vierzehn Tage nach Veröffentlichung der vorliegenden Proklamation keine Sicherheitskarte vorweisen kann, wird, wenn es sich um einen Einheimischen handelt, zur Arbeit aufs Land geschickt; Ausländer werden ohne förmlichen Prozess abgeschoben.

Der Gouverneur von Saint-Domingue
– TOUSSAINT LOUVERTURE

7 »Ich bin Franzose, das genügt«:

Napoleons Versuch, das Rad der Geschichte zurückzudrehen

Der Friedensschluss von Amiens mit England (1801) versetzte Napoleon in die Lage, sich aktiv um die Wiederherstellung der alten Ordnung in den Kolonien zu kümmern. Im Februar 1802 landete eine gewaltige Kriegsflotte von 86 Schiffen, mit 22 000 Soldaten an Bord, unter dem Kommando von General Leclerc, einem Schwager Napoleons, in Saint-Domingue. Toussaint Louverture, der zunächst in einer Proklamation die Franzosen als Brüder willkommen heißen wollte, gab seinen Generälen Befehl, den Truppen die Landung zu verweigern und die Städte und fruchtbaren Ebenen niederzubrennen; er selbst zog sich mit der Hauptmacht seiner Streitkräfte in die Berge zurück. Sein strategischer Plan bestand darin, die Regenzeit abzuwarten und die Expeditionsarmee durch einen Guerillakrieg zu zermürben, bis das jährlich auftretende Gelbfieber ihre endgültige Vernichtung besorgen würde. Dieser Plan ließ sich nur teilweise verwirklichen; während die Hafenstädte des Nordens, Cap Français und Port-de-Paix, von den Generälen Christophe und Dessalines vor den Augen der Invasionstruppen in Schutt und Asche gelegt wurden, fielen die Provinzhauptstädte Port-au-Prince im Westen und Les Cayes im Süden, ebenso wie Santo Domingo im Osten, durch Verrat den Franzosen in die Hände; das autoritär gewordene Regime von Toussaint Louverture ließ viele seiner Offiziere und Soldaten der Propaganda des Generals Leclerc Gehör

General Leclerc mit Ehefrau Pauline Bonaparte, Verhaftung und Deportation von Toussaint Louverture

schenken. Nach Anfangserfolgen wurden Toussaints Truppen in der Schlacht von Ravine-à-Couleuvres (Schlangenschlucht) am 23. Februar verlustreich geschlagen; im März versuchten die Franzosen nach wochenlanger Belagerung der Bergfestung Crête-à-Pierrot die Entscheidung zu erzwingen; sie verloren mehr als 1500 Soldaten, während die Besatzung des belagerten Forts entkommen konnte und nur Tote und Verwundete zurückließ. Durch die wachsende Desertion seiner Offiziere und Sol-

Schlacht in der Schlangenschlucht (Ravine-à-Couleuvres, Februar 1802)

daten zunehmend geschwächt und isoliert, erklärte Toussaint Louverture sich zu Verhandlungen bereit. Leclerc hatte seine beiden Söhne zu ihm geschickt, die in Paris auf Kosten der Regierung erzogen worden waren, mit einem Schreiben des Ersten Konsuls Bonaparte, der ihn zur Versöhnung mit Frankreich aufrief. Toussaint zog mit seiner Ehrengarde in Cap Français ein, dessen Bewohner ihm einen triumphalen Empfang bereiteten (6. Mai 1802), und unterwarf sich mit den letzten ihm treu ergebenen Generälen – Dessalines und Belair – der Autorität Leclercs. Er schloss einen Waffenstillstand und zog sich auf sein Landgut in der Nähe von Ennéry zurück, weigerte sich jedoch, seine Garde entwaffnen zu lassen.

Der Widerstand gegen die Besatzungsmacht war auch nach seiner Abdankung nicht gebrochen, und Toussaint Louverture wurde als geheimer Drahtzieher hinter den Überfällen der Partisanen vermutet. Unter einem durchsichtigen Vorwand bestellte Leclerc ihn zu einer Unterredung, ließ ihn festnehmen und nach Frankreich deportieren, wo er, auf Befehl Napoleons, in

Fort de Joux, auf den eisigen Höhen des Juragebirges, unter entwürdigenden Bedingungen inhaftiert wurde und am 7. April 1803 starb.

Im Sommer 1802 war in Saint-Domingue das Gelbfieber ausgebrochen und hatte die Truppen des Generals Leclerc dezimiert, der Anfang November selbst der Seuche zum Opfer fiel. Sein Nachfolger Rochambeau versuchte, durch Massenhinrichtungen aufständischer Schwarzer die Reste der Kolonie für Frankreich zu retten, beschleunigte dadurch jedoch nur ihren Untergang. Inzwischen hatte Frankreich die Sklaverei in der Mehrzahl seiner überseeischen Besitzungen wieder eingeführt, und es war nur noch eine Frage der Zeit, bis das alte Kolonialregime auch in Saint-Domingue wiederhergestellt sein würde. Die Schwarzen desertierten scharenweise aus der Armee und den Plantagen und schlossen sich, wie im Sklavenaufstand von 1791, zu spontanem Widerstand zusammen, der sich durch den Terror von General Rochambeau zu einem Rassenkrieg auf Leben und Tod verschärfte. Die vorher verfeindeten Mulatten und Schwarzen bildeten eine Einheitsfront unter Führung des Generals Dessalines, der den Franzosen vernichtende Niederlagen beibrachte, während England erneut der Republik den Krieg erklärte und die Häfen der Kolonie blockierte. Am 19. November 1803 unterschrieb General Rochambeau in einer belagerten Festung bei Cap Français die Kapitulation seiner Truppen und begab sich auf einem britischen Kriegsschiff in Gefangenschaft; am 1. Januar 1804 proklamierten die schwarzen und farbigen Generäle die Unabhängigkeit und ernannten Dessalines zum Gouverneur auf Lebenszeit der neu gegründeten Republik, die sie nach ihrem alten indianischen Namen Haiti tauften.

Der Versuch, die Sklavenbefreiung in Saint-Domingue rückgängig zu machen, hatte Frankreich mehr als 40 000 Tote und Verwundete gekostet und war in der historischen Dimension des Geschehens nur mit Napoleons Niederlage im Russlandfeldzug vergleichbar.

Landung der Expeditionsarmee des Generals Leclerc

Notiz BONAPARTES *an Außenminister Talleyrand, 8. Brumaire X, 30. Oktober 1801:*
> Informieren Sie England, dass ich mich bei meinem Entschluss, die Herrschaft der Schwarzen in Saint-Domingue zu vernichten, weniger von wirtschaftlichen Überlegungen leiten ließ als vielmehr von der Notwendigkeit, überall auf der Welt Aufstände und Unruhen im Keim zu ersticken; einer der Hauptvorteile des kürzlich geschlossenen Friedens für England besteht darin, dass er zu einem Zeitpunkt vereinbart wurde, als die französische Regierung die neue Ordnung in Saint-Domingue, das heißt die Herrschaft der Schwarzen in dieser Kolonie, noch nicht anerkannt hatte. Die Freiheit der Schwarzen, sanktioniert durch die französische Regierung, hätte der Republik für alle Zeiten einen festen Stützpunkt in der Neuen Welt verschafft; in diesem Fall würde ihr Zepter früher oder später in die Hände der Schwarzen übergegangen sein; die Erschütterung, die das für England bedeutet hätte, ist gewaltig, während ein schwarzes Imperium in Übersee für Frankreich leicht zu verkraften wäre.

TOUSSAINT LOUVERTURE *an seinen Emissär, Oberst Vincent, Dezember 1801:*
> Ich erfahre über englische Kanäle, dass Bonaparte eine gewaltige Kriegsflotte gegen mich ausschickt. Machen Sie ihm klar, dass er mit mir alle Schwarzen von Saint-Domingue verliert [...]. Ich habe die Waffen ergriffen für die Freiheit meiner Hautfarbe; Frankreich hat nicht das Recht, uns zu Sklaven zu machen, unsere Freiheit gehört ihm nicht mehr, sie ist unser Eigentum, das wir verteidigen werden oder untergehen!

Proklamation

DER ERSTE KONSUL *an die Bewohner von Saint-Domingue:*
> Welches auch euer Vaterland und die Farbe eurer Haut sei, ihr seid alle Franzosen, ihr seid alle frei, vor Gott und den Menschen gleich. Frankreich war wie Saint-Domingue eine Beute

der Parteiungen und wurde durch Bürgerkriege und Kämpfe mit dem Ausland zerfleischt; aber jetzt hat sich alles geändert, alle Völker sind jetzt den Franzosen mit Wohlwollen zugetan und schwören ihnen Frieden und Freundschaft; alle Franzosen umfassen einander in Liebe und haben sich geschworen, Freunde und Brüder zu sein; umfasst auch ihr die Franzosen mit Innigkeit und freut euch, eure Freunde und Brüder aus Europa zu sehen. Die Regierung sendet euch den General Leclerc; er hat bedeutende Streitkräfte bei sich, um euch gegen die Feinde der Republik zu schützen. Wenn man euch sagt: »Diese Streitkräfte sind bestimmt, uns unsere Freiheit zu rauben«, so antwortet: »Die Republik wird nie zugeben, dass sie uns geraubt werde.« Sammelt euch um den Generalkapitän; er bringt euch Überfluss und Frieden. Schart euch um ihn. Wer es wagt, sich von ihm zu trennen, ist ein Verräter des Vaterlands, und der Zorn der Republik wird ihn vernichten, wie das Feuer das Zuckerrohr verzehrt.

Gegeben in Paris, im Regierungspalast, am 17. Brumaire im Jahre X der französischen Republik, 8. November 1801: Der Erste Konsul – BONAPARTE

GENERAL CHRISTOPHE *an Leclerc, Cap Français, 12. Pluviôse X, 1. Februar 1802*:

Ich habe die Ehre, Ihnen mitzuteilen, dass ich die meinem Kommando unterstellte Stadt erst ausliefern kann, wenn ich dazu einen Befehl des Generalgouverneurs Toussaint Louverture erhalten habe, der mich auf diesen Posten gestellt hat. Ich möchte wohl glauben, dass ich es mit Franzosen zu tun habe und dass Sie der Befehlshaber der sogenannten Expeditionsarmee sind, aber ich muss erst die Weisungen des Gouverneurs abwarten, zu dem ich einen meiner Adjutanten geschickt habe, um ihm Ihre Ankunft und die der französischen Armee zu melden. Sollten Sie Ihre Drohung wahrmachen und Gewalt anwenden, werde ich Ihnen jenen Widerstand entgegensetzen, der eines Generals würdig ist, und sollte das Los der Waffen Ihnen günstig sein, werden Sie die Stadt nur in Rauch und Asche betreten, und auf den glühenden Trümmern werde ich weiter gegen Sie kämpfen!

LECLERC *an Christophe, an Bord der Fregatte L'Océan, 14. Pluviôse X, 3. Februar 1802:*
Ich erfahre mit dem höchsten Unwillen, Bürger General, dass Sie der französischen Flotte und der Armee, die ich befehlige, die Landung verweigern, unter dem Vorwand, keine Befehle des Generalgouverneurs hierzu erhalten zu haben.

Frankreich hat mit England Frieden geschlossen, und die Regierung schickt ausreichende Streitkräfte nach Saint-Domingue, um die Rebellen, falls sich wirklich solche in der Kolonie befinden sollten, zu unterwerfen. Was Sie betrifft, Bürger General, würde ich es bedauern, Sie dazuzählen zu müssen. Ich mache Sie darauf aufmerksam, dass, wenn Sie mir nicht noch heute die Forts Picolet und Belair und sämtliche Küstenbatterien übergeben, morgen bei Tagesanbruch 15 000 Mann gelandet sein werden [...]. Der Generalkapitän von Saint-Domingue
– *Leclerc*

TOUSSAINT LOUVERTURE *an Dessalines, 19. Pluviôse X, 9. Februar 1802*:
Es gibt keinen Grund zu verzweifeln, Bürger General, wenn Ihr den Landungstruppen die Hilfsmittel entzieht, die ihnen Port-au-Prince bietet. Versucht mit allen Mitteln der List und Gewalt, die Stadt anzuzünden. Ihr braucht bloß ein paar zuverlässige Leute einzuschleusen; sie ist ganz aus Holz gebaut. Sollte es unter Eurem Kommando keine vertrauenswürdigen Männer geben, die Euch diesen Dienst erweisen? Ah, mein General, was für ein Pech, dass es in der Stadt Verräter gab und dass meine Befehle nicht ausgeführt wurden! Wartet den Zeitpunkt ab, wenn die Garnison durch Feldzüge in die Umgegend geschwächt ist, und versucht dann, die Stadt aus dem Hinterhalt zu überfallen. Vergesst nicht, dass bis zur Regenzeit, die uns die Feinde vom Hals schafft, Feuer und Zerstörung unsere wichtigsten Hilfsmittel sind. Denkt daran, dass die mit unserem Schweiß getränkte Erde dem Feind keinerlei Nahrung liefern darf. Verbarrikadiert alle Wege, werft Viehkadaver in alle Brunnen, vernichtet und verbrennt alles, damit Frankreich, das uns in die Sklaverei zurückstoßen will, die Hölle vor Augen hat, die es verdient!

LECLERC *an den Marineminister, Februar 1802*:
Da ich die Zerstörung der Stadt durch die Flammen nicht verhindern konnte, habe ich wenigstens das umliegende Land vor der Vernichtung bewahrt. Die nördliche Ebene und die Bezirke Limbé und Acul sind unversehrt. Die Einwohner, die Christophe gegen ihren Willen weggeführt hatte, sind zurückgekehrt. Jedes Mal, wenn ich die Stadt und ihre Umgebung aufsuche, sehe ich nur fröhliche Gesichter – trotz aller schrecklichen Verluste, die die Menschen hinnehmen mussten. Sie fühlen sich endlich befreit von der Tyrannei der barbarischen Afrikaner [...]. Trotz des abscheulichen Verhaltens von Toussaint wollte ich mich nicht über die Instruktionen des Ersten Konsuls hinwegsetzen. Ich habe ihm seine Kinder geschickt mit einem Brief des Ersten Konsuls der Republik. Ich ließ ihm ausrichten, dass ich ihn im Falle seiner Unterwerfung persönlich empfangen würde.

BONAPARTE, *Erster Konsul der Republik, an Toussaint Louverture, Obergeneral von Saint-Domingue*:
Bürger General. Der Friede mit England und allen europäischen Mächten, der die Republik auf den höchsten Gipfel der Größe erhob, setzt die Regierung in den Stand, sich mit der Kolonie Saint-Domingue zu beschäftigen. Wir senden den General Leclerc, unseren Schwager, mit der Würde eines Generalkapitäns, als erste Magistratsperson der Kolonie, dahin ab. Er verfügt über ausreichende Streitkräfte, um der höchsten Gewalt des französischen Volkes Respekt zu verschaffen. Unter diesen Umständen wollen wir hoffen, dass Sie die Aufrichtigkeit der Gesinnung, die Sie in verschiedenen, an uns erlassenen Schreiben zu erkennen gaben, uns und ganz Frankreich gegenüber bestätigen werden. Wir schätzen Sie wahrhaft, und erkennen mit Vergnügen laut und öffentlich die Dienste an, die Sie dem französischen Volk geleistet haben; wenn seine Flaggen in Saint-Domingue wehen, so verdanken wir dies Ihnen und den braven Schwarzen.

Durch Ihre Talente und durch die Gewalt der Umstände zum obersten Befehlshaber berufen, haben Sie den Bürgerkrieg erstickt, die Intrigen der Verschwörer vereitelt und die Religion und die Verehrung Gottes, des Urhebers allen Heils, wieder in ihr Recht gesetzt. Die von Ihnen entworfene Verfassung enthält, neben vielem Trefflichen, auch manche der Würde und Souveränität der französischen Republik, zu der Saint-Domingue gehört, durchaus nicht entsprechende Dinge.

Die Umstände, in denen Sie sich befanden, von allen Seiten von Feinden umringt, ohne dass das Mutterland Ihnen zu Hilfe kommen oder den Einwohnern von Saint-Domingue Nahrungsquellen eröffnen konnte, haben ungesetzmäßigen Artikeln der Verfassung Gültigkeit verliehen; aber jetzt, wo die Umstände sich so glücklich verändert haben, werden Sie der erste sein, der Nation zu huldigen, die Sie, wegen Ihrer Fähigkeiten und des Ihnen von der Natur verliehenen kräftigen Charakters, unter die Zahl ihrer vorzüglichen Staatsbürger rechnet. Ein entgegengesetztes Betragen wäre mit der guten Meinung, die wir von Ihnen hegen, unvereinbar; Sie würden dadurch Ihr Anrecht auf die Dankbarkeit der Republik verlieren und unter Ihren Füßen einen Abgrund graben, der auch die braven Schwarzen verschlingen könnte, deren Mut wir so aufrichtig ehren und die als Empörer zu bestrafen uns unendlich schmerzen würde.

Wir haben Ihren Kindern und deren Lehrern unser Wohlwollen zu erkennen gegeben und schicken sie Ihnen zurück. Unterstützen Sie mit Ihrem Rat, Ihrem Einfluss und Ihren Fähigkeiten den Generalkapitän. Was bleibt Ihnen zu wünschen übrig? Die Freiheit der Schwarzen? Sie wissen doch, dass überall, wohin uns das Glück unserer Waffen führte, wir den Völkern, die sie noch nicht hatten, die Freiheit brachten. Ansehen, Ehre, Reichtum? Können Sie, nach den Diensten, die Sie der Republik erwiesen haben und noch erweisen können, und angesichts unseres Wohlwollens gegen Sie, über die Achtung, die Reichtümer und die Ehrenstellen, die Sie erwarten, noch Zweifel hegen? Machen Sie den Einwohnern von Saint-Domingue klar, dass Frankreichs Sorge um ihr Wohlergehen sich wegen der kriegerischen Verhältnisse nicht immer hat betätigen können, und dass die Personen, die vom Festland herüberkamen, um sie aufzuhetzen und Zwietracht zu säen, Kreaturen eben jener Parteien waren, die das Vaterland zerfleischten; dass jetzt Friede herrscht und eine kraftvolle Regierung die Wohlfahrt und Freiheit der Einwohner sichern wird. Sagen Sie ihnen, dass, wenn für sie die Freiheit das erste der Güter ist, sie sich derselben nur als französische Bürger erfreuen können, und dass jede Handlung, die mit dem zum Wohl des Vaterlands, der Regierung und des Generalkapitäns nötigen Gehorsam in Widerspruch steht, ein Verbrechen gegen die Volksgewalt ist und Saint-Domingue zum Schauplatz eines unglücklichen Krieges machen würde. Und bedenken Sie, General, dass, da Sie der erste Ihrer Hautfarbe sind, der sich zu einer solchen Stellung emporgeschwungen und durch Tapferkeit und militärisches Talent ausgezeichnet hat, Sie auch vor Gott und vor uns für das Betragen Ihrer Landsleute verantwortlich sind. Sollte es Übelgesinnte geben, die glauben machen wollen, wir seien gekommen, um über ihre Handlungen während der Zeit der Gesetzlosigkeit zu richten, so versichern Sie ihnen, dass uns allein ihr Betragen unter den gegenwärtigen Umständen interessiert und wir auf die Vergangenheit nur zurückblicken, um uns die Tapferkeit ins Gedächtnis zu rufen, die sie im Krieg gegen Spanier und Engländer, unsere damaligen Feinde, an den Tag legten. Rechnen Sie auf unsere unbegrenzte Achtung, und richten Sie Ihre Handlungsweise so ein, wie es des Staatsbürgers einer großen Nation würdig ist. *Paris, den 27. Brumaire des Jahres X, 18. November 1801* – BONAPARTE**

TOUSSAINT LOUVERTURE, *Obergeneral von Saint-Domingue, an Bonaparte, Erster Konsul der Republik:*

Bürger Konsul. Durch Ihren Schwager, General Leclerc, welchem Sie den in der Verfassung von Saint-Domingue nicht anerkannten Titel eines Generalkapitäns beilegen, ist mir Ihre Zuschrift zugekommen. Der Überbringer hat zu gleicher Zeit zwei unschuldige Kinder den zärtlichen Umarmungen eines liebenden Vaters übergeben. Welch hochherziges Beispiel europäischer Menschenliebe! Aber, obwohl diese Pfänder mir teuer sind und die Trennung von ihnen mir schwerfällt, will ich doch meinen Feinden keine Verbindlichkeit schuldig bleiben und schicke sie ihren Kerkermeistern wieder zurück.

Die zur Durchsetzung der Oberherrschaft des Französischen Volkes nach Saint-Domingue gesandten Streitkräfte haben ihre

Landung bewerkstelligt und verbreiten Tod und Verderben um sich her. Doch zu welchem Zweck, wegen welcher Verbrechen, in wessen Vollmacht? Soll ein rohes, aber niemanden beleidigendes Volk durch Feuer und Schwert vertilgt werden? Wir haben es gewagt, uns eine unseren Bedürfnissen angemessene Verfassung zu geben; die, wie Sie selbst einräumen, viel Gutes, aber auch Eingriffe in die Oberherrschaft des Französischen Volkes enthält! – Auf wem beruht, wie weit erstreckt sich diese Herrschaft? Ist sie von aller Verantwortung frei, ohne Maß, ohne Grenzen? »Saint-Domingue«, sagen Sie in Ihrem Schreiben, »eine Kolonie, die einen integralen Bestandteil der französischen Republik ausmacht, strebt nach Unabhängigkeit.« Und warum sollte sie das nicht? Die Vereinigten Staaten von Amerika taten dasselbe; und es gelang ihnen, unter dem Beistand Frankreichs. Aber unsere Verfassung hat noch manche Mängel und nimmt noch manche Vorurteile in Schutz. Dies weiß ich wohl. Aber ich frage Sie, welche menschliche Einrichtung ist davon frei? Ehrt das Regierungssystem, das Sie der Republik auferlegt haben, die individuelle oder allgemeine Freiheit, die Freiheit des Wortes oder der Handlungen mehr als die unsrige? Der Posten, den ich bekleide, war nicht meine Wahl; gebieterische Umstände haben mich dahingedrängt; ich habe keine Verfassung umgestürzt, ich habe geschworen, sie aufrechtzuerhalten. Ich sah diese unglückliche Insel der Zwietracht und der Wut der Fraktionen preisgegeben. Mein Charakter und meine Sinnesart hatten mir Einfluss auf die Bewohner derselben verschafft, und ich wurde einstimmig zu ihrem Oberhaupt erwählt. Ich habe die Unruhen gestillt, ich habe die Empörung gedämpft, ich habe die Ruhe wiederhergestellt, und die Ordnung aus dem Schoß der Gesetzlosigkeit hervorgerufen. Haben Sie, Bürger Konsul, andere oder bessere Ansprüche auf den erhabenen Posten, den Sie bekleiden? Wenn das Volk, unter der von mir gegebenen Verfassung, einen geringeren Grad von Freiheit genießt als unter anderen Regierungsformen, so liegt das an der von der Sklaverei unzertrennlichen Unwissenheit und Barbarei. Ich habe für eine Klasse unglücklicher, gerade erst vom Joch befreiter Wesen das einzige für ihren Zustand passende Regierungssystem eingeführt. Es lässt in verschiedenen Fällen der Gewalt und dem Despotismus freien Spielraum, das ist eine nicht zu leugnende Tatsache; aber ist die Verfassung der französischen Republik, im aufgeklärtesten Teil des gebildeten Europa, frei davon? Wenn 30 Millionen Franzosen, wie Sie behaupten, ihr Glück und ihre Sicherheit in der Revolution des 18. Brumaire finden, so wird man mich doch nicht um die Liebe und das Vertrauen meiner armen Landsleute beneiden?

Sie bieten den Negern die Freiheit an und sagen, dass Sie überall, wohin Sie gekommen seien, Völker, welche die Freiheit noch nicht gekannt, in den Genuss derselben gesetzt hätten. Ich weiß über die politischen Ereignisse in Europa nicht genau Bescheid, aber die mir zu Ohren gekommenen Berichte stimmen mit Ihrer Sicht der Dinge nicht überein. Doch daran liegt mir nicht viel. Die Freiheit, die man in Frankreich, in Belgien, in der Schweiz oder in der Batavischen, Ligurischen und Cisalpinischen Republik findet, würde von den Einwohnern von Saint-Domingue nicht frohen Herzens begrüßt. Solche Veränderungen, eine solche Freiheit sind weit davon entfernt, Gegenstand unserer Sehnsucht zu sein.

Sie fragen mich, ob ich Auszeichnung, Ehrenstellen, Reichtümer begehre. Ja, aber nicht durch Ihre Vermittlung. Ich finde meine Auszeichnung in der Achtung meiner Mitbürger, meinen Ruhm in ihrer Anhänglichkeit, meinen Reichtum in ihrer uneigennützigen Treue. Hat vielleicht die Hoffnung, mich zu verleiten, die Sache zu verraten, der ich mich geweiht habe, Ihre armselige Idee von persönlichen Vorteilen herbeigeführt? Lernen Sie doch die moralischen Grundsätze anderer nach Ihren eigenen beurteilen. Wenn derjenige, der seine Rechte auf den Thron, auf dem Sie jetzt sitzen, noch immer nicht aufgegeben hat, Sie aufforderte, von Ihrem Thron herabzusteigen, was würden Sie ihm antworten? Die Stellung, die ich einnehme, habe ich genauso gesetzmäßig errungen wie Sie die Ihrige, und nur der Wille der Bewohner von Saint-Domingue könnte mich veranlassen, sie wieder aufzugeben. Diese Gewalt ist weder durch Blut erkauft noch durch die Ränke der Europäischen Staatskunst befestigt worden. Die zügellosesten Menschen, deren Arme ich vom Morden zurückhielt, waren genötigt, meine Nachsicht und Milde anzuerkennen, und ich habe selbst den Elenden, deren Dolch gegen meine Brust gezückt war, verziehen. Wenn ich unruhige Geister, die alles aufboten, um die Flammen des Bürgerkriegs zu schüren, aus der Kolonie entfernte, so waren zuvor ihre Verbrechen von kompetenten Richtern untersucht und von ihnen selbst eingestanden worden. Kann ein einziger auftreten und behaupten, er sei ungehört und unüberführt verurteilt worden? Und doch sind diese Unholde zurückgekehrt, in Begleitung von Spürhunden aus Kuba, um Jagd auf uns zu machen und uns zu zerreißen, unter der Leitung von Menschen, die es wagen, sich Christen zu nennen.

Wie ist es nur möglich, dass ich Ihr Erstaunen errege und Ihre Lobsprüche ernte, weil ich die Religion und die Verehrung Gottes, des Urhebers allen Heils aufrechterhalten habe? Ach, dieses allgütige Wesen, dessen heiliger Name erst seit kurzem in Ihrer Republik wieder mit Hochachtung genannt wird, ist von mir ständig geehrt und gepriesen worden. Bei ihm habe ich stets, unter den mich umgebenden Gefahren und Verrätereien, Sicherheit und Trost gesucht, und nie hat mich mein Vertrauen getäuscht. Ich bin, wie Sie sich ausdrücken, vor ihm und vor Ihnen für das Blutvergießen verantwortlich, das auf dieser unglücklichen Insel ohne Unterlass fortdauert. Wohlan, der Ausgang dieses Kampfs sei Gottes Gerechtigkeit anheim gestellt; er sei der Richter zwischen mir und meinen Feinden, zwischen denen, die Seine Gebote übertraten und Seinen Namen verleugneten, und dem, der nie aufgehört hat, ihn anzubeten und zu verehren! TOUSSAINT LOUVERTURE**

TOUSSAINT LOUVERTURE *zu Maître Coisnon, dem Erzieher seiner Kinder, der ihm den Brief Napoleons überbracht hat, 8. Februar 1802*:

Sie müssen zugeben, Maître Coisnon, dass die Worte des Ersten Konsuls im Widerspruch stehen zum Verhalten des Generals Leclerc. Der eine kündigt mir Frieden an, der andere führt Krieg gegen mich. General Leclerc ist wie ein Donnerschlag in Saint-Domingue eingefallen und gibt mir seinen Auftrag nur durch Kriegshandlungen zu erkennen. Bei seinem gewaltsamen Vorgehen konnte ich nicht vergessen, dass ich ebenfalls Waffen trage. Warum erklärt man mir auf so ungerechte und politisch unkluge Weise den Krieg? Weil ich mein Land von ausländischer Einmischung befreit habe, weil ich alle Kräfte für sein Wohlergehen und seine Größe geopfert, weil ich Gerechtigkeit und Ordnung wiederhergestellt habe? Wenn meine Taten als Verbrechen gelten, warum schickt man mir meine Kinder unter diesen Umständen zurück? Wenn, wie Sie sagen, General Leclerc aufrichtig Frieden wünscht, braucht er bloß den Vormarsch seiner Truppen zu stoppen. Er wird damit die Kolonie vor der Zerstörung bewahren und die durch die militärische Invasion erschreckten Gemüter beruhigen. Ich werde ihm in diesem Sinn einen Brief schreiben, den ich Sie, Maître Coisnon, als Erzieher meiner Kinder, zu überbringen bitte.

TOUSSAINT LOUVERTURE *an Leclerc, Ennéry, 10. Februar 1802:*
Bürger General!
Sie sind gekommen, um sich durch die Gewalt der Kanonen zu meinem Nachfolger aufzuwerfen. Warum, Bürger General, haben Sie mir den Brief des Ersten Konsuls erst drei Monate nach dessen Datum aushändigen lassen?

Und warum haben Sie die Rechte und Verdienste der Schwarzen durch Feindseligkeiten in ein zweideutiges Licht gerückt? Diese Rechte, Bürger General, legen mir Pflichten auf, welche selbst die Pflicht der Natur zurückdrängen. Ich bin bereit, meinem Volk sogar meine Kinder zum Opfer zu bringen. Ich schicke Ihnen daher meine Söhne zurück, damit man auf Ihrer Seite nicht glaubt, ich fühlte mich durch sie gebunden. Sie können mir nicht verdenken, dass mein Misstrauen jetzt größer ist denn je und dass ich einiger Zeit bedarf, um einen festen Entschluss zu fassen. Ich bringe einen Waffenstillstand in Vorschlag und bitte Sie, einen solchen ebenfalls in Erwägung zu ziehen – TOUSSAINT LOUVERTURE

Proklamation des GENERALS LECLERC:
Bewohner von Saint-Domingue, ich kam im Auftrag der französischen Republik hierher, um euch Frieden und Glück zu bringen. Von Anfang an befürchtete ich Hindernisse in den ehrgeizigen Plänen der Oberhäupter der Kolonie, und ich habe mich

leider nicht geirrt. Diese Leute, die in öffentlichen Bekanntmachungen ihre Anhänglichkeit an Frankreich erklärten, waren in ihren Herzen nichts weniger als Franzosen, und wenn sie sich so stellten, taten sie das nur, weil sie sich noch nicht stark genug fühlten, Frankreich den Gehorsam aufzukündigen.

Ihre verräterischen Pläne sind nunmehr entlarvt. General Toussaint hat mir seine Kinder zurückgeschickt, mit einem Schreiben, in dem er versichert, das Wohlergehen der Kolonie sei sein lebhaftester Wunsch, und sich bereiterklärt, den Befehlen, die ich ihm erteile, Folge zu leisten.

Ich habe ihn zu mir beschieden und ihm mein Wort gegeben, ihn als Generalleutnant anzustellen, aber er versuchte, Zeit zu gewinnen, und beantwortete meine Befehle mit schönen, aber nichtssagenden Redensarten.

Die französische Regierung hat mich beauftragt, Wohlstand und Überfluss in der Kolonie schnellstmöglich wiederherzustellen; würde ich auf Toussaints schlaue Winkelzüge hereinfallen, so würde die Kolonie erneut zum Schauplatz eines Bürgerkriegs.

Ich betrete den Kampfplatz und will ihn und seine Rebellen die Macht der französischen Regierung spüren lassen.

Von jetzt an gilt Toussaint Louverture in den Augen aller Bürger von Saint-Domingue nur noch als Aufrührer gegen Recht und Gesetz. Ich habe den Bewohnern der Kolonie die Freiheit versprochen, und ich werde sie ihnen zu verschaffen wissen. Ihr Leben und Eigentum steht unter meinem persönlichen Schutz, und ich verordne, wie folgt:

Artikel eins: Die Generäle Toussaint und Christoph haben sich außerhalb des Gesetzes gestellt, und jeder gute Bürger wird aufgefordert, sie, wo er kann, zu ergreifen und als Empörer gegen die französische Republik zu behandeln.

Artikel zwei: Jeder Zivil- oder Militärbeamte, der andere Befehle befolgt als die von Offizieren der unter meinem Kommando stehenden Armee gegebenen, ist als Rebell zu behandeln.

Artikel drei: All jene, die durch Einflüsterungen der aufrührerischen Generäle getäuscht, zu den Waffen griffen, werden, wenn sie nicht selbst Unruhestifter sind, wie verirrte Kinder betrachtet und zur Arbeit aufs Land geschickt.

Artikel vier: Alle Soldaten der Halbbrigaden, die Toussaints Truppen freiwillig verlassen, werden in die französische Armee aufgenommen.

Artikel fünf: Da der den Bezirk von Cibao kommandierende General Clervaux die französische Regierung und die Oberhoheit des Generalkapitäns anerkannt hat, wird er in seinem Dienstgrad und in seiner Stellung bestätigt.

Artikel sechs: Der Chef des Generalstabs wird beauftragt, diese Bekanntmachung drucken und überall anschlagen zu lassen.

Der Generalkapitän von Saint-Domingue und Oberbefehlshaber der Armee – LECLERC**

Partisanenkrieg – eine Methode

GENERAL DESFOURNEAUX *an Generalstabschef Dugua, Plaisance, 7. März 1802:*

Toussaint griff mich am Fünften an und eroberte im ersten Anlauf meine beste Stellung, aber er wurde wieder vertrieben, und die Armee siegte auf der ganzen Linie. Toussaint näherte sich bis auf zehn Schritt der neunten Abteilung schwarzer Grenadiere und rief ihnen zu: »Meine Kinder, warum kämpft ihr gegen euren Vater!« – »Er ist ein Bandit«, rief Placide Lebrun, Unterleutnant der Grenadiere, »Feuer!« Toussaints Pferd wird getötet. Ein Soldat der 30. Brigade stürzt sich auf ihn und wird ebenfalls getötet. Toussaints Garde deckt ihn und wird niedergemacht, doch er entkommt, an der Schulter verletzt.

DESFOURNEAUX *an Dugua, 14. März 1802*

Toussaint lagert in Bayonnet und Marmelade. Er hält alle Stellungen in den Bergen besetzt. Ich erwarte mit Ungeduld die Truppen, um die ich Sie gebeten habe. Wir brauchen unbedingt Verstärkung. Ich habe 267 Tote und Verletzte und eine noch größere Zahl von Kranken. Toussaint ist am 16. März von Marmelade mit seiner Garde aufgebrochen. Er ist verletzt, aber er droht mit einem neuen Angriff.

Die mühseligen Märsche, die glänzenden Schlachten, die wir im Westen und Norden geschlagen hatten, die Teilerfolge an fast allen Fronten hatten noch kein Ergebnis gebracht. Der Mut der Truppen hatte alle Hindernisse überwunden, aber die Zerstreuung der Feinde, die keinen regulären Widerstand mehr leisteten, machte es schwerer, sie zu treffen. Wie eine Hydra mit hundert Köpfen erneuerte sich die Kraft des Gegners mit jedem Schlag, den wir gegen ihn führten. Ein Befehl von Toussaint Louverture genügte, um den Gegner erneut auftauchen zu lassen und das Land mit ihm zu überziehen.*

Massenhinrichtung französischer Grenadiere (1803)

Der Feldzug war ebenso seltsam wie verheerend. Der Feind war nirgends zu sehen und hörte doch nicht auf, Herr des Landes zu sein. Sieger auf der ganzen Linie, besaßen wir doch nichts außerhalb der Reichweite unserer Gewehre. Der Krieg bestand nur noch in der ständigen Bewegung der Beine; dazu das brennende Klima, das mörderischer wirkte als Gewehrfeuer und Kanonen. Das militärische Verdienst lag nicht mehr in der Strategie, in der Unerschütterlichkeit, mit der unsere Soldaten Artilleriefeuer und Kanonensalven trotzten, es bestand darin, einen abschüssigen Hang zu erklettern, einen überschwemmten Bach zu durchwaten, der sich in einen reißenden Strom verwandelte, bis zur Hüfte in den stickigen Schlamm der Sümpfe einzutauchen, die brennenden Stiche der Kakteen, der Campeche-Bäume, der Nesseln und stachligen Pflanzen der Antillen zu ertragen, auf nackter Erde zu schlafen und von Schweiß oder Regenwasser durchnässte Kleider zu tragen.

Man sah nicht mehr das schöne Feuer der vorrückenden Bataillone, das den Feind erschütterte, dann den schnellen Angriff in geschlossenen Kolonnen, im Laufschritt mit gefälltem Bajonett, zum Gesang der *Marseillaise* oder zum dumpfen Wirbel der Trommeln, die den Marsch der französischen Grenadiere schlugen. Der Krieg war nur noch ein Sonntagsschießen, eine Treibjagd auf Hasen, die sich im Gebüsch versteckten. Nur selten bekamen wir den Feind zu Gesicht und konnten ihn zum Kampf stellen. Umso gefährlicher waren seine Überraschungsangriffe, die Fallen, die er uns stellte und in die wir mit größter Sorglosigkeit tappten. (MOREAU DE JONNÈS)

Der Rückzug, den der Kommandant der Festung Crête-à-Pierrot zu planen und auszuführen wagte, war eine Waffentat ersten Ranges. Wir hielten seine Stellung mit mehr als 12 000 Mann umzingelt; er rettete sich, verlor nicht einmal die Hälfte seiner Garnison und ließ nur Tote und Verwundete zurück.

Während wir die Festung belagerten, drangen aus dem Inneren des Forts patriotische Lieder, die den Ruhm Frankreichs verkündeten. Trotz des Hasses, den die Grausamkeit der Schwarzen bei unseren Soldaten geweckt hatte, lösten diese

Lieder ein Gefühl der Betroffenheit aus. Die Soldaten blickten uns mit fragenden Augen an, so als wollten sie sagen: »Sind unsere barbarischen Feinde etwa im Recht? Sind wir denn nicht mehr die Soldaten der Republik? Sind wir zu Werkzeugen einer schmutzigen Politik geworden?«

General Rochambeau hatte gerade mit einer Batterie von sieben Kanonen das Feuer einer neu errichteten Stellung auf dem Gipfel des Berges zum Schweigen gebracht. Er hätte weiter schießen und durch unsere Artillerie die Standhaftigkeit der Schwarzen auf die Probe stellen lassen sollen. Aber wir haben keine Geduld; der General glaubte, die Stellung im Sturmangriff nehmen zu können. Der Feind hatte sie in aller Eile mit einem Graben von zehn Fuß Tiefe und drei Fuß Höhe umgeben. General Rochambeau verlor 300 Mann bei diesem nutzlosen Unternehmen. So kostete uns die Festung Crête-à-Pierrot, in der sich nicht mehr als 1000 bis 1200 Verteidiger befanden, mehr als 1500 Tote. Unsere Verluste waren so bedeutend, dass sie den Generalkapitän mit Sorge erfüllten; er bat uns, sie aus politischen Gründen zu beschönigen, so wie er selbst in seinen offiziellen Berichten die Verluste beschönigte.*

Lied der schwarzen Grenadiere

Grenadiers à l'assaut!
Ça qui mouri zaffaire à yo!
Nan point manman,
Nan point papa!
Grenadiers à l'assaut!
Ça qui mouri zaffaire à yo!

Grenadiere zum Angriff!
Wer stirbt ist selber schuld!
Ihr habt keine Mutter,
Ihr habt keinen Vater mehr!
Grenadiere zum Angriff!
Wer stirbt ist selber schuld!

LECLERC *an den Marineminister, 5. Germinal X, 26. März 1802*:
Bürger Minister, ich habe die Ehre, Ihnen die Einnahme der unweit des Artibonite-Flusses gelegenen Bergfestung Crête-à-Pierrot zu melden. Am 11. Ventôse griffen die Divisionen Hardy und Rochambeau die Coupe-à-l'Inde an; dort fielen ihnen 600 Schwarze in die Hände, die keine Gnade fanden. Am 20. befahl ich General Boudet, den Artibonitefluss zu überschreiten und den Belagerungsring zu schließen. General Salins eroberte einen feindlichen Vorposten und ließ 200 Mann niedermachen. Vom ersten bis dritten Germinal bombardierten wir pausenlos das Fort. Am dritten um acht Uhr abends unternahm der Feind einen Ausfall und versuchte, unsere Linien zu durchbrechen. Die Elenden wurden bis zum letzten Mann niedergemacht.

Verhaftung und Deportation von Toussaint Louverture

GENERAL LECLERC *an Toussaint Louverture, 11. Floréal X, 1. Mai 1802*:
Im Namen der französischen Regierung sehe ich mit Freuden, Bürger General, dass Sie sich endlich entschlossen haben, sich den Waffen der Republik zu unterwerfen. Diejenigen, die Sie über die wahren Absichten der französischen Regierung täuschten, haben schwere Schuld auf sich geladen. Sie selbst, Ihre Offiziere und Soldaten, ebenso wie die Einwohner der Kolonie, die Ihren Befehlen gefolgt sind, haben nichts zu befürchten; ich werde niemanden wegen seines Verhaltens in der Vergangenheit zur Rechenschaft ziehen; ich werfe den Schleier des Vergessens über alles, was vor meiner Ankunft in Saint-Domingue geschah. Ihre Offiziere und Soldaten werden dem Rest meiner Armee gleichgestellt und ebenso behandelt. Was Sie selbst angeht, so haben Sie die Ruhe verdient, die Sie sich wünschen. Es steht Ihnen frei, sich auf dasjenige Ihrer Güter zurückzuziehen, das Ihnen am meisten behagt. Da ich Ihre Anhänglichkeit an die Kolonie kenne, hoffe ich, dass Sie Ihre Mußestunden dazu benutzen, mir Ihre Ansichten mitzuteilen über die am besten geeigneten Mittel, um Wirtschaft und Handel zu neuer Blüte zu bringen.

General Christophe *an Leclerc, Mai 1802:*
Sie schlagen mir vor, Bürger General, Ihnen dabei behilflich zu sein, sich der Person des Generals Toussaint Louverture zu bemächtigen. Das wäre von mir aus ein treuloser Verrat, und dass Sie ein so niederes Ansinnen an mich richten, ist in meinen Augen ein Beweis dafür, dass Sie sich hartnäckig weigern, mir das geringste Gefühl für Ritterlichkeit und Ehre zuzubilligen. Toussaint ist mein Vorgesetzter und mein Freund. Halten Sie die Freundschaft, Bürger General, für vereinbar mit einem so feigen Verrat?

Brunet, *Divisionsgeneral, an Toussaint Louverture, im Hauptquartier der Pflanzung Georges, 18. Prairial X, 7. Juni 1802:*
Der Augenblick ist gekommen, Bürger General, wo Sie dem Oberbefehlshaber beweisen müssen, dass diejenigen, die ihm Zweifel an Ihrer Glaubwürdigkeit einzuflüstern versuchen, böswillige Verleumder sind. Wir haben, Bürger General, gemeinsam einige Fragen zu klären, die sich unmöglich brieflich regeln lassen, für die aber eine kurze Unterredung von einer Stunde ausreichen dürfte. Wäre ich nicht mit Arbeit und Geschäften überlastet, hätte ich Ihnen meine Antwort persönlich überbracht; aber da ich in diesen Tagen nicht ausgehen kann, kommen Sie doch zu mir. Falls Sie sich bis dahin von Ihrer Unpässlichkeit erholt haben, schon morgen; wenn es sich darum handelt, Gutes zu tun, ist keine Zeit zu verlieren.

Sie werden in meiner ländlichen Wohnung nicht alle Bequemlichkeiten vorfinden, über die ich zu Ihrem Empfang gern verfügen würde. Aber Sie werden die Offenheit eines Ehrenmannes zu schätzen wissen, der nichts anderes wünscht als das Wohlergehen der Kolonie und Ihr persönliches Glück. Wenn Madame Toussaint, deren Bekanntschaft ich schon lange zu machen wünschte, mit von der Partie sein könnte, wäre ich glücklich. Sollten Sie Pferde benötigen, stelle ich ihnen meine eigenen zur Verfügung.

Ich wiederhole es, Bürger General, Sie finden nirgendwo einen aufrichtigeren Freund als mich. Vertrauen Sie dem Generalkapitän, halten Sie Freundschaft mit seinen Untergebenen – und kommen Sie endlich zur Ruhe. Ich grüße Sie herzlich! *Brunet*

Toussaint Louverture *über seine Festnahme:*
Obwohl noch immer unpässlich, machte ich mich nach zwei Stunden, dem Rat meiner Söhne folgend, auf den Weg, um General Brunet zu treffen, begleitet von nur zwei Offizieren. Um acht Uhr abends traf ich am Haus des Generals ein. Nachdem er mich in sein Zimmer geführt hatte, sagte ich ihm, dass ich seinen Brief erhalten hätte, ebenso wie den des Oberkommandierenden, dass ich seinem Wunsch, meine Gattin mitzubringen, nicht habe entsprechen können, da sie niemals ausgehe, sich nicht in Gesellschaft begebe und sich nur mit häuslichen Dingen beschäftige, dass sie ihn aber gern empfangen werde, wenn er sie auf einer seiner Inspektionsreisen besuchen wolle. Ich erklärte ihm, dass ich krank sei und deshalb nicht lange bleiben könne, und bat ihn, unsere Unterredung möglichst rasch zu beenden, damit ich nach Hause zurückkehren könne. Dann überreichte ich ihm den Brief des Generals Leclerc. Nachdem er den Brief gelesen hatte, sagte er, er habe noch keinerlei Weisung erhalten, was den Gegenstand des Briefes betreffe. Er entschuldigte sich, weil er mich einen Augenblick allein lassen müsse, und ließ einen Offizier rufen, um mir Gesellschaft zu leisten. – Er war kaum gegangen, als ein Adjutant des General Leclerc eintrat, gefolgt von Grenadieren, die mich umstellten, sich meiner bemächtigten, mich wie einen gewöhnlichen Verbrecher fesselten und knebelten und an Bord der Fregatte *La Créole* brachten.

Ich berief mich auf das Ehrenwort des Generals Brunet und auf die Versprechen, die er mir gegeben hatte, aber umsonst, ich sah ihn nicht wieder.

Das Misstrauen von Toussaint Louverture erschwerte seine Verhaftung. Sie wurde mit Erfolg geplant und ausgeführt. Der Kanton Ennéry wurde mit europäischen Truppen überbelegt. Die Einwohner beschwerten sich. Toussaint machte sich ihre Beschwerden zu eigen; genau das wollte man. General Brunet, an den er sich deshalb gewandt hatte, antwortete ihm umgehend, er sei erfreut, endlich eine Gelegenheit zu finden, um ihm einen Gefallen zu tun und dem Kanton Ennéry Erleichterungen zu verschaffen; er brauche die Kenntnisse des früheren Gouverneurs, um seine Truppen auf andere Kantone zu verteilen, ohne dabei die Gesundheit der Soldaten zu gefährden. Toussaints Eigenliebe, durch das Zeichen der Anerkennung geschmeichelt, ließ ihn blindlings in die Falle laufen. Er soll gerufen haben, als er den Brief des Generals Brunet erhielt: »Seht nur diese Franzosen! Sie glauben, alles besser zu wissen, und fragen doch den alten Toussaint um Rat!«

Er teilte Brunet mit, dass er sich mit zwanzig Mann Begleitung auf halbem Weg nach Gonaives einfinden werde. General Brunet begab sich an den vorgesehenen Ort mit einer gleichen Zahl ausgewählter Männer. Nach der Begrüßung ziehen sich die Generäle zurück, um zu arbeiten; die Soldaten plaudern zwanglos.

Plötzlich, auf ein verabredetes Signal hin, stürzt man sich auf die Schwarzen und entwaffnet sie. Gleichzeitig erscheint der Adjutant des Generals Leclerc, Ferrari, vor Toussaint Louverture und sagt zu ihm: »General, der Generalkapitän hat mir befohlen, Sie festzunehmen. Ihre Garde ist überwältigt, unsere Truppen sind überall; wenn Sie Widerstand leisten, sind Sie verloren; geben Sie mir Ihren Degen; Sie sind nichts mehr in Saint-Domingue!«

Toussaint Louverture übergab ihm seinen Degen; er schien eher irritiert als betrübt. Man führte ihn nach Gonaives und brachte ihn an Bord der Fregatte *Le Héros*. Beim Betreten des Schiffs richtete er an dessen Kommandanten, Divisionschef Savari, folgende denkwürdigen Worte: »Indem ihr mich stürzt, habt ihr den Stamm des Freiheitsbaumes gefällt, doch seine Wurzeln werden erneut ausschlagen, denn sie sind tief und zahlreich.«*

Kerkerhaft und Tod

TOUSSAINT LOUVERTURE *an Napoleon Bonaparte, an Bord der Fregatte Le Héros, 1. Thermidor X, 20. Juli 1802*:
Bürger Erster Konsul, ich verheimliche Ihnen nicht, dass ich Fehler gemacht habe. Welcher Mensch bleibt davor bewahrt?

Ich bin bereit, meine Fehler einzugestehen. Nachdem mir der Generalkapitän, als Vertreter der französischen Regierung, sein Ehrenwort gegeben und in einer Proklamation versprochen hatte, den Schleier des Vergessens über die Vergangenheit zu werfen, zog ich mich in den Schoß meiner Familie zurück. Kaum ein Monat war verstrichen, als es meinen Feinden gelang, mir durch Verleumdungen das Vertrauen des Oberkommandierenden zu entziehen. Er schrieb mir einen Brief, in dem er mir auftrug, mich mit General Brunet zu treffen; ich gehorchte und wurde auf seinen Befehl hin verhaftet. Am nächsten Tag wurde mein Haus geplündert; meine Gattin und meine Kinder wurden ebenfalls verhaftet; sie besitzen nichts außer den Kleidern, die sie auf dem Leib tragen. Bürger Konsul, eine Mutter von 53 Jahren hat Nachsicht und Wohlwollen verdient von Seiten einer großmütigen, die Freiheit liebenden Nation; sie hat keinerlei Aussagen zu machen; ich allein bin der Regierung für mein Verhalten Rechenschaft schuldig. Ich habe einen zu hohen Begriff von der Größe und Gerechtigkeit des Ersten Konsuls der Republik, um Ihre Unvoreingenommenheit zu bezweifeln; ich wage zu hoffen, dass die Balance Ihres Urteils weder nach der einen noch nach der anderen Seite ausschlägt. Ich appelliere an Ihre Großmut! Gruß und Achtung – *Toussaint Louverture*

MARINEMINISTER *an Seepräfekt, persönlich, Paris, 7. Thermidor X, 26. Juli 1802*:

Die Konsuln der Republik haben beschlossen, Toussaint Louverture in Fort de Joux zu internieren. Er wird in Begleitung seines Dieners auf schnellstem Weg dorthin geschafft.

KOMMANDANT FORT DE JOUX *an Marineminister, 26. Vendémiaire XI, 18. Oktober 1802*:

General Minister,
um Sie nicht über seine Situation im Unklaren zu lassen, möchte ich Ihnen die Örtlichkeit beschreiben, in der er sich befindet. Das Château de Joux, in dem Toussaint interniert ist, liegt im Juragebirge, auf dem Gipfel eines nackten Felsens.

Das Schloss besteht aus fünf Teilen, die durch äußere Festungsmauern verbunden sind. Der Innenraum wird durch Gräben, über die Zugbrücken führen, in vier Abschnitte unterteilt;

man gelangt über eine Treppe, die zu einer überdachten Brücke führt, zu einem Wachturm und von dort über eine andere Treppe zum fünften Festungsgraben, der das Gefängnis umgibt, in dem Toussaint sitzt. Das Gefängnis selbst besteht aus sieben in den Stein gehauenen, gewölbten Kasematten. Das erste Gewölbe ist durch Doppeltüren mit Riegeln und Schlössern gesichert und beherbergt den vom diensthabenden Offizier mit der Bewachung des Staatsgefangenen beauftragten Posten. Von hier aus gelangt man durch Doppeltüren, die ebenfalls mit Riegeln und Vorlegeschlössern versehen sind, durch zwei weitere Kasematten ins Innere des Felsens, wo Toussaint Louverture und sein Diener untergebracht sind, der nach Ablauf von drei Wochen entlassen wurde. Jede Kasematte hat eine schmale Fensteröffnung mit zwölf Fuß starken Mauern und drei Reihen von Gittern, um Licht und Luft eindringen zu lassen; die Fensteröffnungen sind von außen mit einem Eisenrost gesichert, um das Einwerfen von Briefen und anderen Papieren zu verhindern. Sie werden eine halbe Stunde nach Sonnenaufgang geöffnet und eine halbe Stunde vor Sonnenuntergang geschlossen, in Gegenwart des wachhabenden Offiziers, der die Schlüssel in Empfang nimmt. Der nächste Wachposten befindet sich nur 22 Fuß von der Zelle des Gefangenen entfernt; außerdem gibt es noch zwei zusätzliche Posten, den einen am Eingang der ersten Kasematte, den anderen im Innern des Turms, dessen Außentür nachts aus Sicherheitsgründen verschlossen wird. Sie sehen selbst, General, dass die Person des Gefangenen, der weder Waffen noch Wertgegenstände, bis auf seine Uhr, und nach meiner Kenntnis auch kein Geld besitzt, äußerst streng bewacht wird.

BAILLE, Kommandant Fort de Joux

MARINEMINISTER *an Kommandant Fort de Joux, Paris, 5. Brumaire XI, 27. Oktober 1802*:

Ihren Brief vom 26. Vendémiaire, betreffend den Staatsgefangenen Toussaint Louverture, habe ich erhalten. Der Erste Konsul hat mich beauftragt, Ihnen mitzuteilen, dass Sie mit Ihrem Kopf für die Sicherheit seiner Person haften. Toussaint Louverture hat kein Recht auf irgendwelche Erleichterungen, außer dem Minimum, das die Humanität gebietet. Die Verschlagenheit gehört ebenso zu seinem Charakter wie Ehre und Loyalität zu dem Ihren, Bürger Kommandant.

Lassen Sie noch einmal alles gründlich durchsuchen, um sicherzustellen, dass er weder Geld noch Wertgegenstände besitzt, und prüfen Sie, ob er nichts in seiner Zelle versteckt oder vergraben hat. Nehmen Sie ihm seine Uhr ab; wenn er unbedingt eine Uhr braucht, besorgen Sie ihm eine aus Holz, von der billigsten Sorte. Ist er krank, darf er nur von einem Sanitätsoffizier, der Ihr Vertrauen genießt, besucht und gepflegt werden, und auch das nur, wenn es unumgänglich ist, in Ihrer Gegenwart und unter strengsten Sicherheitsvorkehrungen [...]. Ich nehme an, Sie haben alles von ihm entfernt, was an eine Uniform erinnern könnte. Er heißt Toussaint und darf nur mit diesem Namen angesprochen werden [...]. Wenn er sich brüstet, General gewesen zu sein, ruft er dadurch nur seine Verbrechen in Erinnerung, sein treuloses Verhalten und seine Tyrannei gegenüber den Europäern. Für seinen lächerlichen Stolz hat er nichts als Verachtung verdient.

Ich grüße Sie – DECRÈS, Minister der Marine und der Kolonien

GENERAL CAFFARELLI *an den Ersten Konsul, Paris, 2. Vendémiaire XI, 24. September 1802:*

Mon Général, Sie haben mir befohlen, mich zu Toussaint Louverture zu begeben, um die Enthüllungen anzuhören, die er der Regierung angekündigt hatte, um in Erfahrung zu bringen, was für Verträge er mit den Agenten Englands abgeschlossen hat, um seine politischen Ansichten auszuforschen und Informationen über seine verborgenen Schätze zu erhalten. Ich habe mich mit allen Kräften bemüht, meinen Auftrag auszuführen und das von Ihnen gesetzte Ziel zu erreichen; wenn mir dies trotzdem nicht gelang, so deshalb, weil dieser zutiefst misstrauische und verschlagene Mensch vollkommen Herr seiner selbst war und nur das sagte, was er sagen wollte.

Gleich am ersten Tag begann er das Gespräch mit einem langatmigen Bericht über die Ereignisse von Saint-Domingue. Dieses Gespräch, das sehr lange dauerte, führte zu nichts. Bevor ich ihn verließ, warnte ich ihn, dass ich am nächsten Morgen wiederkommen würde, um herauszufinden, ob er mir nicht noch mehr mitzuteilen hätte. Am nächsten Tag fand ich ihn krank und zitternd vor Kälte; er litt sichtlich und hatte Mühe zu sprechen [...]. Ich habe sechs Unterredungen mit ihm gehabt, die sehr ausführlich waren. Da ich nur wenig befriedigende Auskünfte von ihm bekam, forderte ich ihn auf, endlich sein zweckloses Leugnen aufzugeben [...]. Er wiederholte noch einmal seine Treuebekenntnisse gegenüber der Republik, aber es war unschwer zu erkennen, dass er entschlossen war, nichts zu sagen.

Er spricht häufig von seiner Familie und verlangt Nachrichten über ihr Befinden. Er weigert sich, zuzugeben, dass er durch sein Verhalten Grund zu seiner Verhaftung gegeben habe, und beschwert sich, General Leclerc habe ihm gegenüber nicht Wort gehalten. Er meint, er habe sich keinen anderen Vorwurf zu machen als den, eine Verfassung verkündet zu haben, ohne die Zustimmung der Regierung einzuholen. Ich erinnerte ihn daran, dass sechs Schwarze, die er beauftragt hatte, seine Schätze zu vergraben, nach ihrer Rückkehr ermordet wurden. Er verwahrte sich heftig dagegen und rief, das sei eine Verleumdung, die seine Feinde erfunden hätten. Jedes Mal, wenn ich ihn traf, hat er gegen diese Unterstellung protestiert.

KOMMANDANT FORT DE JOUX *an Marineminister, 23. Brumaire XI, 12. November 1802*:

Er gibt vor, krank zu sein; immer wenn ich seine Zelle betrete, liegt er im Bett; einmal behauptet er, er habe Fieber und Kopfweh, ein andermal Nierenschmerzen und Rheumatismus, was ihn daran hindere, aufzustehen und zu gehen. Heute hat er mir all seine Krankheiten hintereinander aufgezählt, so dass ich gezwungen war, ihn im Bett liegen zu lassen und alles Lebensnotwendige in seine Zelle zu bringen, die 20 Fuß lang und 12 Fuß breit ist. Sie können versichert sein, General Minister, dass ich stets auf meinem Posten bin und Toussaint ausdrücklich verboten habe, auch nur ein Wort zu sagen.

AMIOT, *Bataillonschef Fort de Joux, an Marineminister, 8. Pluviôse XI, 27. Januar 1803*:

Ich habe die Ehre, Ihnen mitzuteilen, dass Toussaint seit zwei Tagen über Schmerzen in verschiedenen Körperteilen klagt und zweimal leichte Fieberanfälle hatte. Ich habe bemerkt, dass er einen trockenen Husten hat.

19. Germinal XI, 9. April 1803:
> Am 17. um halb zwölf vormittags, als ich ihm sein Essen brachte, traf ich ihn tot an, auf seinem Stuhl sitzend, am Kamin. Ich habe ihn vom Gemeindepfarrer im Keller der alten Kapelle beerdigen lassen, an der G-Seite des Forts, dort, wo man früher die Soldaten der Garnison begrub. Ich glaubte, mit dieser Maßnahme dem Wunsch der Regierung zu entsprechen [...].
>
> Das Protokoll der Autopsie des Leichnams, die am Tag nach seinem Tod durchgeführt wurde, stellte fest, dass Toussaint einem Schlaganfall erlegen war. Er wurde im Keller der Kapelle des Forts begraben, wo man die sterblichen Überreste der Gefangenen hinschaffte. Sein Sohn Isaac, der sich in Bordeaux niedergelassen hatte, ließ den Leichnam exhumieren und auf dem Friedhof dieser Stadt beisetzen. Monsieur Gragnon-Lacoste, ein begeisterter Freund der Schwarzen, führte später eine Geldsammlung durch, aus deren Erlös er dem Helden auf dem Friedhof von Bordeaux ein Denkmal errichtete.***

WILLIAM WORDSWORTH: TO TOUSSAINT L'OUVERTURE

Toussaint, the most unhappy man of men!
Whether the whistling rustic tends his plough
Within thy hearing, or thy head be now
Pillowed in some deep dungeon's earless den; –
O miserable Chieftain! Where and when
Wilt thou find patience? Yet die not; do thou
Wear rather in thy bonds a cheerful brow:
Though fallen thyself, never to rise again,
Live and take comfort. Thou hast left behind
Powers that will work for thee; air, earth and skies;
There's not a breathing of the common wind
That will forget thee; thou hast great allies;
Thy friends are exultations, agonies,
And love, and man's unconquerable mind.   (1802)

Toussaint, o unglücklichster aller Menschen!
Ob der pfeifende Landmann seinen Pflug
In deiner Nähe führt oder ob dein Haupt
begraben liegt in eines tiefen Kerkers dumpfer Gruft;
O unglücklicher Häuptling! Wo und wann
Findest du Frieden? Doch stirb nicht; bewahr
In deinen Ketten deine heitere Stirn:
Gefallen, um nie wieder aufzustehen,
Lebst du für immer nun. Du lässt zurück
Mächte, die für dich wirken: Erde, Luft und Himmel;
Kein Atemzug des Windes
Vergisst dich je; denn deine Freunde sind:
Frohlocken, Agonie und Liebe und
Des Menschen niemals auslöschbarer Geist. (1802)

Von der Niederlage zum Sieg

20. Mai 1802, Paris, *Gesetzgebender Körper* (*Corps législatif*):
DUPUIS, Staatsrat: Im Augenblick, da wir wieder Besitz ergreifen von Martinique, Sainte-Lucie, Tobago und unseren Kolonien in Indien, müssen wir den Kolonialherren Vertrauen einflößen […]. Wir wissen, was die Illusionen der Freiheit und Gleichheit in diesen fernen Ländern angerichtet haben, wo der bedeutende Unterschied zwischen zivilisierten Menschen und Wilden, die Verschiedenheiten des Klimas, der Hautfarbe, der Sitten und vor allem die Sicherheit der europäischen Familien gebieterisch klare Abstufungen erforderlich machen zwischen freien und unfreien Personen. Wenn es bei einem so ernsten Thema erlaubt ist, Vergleiche zu ziehen, dann würde ich sagen, dass die Töne einer falsch verstandenen Philanthropie in den Kolonien wie der Gesang der Sirenen wirkten: Sie zogen alle Arten von Übeln nach sich, Verzweiflung und Tod.
D'ANGÉLY, Abgeordneter: Lagerhallen voller Zucker, Kaffee und Baumwolle werden uns, ebenso wie vor dem Krieg, das nötige Kapital liefern, das wir brauchen, um den Handel in den Seehäfen zu befördern und den Wohlstand des Volkes zu si-

chern. Dieses Kapital müssen wir aus dem Boden der Kolonien ziehen; von dort können wir hundertfach ernten, was wir in die Wirtschaft investieren, und damit der Republik eine zuverlässige Einnahmequelle eröffnen, um ihre Verluste gut zu machen. Diese Vorteile aber erreicht man nur, indem man in den Kolonien jenes Regime wiederherstellt oder einfach nur erhält, das die politische Klugheit, das wirtschaftliche Interesse der Republik und sogar die Menschlichkeit verlangen.

Gesetz vom 30. Floréal X, 20. Mai 1802

Artikel eins: In den Kolonien, die Frankreich durch den Frieden von Amiens zurückerhält, wird die Sklaverei aufrechterhalten gemäß den Gesetzen und Bestimmungen aus der Zeit vor 1789.

Artikel zwei: Das Gleiche gilt für die französischen Kolonien jenseits des Kaps der Guten Hoffnung.

Artikel drei: Der Handel mit Schwarzen und deren Einfuhr in die Kolonien findet gemäß den Gesetzen und Bestimmungen aus der Zeit vor 1789 statt.

Artikel vier: Ungeachtet früher erlassener Gesetze wird die Verwaltung der Kolonien für zehn Jahre der Regierung unterstellt.

CHRISTOPHE *zu Lacroix:* Sie sind jung, General, und kommen aus Europa. Sie haben daher keine Vorurteile, was die Sklaverei betrifft, und ich kann offen mit Ihnen reden. Wenn Sie meine Hautfarbe hätten, wären Sie vielleicht nicht so leichtsinnig wie ich, der ich meinen Sohn zur Erziehung nach Frankreich geschickt habe. Die Revolte breitet sich aus, weil das allgemeine Misstrauen seinen Höhepunkt erreicht hat: Die Schwarzen in Saint-Domingue haben Angst, denn sie kennen das Dekret vom 30. Floréal, das die Sklaverei und den Sklavenhandel in den übrigen Kolonien aufrechterhält. Sie fürchten, dass der Erste Konsul auch hier das alte Regime wiederherstellen will. Hätte unser Verteidigungssystem darin bestanden, zu fliehen und die Schwarzen durch Terror einzuschüchtern, statt zu kämpfen, wären wir niemals geschlagen worden. Der alte Toussaint hat es uns immer wieder eingeschärft; keiner wollte ihm glauben. Wir hatten Waffen; der Ehrgeiz, sie zu benutzen, besiegelte unseren Untergang. Die neuen Anführer des Aufstands scheinen dem System von Toussaint Louverture zu folgen; wenn sie durchhalten, könnt ihr sie niemals besiegen. [...]

Die Geschichte, die von diesen Verheerungen berichtet, wird stets übertrieben erscheinen. Zwanzig unserer Generäle waren nicht mehr; unsere Bataillone bestanden nur noch aus wenigen Regimentern; viele von ihnen hatten keine einzige Spur mehr hinterlassen; von 6000 Mann Verstärkung, die vor zwei Monaten eingetroffen waren, blieb nichts als die Erinnerung.

In diesem Zeitraum waren nach und nach 34000 Mann Verstärkung eingetroffen. 24000 waren tot, 7000 lagen in den Hospitälern oder schleppten sich, nach ihrer Entlassung, als kränkliche Existenzen dahin. Auf der riesigen Fläche von Saint-Domingue gab es nur noch 2000 und ein paar hundert europäische Soldaten, unter denen die Krankheit ihr Zerstörungswerk fortsetzte. Inzwischen war auch General Leclerc erkrankt; die Krankheit verzehrte ihn langsam, nicht plötzlich; sie kündigte sich zuerst durch harmlose Symptome an. Der General, obwohl von der Krankheit geschwächt, bewahrte sehr viel Ruhe; bis zu seinem letzten Atemzug trug er Zuversicht zur Schau. Kurz vor seinem Tod äußerte er Bedauern über die verhängnisvollen Irrtümer, welche die Regierung bei der Planung seiner Expedition geleitet hatten. Er seufzte beim Gedanken an eine Unternehmung von Menschen und gegen Menschen, die eines besseren Schicksals würdig gewesen wären, wegen der Verdienste, die sie Frankreich erwiesen hatten und noch erweisen konnten. Sein Bedauern war rührend. Die letzten Worte dieses viel geschmähten Generals waren Hoffnungen für die Kolonie, für die Armee und für Frankreich. In der Nacht vom zehnten zum elften Brumaire hauchte er in den Armen des Doktors Peyre und des Brigadechef Bachelu sein Leben aus.

Seine sterbliche Hülle wurde mit militärischen Ehren auf die Fregatte *Swiftshure* verladen, die nach Frankreich in See stach, nachdem Madame Leclerc und ihre Familie an Bord gekommen waren.*

GENERAL ROCHAMBEAU *an General Ramel, 15. Germinal XI, 5. April 1803:*
Ich schicke Ihnen, verehrter Kommandant, eine Abteilung von 150 Mann der Nationalgarde unter dem Befehl des Herrn Bari sowie 28 englische Bulldoggen. Diese Verstärkungen werden Ihnen erlauben, Ihre Operationen ohne weitere Hilfe zu beenden. Ich mache Sie pflichtgemäß darauf aufmerksam, dass Ihnen kein Futter oder Geld für die Ernährung dieser Hunde zur Verfügung gestellt wird. Geben Sie ihnen Neger zu fressen!
Ich grüße Sie herzlich – *Rochambeau*
Aus einem Manifest von CHRISTOPHE, *König von Haiti, September 1814:*
Auf Leclerc folgte Rochambeau. Dieser schreckliche Agent Bonapartes machte sich der schändlichsten Verbrechen schuldig, er verschonte weder Geschlecht, noch Kindheit, noch Greisenalter, und übertraf an Grausamkeit die unmenschlichsten Tyrannen älterer und neuerer Zeit. Überall wurden Galgen errichtet, man ersäufte, man verbrannte, man folterte; alles auf sein Geheiß. Er erfand ein neues Mordwerkzeug, mit dem die aufeinandergehäuften Schlachtopfer beiderlei Geschlechts durch Schwefeldampf erstickt wurden. In seiner unsinnigen Wut ließ er von Kuba eine große Menge Bullenbeißer kommen; sie wurden durch einen Franzosen, namens Noailles, aus einer erlauchten Familie, der aber einer der ersten war, die nach der Staatsumwälzung ihre Wohltäter verrieten, nach Saint-Domingue gebracht. Mit diesen Hunden, die auf die fluchwürdige Unsterblichkeit ihrer Herren eifersüchtig zu sein schienen, wurden wehrlose Menschen gehetzt und zerfleischt. Worin bestand unser Verbrechen? Womit hatten wir diese Strafe verdient? Sollte unsere afrikanische Herkunft uns zur unauslöschlichen Schmach gereichen? Trägt die Farbe unserer Haut den Stempel ewiger Herabwürdigung?

Nach genauesten, auf Befehl der Regierung angestellten Untersuchungen kamen während 21 Monaten des Aufenthalts der Franzosen auf der Insel mehr als 16 000 unserer Landsleute unter den angeführten Martern ums Leben. Die von diesen Eroberern an den Haitianern verübten Grausamkeiten übertrafen die

Verbrechen von Pizarro und Cortes, jener Geißeln der Neuen Welt, noch um Vieles. Trotz ihrer Anstrengungen gelang es uns, die Unterdrücker aus unserem Land zu vertreiben. Um uns für immer vor der Rückkehr ähnlicher Barbareien und Verbrechen zu sichern, fassten wir den Entschluss, das fremde Joch abzuschütteln, und demgemäß wurde am ersten Januar 1804 in einer Versammlung der Stellvertreter der Nation die Unabhängigkeit Haitis feierlich erklärt, und wir leisteten den Eid, frei und unabhängig zu sterben und uns nie wieder einer fremden Gewalt zu unterwerfen.**

Schlussfolgerung

Die Niederlage von Russland, obwohl weniger mörderisch im Endergebnis, hat mehr Eindruck gemacht, weil höhere Interessen im Spiel waren; aber in Bezug auf das Verteidigungssystem, das die Schwarzen in Saint-Domingue anwandten, wird jeder unparteiische Historiker eine Beobachtung machen, die anderen Völkern zur Lehre dienen kann. Die Fackeln von Saint-Domingue haben mit Flammenschrift diese große Wahrheit an die Wand gemalt: dass eine reguläre Armee, wie gut und zahlreich sie auch sein möge, den Willen eines einigen Volkes nicht bezwingen kann, das ihr entschlossen Widerstand leistet und bereit ist, die Einzelinteressen der Freiheit aller zu opfern.*

Die Fackel der Freiheit (1796)

Rückblick und Ausblick:

Erinnerungen an die Unterentwicklung

1

»Môle Saint-Nicolas mit seinem natürlichen Hafen, in dem einst die Karavellen des Kolumbus ankerten, glich einem Trümmerfeld mit von Lianen überwucherten Säulenstümpfen. Nur elende Hütten waren übrig geblieben vom bescheidenen Luxus der von Gärten umgebenen Häuser und der von Bäumen beschatteten Plätze der Stadt, und die Bilder der Zerstörung inspirierten mich zu philosophischen Betrachtungen über die Vergänglichkeit des Ruhms, dessen Ruinen die üppige Vegetation den Blicken entzog. Ich war tief in Gedanken versunken, als ein Greis auf mich zuging, dessen von Kummer gezeichnetes Gesicht mir bekannt vorkam. Er sah mich scharf an, und nach kurzem Zögern umarmten wir uns. Es war G., der Bruder einer bekannten Persönlichkeit, der sich im Bürgerkrieg und später bei der Verteidigung von Môle Saint-Nicolas ehrenvoll ausgezeichnet hatte. Ich bestürmte ihn mit Fragen, ohne ihm Zeit zu geben, mir zu antworten. »Ziehen wir uns zurück«, sagte er, »um ungestört reden zu können«, und ich hörte aus seinen Worten die Angst vor Spitzeln heraus, die nicht nur im Reich des Königs Christophe, sondern auch unter Rochambeau und Leclerc jegliche Andeutung von Kritik den Schergen der Tyrannei meldeten – selbst hier, in der Einsamkeit der Natur: Jede verdächtige Bewegung, jede unbedachte Äußerung wurde mit dem Tode bestraft.«

Dieser Text aus dem Buch *Voyage dans le Nord d'Hayti* von Hérard Dumesle aus dem Jahr 1824 ist aufschlussreich in mehrfacher Hinsicht: Er schildert die zufällige Begegnung zweier Teilnehmer des Unabhängigkeitskriegs, die auch nach dem Sieg des Sklavenaufstands, der Napoleons Truppen vertrieb, und nach Gründung der Republik Haiti nicht frei miteinander reden konnten, obwohl oder weil beide auf derselben Seite der Barrikade standen. Die Unmenschlichkeit des Kolonialregimes war mit dessen gewaltsamem Ende nicht einfach verschwunden, sie paarte sich mit despotischer Willkürherrschaft, diesmal im Namen der Bevölkerungsmehrheit, und wurde dadurch noch raffinierter und brutaler, obwohl laut Verfassung die Sklaverei für immer abgeschafft und die Gleichheit aller Bürger festgeschrieben war. Damit ist ein Grundproblem beim Namen genannt, das seit 1804 die Geschichte Haitis durchzieht und den mit hochfliegenden Hoffnungen aus der Taufe gehobenen Staat zur Alptraum-Republik werden ließ, die bald nur noch durch Militärputsche, Massaker oder Naturkatastrophen Schlagzeilen machte.

R.-M. Desruisseau: Haitis Gründungsväter von links nach rechts: Toussaint Louverture, Pétion, Dessalines, Christophe

Was war passiert? Wie und warum hatten sich die Ideale der Vorkämpfer der Unabhängigkeit, allen voran Toussaint Louverture, über Nacht in ihr Gegenteil verkehrt, und warum gilt Haiti, die zweitälteste Republik Amerikas, die aus eigener Kraft ihre Freiheit errang, heute als gescheiterter Staat?

Haitis neuere Geschichte setzt ein mit einem Paukenschlag, einem Ritual besser gesagt, bewusst anknüpfend an die Vodou-Zeremonie von Bois Caiman, wo der Sklavenaufstand im Sommer 1791 begonnen hatte – Haitis Rütli-Schwur, wenn man so will. Am 1. Januar 1804 versammelte General Dessalines, der Sieger des Befreiungskriegs, die Offiziere seiner Armee zu einem Staatsakt, bei dem er die französische Kolonie Saint-Domingue für unabhängig erklärte und auf ihren alten indianischen Namen taufte: Haiti, Felseninsel. Mit gerunzelter Stirn folgte Dessalines der Verlesung der nach nordamerikanischem Vorbild formulierten Deklaration, bis seinem Gefolgsmann Boisrond-Tonnere der Kragen platze. »Wir haben unsere Unabhängigkeit schon erklärt«, schrie er: »Mit einem Bajonett als Schreibfeder, dem Schädel eines Weißen als Tintenfass und seiner Haut als Pergament!« Daraufhin soll Dessalines das weiße Feld aus der Trikolore herausgerissen und die verbliebene blaurote Fahne zur Staatsflagge ernannt haben, die je nach Lesart das Bündnis zwischen Afrikanern und Indianern oder zwischen Schwarzen und Mulatten symbolisiert. Dass der Diktator François Duvalier 160 Jahre später die Farben der Fahne von blaurot zu schwarzrot änderte, macht den Zusammenhang noch augenfälliger.

Die versammelten Offiziere proklamierten Dessalines zum Gouverneur auf Lebenszeit und statteten ihn mit unbeschränkten Vollmachten aus. Das war der Startschuss zu verhängnisvollen Fehlentwicklungen, beginnend mit der Ermordung aller in Haiti verbliebenen Franzosen, der vorwiegend Frauen und Kinder zum Opfer fielen – nur aus der napoleonischen Armee desertierte Polen, die zu den Aufständischen übergelaufen waren, blieben von dem Massaker verschont. Deren blonde und blauäugige Nachfahren leben heute in einem Dorf mit dem sprechenden Namen *Fonds des Blancs*, das Johannes Paul II. während seiner Haiti-Reise 1983 besuchte, als er mit dem Satz: Hier muss

Die Zitadelle La Ferrière, erbaut auf Befehl von König Christophe

sich was ändern (kreolisch: Fok sa changé) das Stichwort gab zum Sturz von Baby Doc.

Dem Vorbild Napoleons folgend, ließ Dessalines sich 1804 zum Kaiser krönen und starb zwei Jahre später bei einer Offiziersrevolte, deren Mitverschwörer ihn wie bei der Ermordung Julius Cäsars mit ihren Bajonetten durchbohrten. Der Umschlag von Befreiung in Unterdrückung war damit eingeleitet, ein Erbe des Kolonialregimes ebenso wie der Jakobinerherrschaft, deren blutrünstige Rhetorik in Haiti bis heute weiterlebt. Trotzdem oder gerade deshalb gilt nicht der gemäßigte Toussaint Louverture, der die Sklavenbefreiung rechtlich absichern und mit Frankreich einen *modus vivendi* aushandeln wollte, sondern dessen Nachfolger Dessalines als Gründungsvater Haitis und Inkarnation der nationalen Identität. *Couper têtes, brûler cayes* (*Köpfe abschneiden, Häuser anzünden*) – mit diesem zum geflügelten Wort gewordenen Satz hatte Dessalines die Strategie der aufständischen Sklaven charakterisiert und die Gewalt bagatellisiert, als handle es sich um kreolische Folklore. Und sein Ausspruch *Il faut éplumer la poule* (*man muss das Huhn rupfen*) war eine Einladung zu Selbstbereicherung und Korruption – Kleptokratie ist das adäquate Wort dafür.

2
»König Christophe kam häufig, gefolgt von seinen Offizieren zu Pferde, auf die Festung, um sich von den Fortschritten des Bauwerks zu überzeugen. [...] An seinem napoleonischen Zweispitz starrte das Vogelauge einer zweifarbigen Kokarde. Mit einer einfachen Bewegung seiner Reitgerte befahl er bisweilen den Tod eines beim Nichtstun überraschten Faulenzers oder die Hinrichtung von Arbeitsleuten, die nicht schnell genug einen Steinblock über eine abschüssige Steilwand hinaufbeförderten. Und zum Schluss ließ er sich immer einen Sessel auf die oberste Terrasse mit Blick auf das Meer stellen [...] Frei von allem, über seinen eigenen Schatten erhoben, ermaß er die Ausdehnung seiner Macht. Wenn die Franzosen jemals versuchen sollten, die Insel zurückzuerobern, würde er, Henri Christophe – ›Gott, meine Sache und mein Schwert‹ – hier über den Wolken Widerstand leisten können, jahrelang, wenn es nötig sein sollte [...] Unten in der Ebene würden die Neger vergessen, welche Leiden sie die Errichtung der Festung gekostet hatte.«

Mit diesen Sätzen schilderte der kubanische Romancier Alejo Carpentier in seinem Buch *Das Reich von dieser Welt* nach seinem Haiti-Besuch 1943 den Bau der Festung *La Ferrière*, eines der sieben Weltwunder, von der Unesco als Kulturdenkmal eingestuft, dessen Errichtung 20 000 Zwangsarbeiter das Leben kostete, in der Mehrzahl befreite Sklaven. (Der zyklopische Bau wirkt wie die Kulisse eines Horrorfilms, und als ich den Bergkamm im Herbst 1994 im Helikopter überflog, nahm der Bordschütze, ein US-Marine, die Zitadelle unter Feuer, weil er sie für eine geheime Militäranlage hielt – aber das nur in Klammern.)

Nach der Ermordung des Staatsgründers Dessalines zerfiel Haiti in verfeindete Teilstaaten, deren nördlicher mit der Hauptstadt Cap Haitien von Christophe beherrscht wurde, einem ehemaligen Schiffskoch und Mitstreiter von Toussaint Louverture, der sich 1811 unter dem Namen Henri I. zum König krönen ließ. Was Christophe vorschwebte, war eine erbliche Monarchie nach britischem Vorbild; er schloss Handelsverträge mit England, korrespondierte mit Wilberforce, dem Wortführer der Gegner der Sklaverei, holte anglikanische Priester, preußische Offiziere und Ingenieure ins Land und erließ ein neues Gesetzbuch, den Code Henri, den er zur Kenntnisnahme nach Petersburg, Berlin und London schickte, sowie ein Militärstrafgesetz, das, strenger noch als unter Dessalines, Verstöße gegen die Disziplin mit dem Tode bestrafte. Im Bewusstsein seiner Landsleute lebt Christophe weiter als Errichter von Monumentalbauten, allen voran das Palais Sanssouci in Milot, am Fuß der erwähnten Zitadelle, sowie durch den von ihm geschaffenen Adel: Herzog von Marmelade, Baron von Limonade etc. Was aus europäischer Sicht lächerlich erschien, war Haitis Bemühen um internationale Anerkennung, und zwar, nach dem Sturz Napoleons, auf dem Umweg über die Heilige Allianz.

Im Süden und Westen Haitis entstand eine von Mulatten dominierte Republik mit Port-au-Prince als Hauptstadt, deren Präsident, Alexandre Pétion, zwar mit außerordentlichen Vollmachten regierte, aber eine demokratische Verfassung erließ, die rechtsstaatlichen Verhältnissen nahekam. Pétion unterstützte den Freiheitskampf der spanischen Kolonien Südamerikas mit Waffen und Geld sowie den Aufstand der Griechen gegen das osmanische Reich und gewährte dem nach Cayenne verbannten Jakobiner Billaud-Varennes Asyl, ebenso wie Simón Bolívar, dem Libertador Lateinamerikas. Er verteilte Land der früheren Kolonialherren an Offiziere und Soldaten der Befreiungsarmee, schickte eine Handelsflotte nach Jamaika und in die USA, gründete das erste Lyzeum in Port-au-Prince und schuf so die Grundlagen eines Schul- und Bildungssystems. Die bescheidenen Ansätze zum Rechtsstaat aber wurden durch Vetternwirtschaft und Korruption, Unruhen und Aufstände konterkariert, die, von König Christophe im Norden Haitis geschürt, zum offenen Krieg eskalierten, in dem es keinen Sieger, nur Verlierer gab.

Der durch einem Schlaganfall gelähmte Henri Christophe schoss sich, um einer Offiziersrevolte zuvorzukommen, 1820 eine Kugel ins Herz, nachdem sein Gegenspieler Pétion schon 1818 einer Fieberepidemie zum Opfer gefallen war: Trotz seiner Willkürherrschaft war Christophe ein aufgeklärter Despot, während Alexandre Pétion im haitianischen Kontext als liberaler Staatschef gilt.

3

Pétions Nachfolger Boyer überwand die Spaltung zwischen Nord und Süd und vereinigte Haiti unter dem Banner der Republik, deren Truppen 1822 den Ostteil der Insel besetzten, damals noch eine spanische Kolonie, und, ohne einen Schuss abzufeuern, in Santo Domingo einrückten. Aus dieser Zeit stammt die Erbfeindschaft zwischen Haiti und der späteren Dominikanischen Republik, die mehrfach in ihrer Geschichte von den (aus spanischer Sicht) gottlosen Jakobinern Frankreichs bzw. Haitis okkupiert wurde. Die Schnelligkeit, mit der sich die Annexion vollzog, hatte demographische Gründe: Während der Westteil Hispaniolas wirtschaftlich entwickelt und dicht bevölkert war, wurden die Savannen des Ostens nur von Pferde- und Rinderherden durchstreift, und die 125 000 spanischsprachigen Bewohner setzten den zahlenmäßig überlegenen Haitianern mit ihrer Kriegs- und Revolutionserfahrung keinen ernsthaften Widerstand entgegen.

Jean-Pierre Boyer regierte länger als jeder andere haitianische Präsident. Wichtigstes Ereignis seiner 25-jährigen Amtszeit war die Anerkennung der Unabhängigkeit durch die frühere Kolonialmacht, die erst nach langwierigen Verhandlungen unter Karl X., dem Nachfolger des »Bürgerkönigs« Louis Philippe, zustande kam. Im Gegenzug verpflichtete Haiti sich zur Zahlung einer Entschädigung von 150 Millionen Francs, deren erste Tranche Boyer nur durch Aufnahme eines Kredits von 30 Millionen Francs in Paris aufbringen konnte. Zwar wurde die Summe 1838 auf 60 Millionen Francs reduziert, blieb aber dennoch eine schwere Belastung für den jungen Staat, der bis Ende des 19. Jahrhunderts einen Großteil seiner durch Kaffeeexport erwirtschafteten Devisen an Frankreich abführte, in der vergeblichen Hoffnung, auf diesem Weg die wirtschaftliche und politische Isolation zu durchbrechen. Die von befreiten Sklaven gegründete Republik galt im 19. Jahrhundert als gefährlicher Präzedenzfall, nicht nur in den Augen europäischer Kolonialmächte, sondern auch aus Sicht der USA, deren Plantagenwirtschaft bis 1865 auf Sklavenarbeit beruhte. Im internationalen Kontext war Haiti ein Paria, ähnlich wie Kuba im Kalten Krieg, und selbst die jungen Staaten Lateinamerikas, die mit haitianischer Hilfe das spanische Joch abschüttelten, zögerten die Aufhebung der Sklaverei so lange wie möglich hinaus – in Brasilien wurde sie erst 1888 abgeschafft.

4

»An Monsieur Josse, Goldschmied in Paris:
Monsieur, schicken Sie mir nach Port-au-Prince eine goldene Krone wie die von Napoleon. FAUSTIN I.
P. S. Schicken Sie auch eine goldene Krone für meine Gemahlin Adélina.

Zugleich bestellt er einen Thron. Und ein kaiserliches Gewand. Er wird porträtiert. Niemand darf *du* zu ihm sagen. Er weiß, dass die Augen der Welt auf ihn gerichtet sind. Er sagt: ›Ich will!‹ und man gehorcht. Er überhäuft das Land mit Steuern. Wer nicht zahlt, muss sterben. Wer sich beklagt, wird erschossen!«

So charakterisierte der surrealistische Dichter Philippe Soupault eine historische Figur in seinem Roman *Der Neger* von 1927, die als Vorbild von Alfred Jarrys *König Ubu* bei der Geburt des absurden Theaters Pate stand: Faustin Soulouque I. Wer war der Herrscher, dessen Karriere Honoré Daumier zu Karikaturen inspirierte, deren schwarzer Humor mehr auf Frankreich als auf Haiti zielte – speziell auf Daumiers Lieblingsfeind, Napoleon III.? Handelte es sich um politisches Kasperletheater, um blutrünstiges Grand Guignol oder um eine Projektion rassistischer Wünsche und Ängste, die das viktorianische Europa auf zu Barbaren erklärte Fremde übertrug?

Faustin Soulouque kam 1782 in Petit-Goâve zur Welt. Schon als Kind schloss er sich dem Sklavenaufstand an, kämpfte gegen die französische Invasionsarmee und stieg nach der Unabhängigkeit vom Offiziersburschen zum Chef der Palastwache auf. Im März 1847 schlug die Stunde des Generals Soulouque. Haiti steckte in einer Krise. In mehreren Wahlgängen hatte der Senat versucht, einen Präsidenten zu wählen, aber kein Kandidat konnte eine Mehrheit auf sich vereinigen. In dieser Pattsituation schlug jemand vor, den Kommandeur der Palastwache, der keine politische Ambitionen hegte, zum Staatschef zu küren. Soulouque lag in der Hängematte, als man ihm die Nachricht überbrachte, und glaubte an einen Scherz: »Den Senatoren wird das Lachen vergehen; ich werde ihnen zeigen, wer Herr im Haus ist!« Mit diesen Worten nahm er die Wahl an.

Bei seiner Amtseinführung lehnte er es ab, auf dem für den Präsidenten reservierten Thronsessel Platz zu nehmen, und setzte sich lieber auf die harte Kirchenbank. Als Vodou-Adept glaubte Soulouque, der Sessel sei verhext, weil jeder, der dort gesessen hatte, schimpflich aus dem Amt gejagt worden war. Und in den Regierungspalast zog er erst ein, nachdem er dessen Garten mehrmals hatte umgraben lassen: Vodou-Priester hatten ihn gewarnt, unter dem Rasen sei ein Fetisch versteckt, der den Staatschef aus dem Palast katapultieren werde.

Zunächst tat Soulouque alles, um den Ruf zu bestätigen, eine Marionette seiner Minister zu sein. Er war linkisch, wortkarg und errötete beim Empfang von Diplomaten, weil er kein Französisch sprach. Jeden Schriftsatz ließ er sich mehrfach vorlesen und erklären, bevor er seine Signatur darunter setzte. Aber es blieb ihm nicht verborgen, dass die Mulattenbourgeoisie gegen ihn intrigierte nach dem Motto: »Der Mohr hat seine Schuldigkeit getan, der Mohr soll gehen.«

Soulouque kam den Umsturzplänen zuvor und befahl die Niederschlagung der Revolte. Als das Kabinett geschlossen zurücktrat, nahm er seine Minister in Geiselhaft. Die Mulatten fürchteten um ihr Leben und ihren Besitz; bewaffneter Mob zog plündernd und brennend durch die Straßen. Soulouque ließ einen prominenten Senator ins Gefängnis werfen und von einem Militärtribunal zum Tode verurteilen; auf Wunsch des französischen Botschafters wurde die Todesstrafe in Verbannung umgewandelt, doch Soulouques Rachegelüste waren damit nicht befriedigt. An Ostersonntag 1848 schlug er im Präsidentenpalast

Alarm. Die Minister, Beamten und Offiziere versammelten sich im Hof des Gebäudes, dessen Gittertor verriegelt wurde. Dann waren Schüsse und Schreie zu hören; die Palastwache richtete ein Blutbad unter den Eingeschlossenen an, unter ihnen Frauen und Kinder. Der Innenminister wankte blutüberströmt ins Schlafzimmer des Präsidenten, der ihn mit Fußtritten und Flüchen malträtierte. Gleichzeitig machte die Palastwache Jagd auf friedliche Bürger, die gegen die Übergriffe protestierten. Um ihr Leben fürchtende Mulatten, schwarze und weiße Haitianer suchten in diplomatischen Missionen oder auf im Hafen ankernden Schiffen Asyl.

Nach drei Tagen wurde das Massaker auf Bitten der französischen Botschaft beendet. Als Preis für sein Einlenken verurteilte der Staatschef die als Geiseln genommenen Minister zum Tode. Während das Tribunal tagte, ließ er im Garten des Palasts frische Gräber ausheben.

Damit war sein Blutdurst fürs Erste gestillt. Am 31. Dezember 1848 heiratete Soulouque seine Lebensgefährtin Adélina, mit der er ohne Trauschein zusammengelebt hatte. Die Verfassung wurde umgeschrieben, und er ernannte sich zum Kaiser Haitis auf Lebenszeit. Während seiner zwölfjährigen Herrschaft führte Faustin I. drei Kriege gegen die Dominikanische Republik, die wie das Hornberger Schießen endeten; Opfer war stets die Mulattenbourgeoisie, deren Söhne er auf Verdacht festnehmen und exekutieren ließ. Soulouque ernannte vier Fürsten, 59 Herzöge, 99 Grafen, 215 Barone und 346 Ritter und gründete den Orden des Heiligen Faustinus, dem alle Offiziere der Armee angehörten, und die kaiserliche Ehrenlegion. Ein Sturzregen von Titeln und Würden ging auf Haiti nieder; die Vorsilbe *de* (von) wurde vor jeden Vor- und Nachnamen gesetzt.

Höhepunkt seiner Herrschaft war die Kaiserkrönung im April 1852. So lange dauerte es, bis Soulouque genug Geld für einen Pariser Juwelier aufgetrieben hatte, der Reichsapfel und Zepter, Hermelinmantel und goldene Krone nur gegen Barzahlung liefern wollte. Danach war die Staatskasse leer. Der Kaiser ließ die Kaffeeernte konfiszieren, die Ladungen ausländischer Schiffe beschlagnahmen und Papiergeld drucken. Als der Handel zum

Erliegen kam, weil kein Schiff mehr den Hafen anlief, ließ er die Zollbeamten erschießen und erklärte Haiti zur Freihandelszone. Nach zwölf Jahren Misswirtschaft stand das von Krieg und Bürgerkrieg erschöpfte Land vor dem Ruin. Soulouque wurde in einem Staatsstreich gestürzt und floh nach Jamaika ins Exil.

»Zehn Jahre sind vergangen. Er ist alt geworden und geht als Tellerwäscher an Bord eines Segelschiffs. Haiti in Sicht! Er klettert auf die Brücke, um die Insel zu sehen. Man jagt ihn fort. Na, wenn schon. Jetzt steht er auf dem Hafenkai. Er spaziert umher. Er weiß nicht mehr, wo er ist, dreht sich im Kreis. Auf Haiti ist er gestorben, im Jahre 1867. Wie ein Hund. Keiner hat ihn erkannt. Es lebe der Kaiser!« *(Philippe Soupault)*

5
Schon an diesem Punkt drängt sich die Frage auf, was schief gelaufen ist in der Geschichte Haitis, die je nach Standpunkt des Betrachters als endloses Gemetzel oder als sinnlose Aneinanderreihung tragikomischer oder schaurig-schöner *faits divers*

Soulouque flieht mit der Kasse unterm Arm, Karikatur von Daumier (1859)

erscheint. Die rassistische Erklärung, das Land sei nicht fähig gewesen, sich selbst zu regieren, scheidet von vornherein aus, und sie klingt auch nicht überzeugender, wenn sie mit Hinweisen auf die barbarische Wirkung der Sklaverei unterfüttert wird:

> »Nehmen wir an, die Insel würde unabhängig unter den gegenwärtigen Umständen mit ihrer jetzigen Bevölkerung aus unemanzipierten Sklaven, deren einzige Erziehung die Peitsche war und deren Freiheit darin bestand, ungestraft morden, plündern und vergewaltigen zu dürfen. Entlässt man sie in die Unabhängigkeit, sind sie unfähig zu friedlicher Arbeit und leben lieber, wie vorher, von Diebstahl und schrankenloser Gewalt.«

Mit diesen Sätzen votierte der Obmann der Republikaner im US-Kongress, Albert Gallatin, 1799 gegen die Anerkennung von Toussaint Louvertures Regierung aus und lieferte so, ohne es zu wollen, Napoleon die Rechtfertigung zur militärischen Invasion in Saint-Domingue. Seitdem dient der chaotische Zustand des Inselstaats zur Bestätigung rassistischer Vorurteile und Klischees; diese funktionieren auch in umgekehrter Richtung, wenn man, wie unter Haitianern üblich, die Weißen dämonisiert und die feindliche Außenwelt, sprich: Frankreich oder die USA, für die Misere verantwortlich macht. Eine andere Sündenbockideologie liegt in dem nach außen hin geleugneten, aber nach wie vor virulenten Konflikt zwischen Schwarzen und Mulatten, die historische Rechnungen miteinander zu begleichen haben: vom blutigen Bürgerkrieg unter Toussaint Louverture über die Dezimierung der Farbigen unter Dessalines und Christophe bis zur versuchten Ausrottung der hellhäutigen Oberschicht unter »Papa Doc« Duvalier.

Wie die Judenfeindlichkeit in Europa speiste sich der Hass auf die Mulatten aus deren Bildungsprivileg, gepaart mit ihrer vermeintlichen Geschäftstüchtigkeit und hochnäsigen Arroganz, wobei sich hinter dem Rassenvorurteil ein Klassenkonflikt verbarg. »Nèg rich sè mulat, mulat pov sè nèg«, sagt ein kreolisches Sprichwort und bringt so die Hierarchie der postkolonialen Gesellschaft auf den Punkt: »Ein reicher Neger ist ein Mulatte, ein armer Mulatte ein Neger«. Damals wie heute diente der Hass auf die hellhäutige Bourgeoisie als demagogisches Klischee und Ventil für soziale Unzufriedenheit und wurde von Populisten jedweder Art, vom Kaiser Soulouque bis zum Befreiungstheologen Aristide, mit Erfolg geschürt.

6

Faustin Soulouque war der letzte Staatschef, der im Freiheits- und Unabhängigkeitskrieg mitgekämpft hatte und die Sklavenrevolte, aus der Haiti hervorgegangen war, nicht nur vom Hörensagen kannte. Danach fand ein Generationswechsel statt: Die heroische Epoche der Gründungsväter ging zu Ende, und Soulouques Nachfolger Geffrard schloss 1860 ein Konkordat mit dem Vatikan, der nach jahrzehntelanger Pause wieder Priester nach Haiti entsandte, während die USA erst 1862, unter Abraham Lincoln, den Karibikstaat offiziell anerkannten. Doch die äußere Konsolidierung wurde nicht begleitet von einer Normalisierung im Inneren, geschweige denn von wirtschaftlicher oder politischer Stabilität – im Gegenteil: Die Staatskasse war leer, die Korruption so endemisch wie die galoppierende Inflation, und der Missmut der Bevölkerung machte sich in bewaffneten Aufständen Luft, die zwar interne Ursachen hatten, gleichzeitig aber von außen manipuliert und finanziert wurden. Nicht bloß die benachbarte Dominikanische Republik, auch die miteinander rivalisierenden Großmächte Spanien, Frankreich und England mischten sich ein, und mit den USA sowie dem Deutschen Reich traten neue Akteure auf den Plan, die durch Entsendung von Kriegsschiffen Entschädigungen von Haiti erpressten. Diese Kanonenbootpolitik folgte stets dem gleichen Muster: Hatte ein englischer, französischer oder deutscher Kaufmann bei künstlich geschürten Unruhen finanzielle Einbußen erlitten, rief er seine Regierung zu Hilfe, die durch Gewaltandrohung Haiti zum Nachgeben und zu Geldzahlungen sowie öffentlicher Entschuldigung zwang. An die Stelle des klassischen Kolonialismus trat der Imperialismus, der sich mit dem Recht des Stärkeren an notorisch schwachen Staaten schadlos hielt. Symptomatisch für diese erpresserische Politik war ein Konflikt mit dem wilhelmi-

Karikatur aus dem Kladderadatsch *zur »Affäre Lüders«. Bildunterschrift: Nach China kommt Haiti dran (1897)*

nischen Kaiserreich im Dezember 1897, der als *Affäre Lüders* in die Geschichte einging – der Name des angeblich zu Unrecht verhafteten Kaufmanns, der einen Polizisten geohrfeigt hatte, ist vielen Haitianern noch heute ein Begriff. Eine Berliner Zeitung schilderte den Ablauf so:

»Die Regierung von Haiti hatte vier Stunden Zeit zum Nachdenken. Um halb eins sollte der erste Kanonenschuss abgefeuert werden; um ein Uhr sollte das Bombardement beginnen [...]. Gegen zehn begab sich eine Abordnung des diplomatischen Corps an Bord der *Charlotte*, um gegen das Ultimatum zu protestieren. Der französische Botschafter verlangte 48 Stunden, der britische Gesandte ebenfalls, der amerikanische sogar vier Tage. ›Meine Herren‹, antwortete ihnen der Kommandant, ›ich bin hier auf Befehl S. M. des Kaisers von Deutschland. Ich habe Befehl, falls das Ultimatum nicht angenommen wird, um ein Uhr die Stadt zu bombardieren. Ich werde diesen Befehl befolgen‹. Mit dieser Auskunft wurden die Herrschaften entlassen.

Inzwischen stand die ganze Stadt unter Waffen. Das Volk wollte nicht nachgeben, es wollte Krieg. Dieser Wahnsinn war kein Zeichen von Mut, er entsprang dem leichtsinnigen Temperament der Haitianer, die nicht wissen, wo der Spaß aufhört und der blutige Ernst beginnt [...]. Um halb eins donnerte der erste Warnschuss übers Meer; die Aufregung wuchs von Minute zu Minute; ein jeder zog seine Uhr aus der Tasche und zählte die Sekunden. Ringsum herrschte eine fürchterliche Ruhe. Die Straßen der Stadt waren wie ausgestorben, nur am Hafen sammelte sich Militär. Es war genau 12 Uhr 56, als die weiße Fahne auf dem Dach des Präsidentenpalasts hochstieg. Ein donnerndes ›Hurra!‹ fegte über das Deck der *Slavonia* [...]. Um drei Uhr waren die 20 000 Dollar an Bord; um halb vier hielt Graf Schwerin den Entschuldigungsbrief und die Annullierung des Urteils in Händen; um vier schickte Kapitän Thiele einen Offizier zum Admiral der haitianischen Flotte mit dem schriftlichen Befehl, die deutsche Fahne mit 21 Salutschüssen zu grüßen, was auch geschah. Die *Charlotte* beantwortete den Salut, und der Zwischenfall war damit beigelegt.«

(*Die Post*, Berlin, 24. Dezember 1897)

7

Zu Beginn des 20. Jahrhunderts wurde Haiti zum Spielball konkurrierender Weltmächte, allen voran das kaiserliche Deutschland, das säbelrasselnd einen »Platz an der Sonne« beanspruchte, durch den Erwerb von Kolonien in Afrika und Asien ebenso wie durch die Präsenz deutscher Kaufleute in Mittel- und Südamerika. Deren Einfluss wurde in den Jahren vor dem Ersten Weltkrieg so übermächtig, dass Washington sich zum Eingreifen genötigt sah. Am 28. Juli 1915 landeten US-Marinesoldaten im Hafen von Port-au-Prince und besetzten die Schlüsselstellungen der Stadt, deren Verteidiger sich kampflos ergaben. Offiziell ging es den USA um die Beendigung einer Periode extremer Anarchie mit vier Regierungswechseln innerhalb von nur zwei Jahren, wobei ein Massaker an politischen Häftlingen und die Ermordung des Präsidenten Vilbrun Guillaume Sam das militärische Eingreifen legitimierten. Inoffizielles Ziel aber war das Zurückdrängen des deutschen Einflusses, obwohl Wilhelm II., um Washington nicht zu provozieren, die Einrichtung eines Kohledepots in Haiti abgelehnt hatte mit den Worten: »Auf diesen Leim krieche ich nicht.« Zwar waren die USA zu Beginn des Ersten Weltkriegs noch neutral, doch wollten sie die Entstehung einer deutschen Marinebasis in ihrem Machtbereich mit allen Mitteln verhindern.

Die US-Okkupation dauerte bis 1934, und ihre Bilanz war äußerst gemischt: Die Besatzungsmacht baute Straßen, Schulen und Hospitäler und hinterließ ein geordnetes Finanz-, Gesundheits- und Bildungssystem. Aber der Versuch, die in den Südstaaten übliche Rassentrennung auf Haiti auszudehnen, schuf böses Blut und brachte Teile der Oberschicht sowie der Intellektuellen gegen die Fremdherrschaft auf. Unter dem Druck der Amerikanisierung besannen sie sich auf ihre afrikanischen Wurzeln, und der offiziell verdrängte oder geleugnete Vodoukult wurde plötzlich salonfähig: 1934 gründete der Dichter und Ethnologe Jacques Roumain die kommunistische Partei Haitis, während der angehende Arzt und spätere Diktator François Duvalier hasserfüllte Tiraden gegen die Mulatten schrieb. Schon vorher hatten sich Haitis arme Bauern der Zwangsverpflichtung zum Straßenbau widersetzt und waren, wie einst die Sklaven, in die Berge geflohen, um isolierte Militärposten zu überfallen. Nur durch Verrat gelang es den US-Marines, den Anführer der Guerilla, Charlemagne Péralte, zu überlisten, dessen Bild in Haiti, wie das von Sandino oder Che Guevara, als Ikone des Widerstands weiterlebt. Die folgende Schilderung seines Märtyrertods aus meinem Roman *Die Hochzeit von Port-au-Prince* ist zwar fiktiv, jedoch durch Fakten belegt:

> »Hanneken spannte geräuschlos den Hahn – nicht einmal das Einrasten der Trommel war zu hören – und schoss so lange, bis das Magazin leer war. Der legendäre Partisanenchef brach blutüberströmt zusammen, wobei seine Hutkrempe Feuer fing und wie ein Heiligenschein aufloderte [...]. Als die Rebellen begriffen, was die Stunde geschlagen hatte, war es zu spät: Die US-Marines, die im Buschkrieg auf Kuba und den Philippinen ihr

Handwerk gelernt hatten, machten keine Gefangenen. Der tote Rebellenführer wurde auf Befehl von Major Beach an eine Tür genagelt und, von Fliegen überkrochen, öffentlich zur Schau gestellt, damit die abergläubische Bevölkerung sich mit eigenen Augen von seinem unrühmlichen Ende überzeugen konnte.«

8

Die amerikanische Okkupation endete mit einer Visite von Präsident Roosevelt bei seinem haitianischen Kollegen Sténio Vincent im Juli 1934, neunzehn Jahre nachdem die US-Marines Port-au-Prince besetzt hatten. Trotzdem blieb Haiti weiter im Windschatten der USA, und nach Japans Überfall auf Pearl Har-

Anfang und Ende der US-Okkupation:
Präsident Dartiguenave (1915), Vincent und Roosevelt (1934)

bor erklärte Vincents Nachfolger Elie Lescot den Achsenmächten den Krieg mit den Worten: »Haitianische Bombenflugzeuge werden den Himmel über Tokio und Berlin durchpflügen und Terror säen unter der deutschen und japanischen Bevölkerung!« Haitis Luftwaffe bestand damals aus zwei altersschwachen Maschinen, von denen eine mit Motorschaden am Boden lag – ein Beispiel für die Kluft zwischen Rhetorik und Realität, die das politische Leben in Haiti charakterisiert.

Dass und wie Worte zu Taten werden können, zeigte sich bei einem Auftritt des Vordenkers der französischen Surrealisten, André Breton, in Port-au-Prince, der dort Anfang 1946 eine Revolution auslöste – nach Bretons Ansicht die einzige surrealistische Revolution, die diese Bezeichnung verdient. Sein Vortrag im Kino *Rex*, nur einen Steinwurf entfernt vom Präsidentenpalast, wurde mit Spannung erwartet, denn André Breton war als Vertreter des freien Frankreich nach Haiti gekommen, das mit alliierter Hilfe die deutsche Besatzung abgeschüttelt hatte, und stand damals den Trotzkisten nahe. Im vom Vodoukult geprägten Haiti, wo nach einem Wort des kubanischen Autors Alejo Carpentier das Wunderbare Wirklichkeit ist, rannte Breton offene Türen ein, und das von Rimbaud entlehnte Motto seiner Rede, *le dérèglement des sens*, die Entregelung oder Entriegelung der Sinne, versetzte das Publikum dermaßen in Erregung, dass der mit Buhrufen geschmähte Staatschef Lescot unter Polizeischutz das Kino verlassen musste. Kurz zuvor hatte die Regierung eine dem Surrealismus gewidmete Sondernummer der Zeitschrift *La Ruche* (Die Wabe) verboten und deren Herausgeber, den Dichter René Depestre, als Aufwiegler inhaftiert. Daraufhin erließen die Studenten einen Streikaufruf, dem sich die Hafen- und Fabrikarbeiter anschlossen, die Botschafter Frankreichs und der USA forderten Depestres Freilassung, die Regierung trat zurück, und der junge Autor wurde im Triumphzug durch die Straßen getragen, bevor Lescots Amtsnachfolger Estimé ihn nach Paris abschob, wo er von Sartre und Camus mit offenen Armen empfangen wurde und der KPF beitrat. Dass und wie René Depestre zwanzig Jahre später mit dem Stalinismus brach, steht auf einem anderen Blatt.

9

Im Herbst 1957 herrschte eine ähnliche Pattsituation in Haiti wie 1847 bei der Wahl von Faustin Soulouque zum Präsidenten der Republik. Drei populäre Kandidaten, der Industrielle Déjoie, der Gewerkschaftsführer Fignolé und der Vollblutpolitiker Jumelles blockierten sich gegenseitig, während man dem Vierten im Bunde, einem Landarzt und Ex-Gesundheitsminister, kaum Chancen einräumte, denn im Vergleich zu den übrigen Kandidaten wirkte François Duvalier unprofessionell und konfus. Obwohl oder weil er kein guter Redner war und nur stotternd französisch sprach, gewann Papa Doc, wie er im Volksmund hieß, im ersten

Anlauf die Wahl, nachdem die anderen Akteure sich gegenseitig aus dem Rennen geworfen und schachmatt gesetzt hatten. Hinter seiner obskuren Persönlichkeit und seinem bescheidenen Auftreten verbarg sich eine wache Intelligenz, gepaart mit dem Willen zur Macht, für deren Erhalt Duvalier über Leichen ging. Das zeigte sich, als er den Armeechef Kébreau, der ihm den Weg in den Palast geebnet hatte, über Nacht seiner Funktionen enthob, gemäß dem Motto, an das Papa Doc sich stets hielt, dass Dankbarkeit ein Zeichen von Schwäche sei. Den Besitz seines Amtsvorgängers Magloire ließ er meistbietend versteigern und die Leiche seines Rivalen Jumelles, der in die kubanische Botschaft geflohen und dort an Diabetes gestorben war, auf offener Straße beschlagnahmen – vor den Augen der Witwe, die sich verzweifelt an den Sarg klammerte. Williges Werkzeug des Terrors war eine dem Vorbild der SA nachempfundene Schlägertruppe, genannt *Tontons Macoutes* (Knecht Ruprecht oder Onkel Menschenfresser), die nachts auf Menschenfang ging, während Duvalier den Vodou politisch instrumentalisierte und sich mit dunklem Anzug und Sonnenbrille zum Wiedergänger des Totengotts *Baron Samedi* stilisierte.

Nach einem Invasionsversuch von Exilhaitianern räumte der Senat ihm unumschränkte Vollmachten ein, und als Washington ihm die Militärhilfe strich, drohte Papa Doc, ins Lager der UdSSR überzuwechseln. Gleichzeitig legte er sich mit der Kirche an, wies kritische Priester aus und entmachtete die Armee, indem er Dutzende hoher Offiziere standrechtlich erschießen ließ. Die These, François Duvalier sei eine Marionette der USA gewesen, hält der Nachprüfung nicht stand, denn Papa Doc erklärte den amerikanischen Botschafter zur *persona non grata* und soll die Ermordung John F. Kennedys mit Sekt gefeiert haben.

Am 26. April 1963 wurde die Limousine, die seine Kinder zur Schule brachte, von Heckenschützen beschossen; der Chauffeur starb, doch die Kinder blieben unverletzt. Duvalier vermutete einen Scharfschützen namens Bénoit hinter dem Attentat und ließ alle Haitianer, die mit Vor- oder Nachnamen Bénoit hießen, verhaften und die Botschaft der Dominikanischen Republik, in

Papa Doc ernennt Baby Doc zu seinem Nachfolger (1971)

der Regimegegner Asyl gesucht hatten, von Soldaten umstellen und rechtswidrig durchkämmen. Daraufhin drohte der Präsident des Nachbarlands, Juan Bosch, Haiti mit Krieg, und die Organisation amerikanischer Staaten (OAS) entsandte eine hochrangige Delegation nach Port-au-Prince, um die Wogen zu glätten. Was dann geschah, zeigt, mit welcher Chuzpe François Duvalier die drohende Niederlage zum Sieg ummünzte:

»Als die Mitglieder der Untersuchungskommission am Sonntag, dem 30. April, um halb neun in Port-au-Prince eintrafen, empfing sie ohrenbetäubender Lärm. Papa Doc hatte Zuckerrohrschnaps an die Bevölkerung ausgeben lassen und einen verspäteten *Mardi Gras* proklamiert; die Sonderbotschafter aus fünf lateinamerikanischen Staaten trauten ihren Augen und Ohren nicht. Auf den blutbesudelten Straßen der Hauptstadt, die noch am Vortag von Leichen gesäumt waren, formierten sich endlose Kolonnen bunt kostümierter Menschen zu einem makabren Karnevalszug, bei dessen Anblick den Besuchern das Lachen im Hals stecken blieb.

›Volk von Haiti‹, sagte der Präsident und gebot dem Hexenkessel Einhalt, nachdem die Kommissionsmitglieder auf der Tribüne Platz genommen hatten, ›hör mir gut zu. Nur einmal alle vierzig Jahre bringt die Geschichte einen Mann hervor, der die Sehnsüchte einer ganzen Nation in sich verkörpert. Ich bin dieser Mann [...]. Als Staatschef von Haiti stehe ich mit den Geistern von Dessalines und Toussaint Louverture in Verbindung. *Ich bin ein immatierelles Wesen.* Kein Ausländer darf es wagen, mir Vorschriften zu machen. Und meine Feinde, die sich in ausländischen Botschaften verkriechen, sind einfach nur Dreck.‹

Der Beifall schwoll an zum Orkan. Eine Welle von Begeisterung lief durch die Reihen der Zuhörer, die erst vereinzelt, dann unisono Sprechchöre skandierten: ›Duvalier c'est Dieu! Président pour toujours! Doc à vie!‹ – ›Hören Sie‹, sagte Papa Doc, zu den Kommissionsmitgliedern gewandt: ›Mein Volk fordert mich auf, Staatschef auf Lebenszeit zu werden. Diesen Wunsch kann ich ihm nicht abschlagen – der Wille des Volkes ist mir oberstes Gebot!‹« (Hans Christoph Buch: *Haiti Chérie.*)

10

François Duvalier starb am 21. April 1971 im Bett, nachdem er seinen Sohn Jean-Claude, alias Baby Doc, zum Präsidenten auf Lebenszeit ernannt hatte; dazu musste die Verfassung geändert werden, weil der Neunzehnjährige nicht das für das höchste Staatsamt nötige Mindestalter besaß. Vorher hatte Papa Doc alle Attentats- und Umsturzversuche vereitelt oder durchkreuzt, wobei die Kommunisten Moskauer und Pekinger Provenienz sich gegenseitig verrieten. Die Hochburgen der Mulatten im Süden wurden entvölkert, nachdem eine Guerillagruppe namens *Jeune Haiti* dort gelandet war: Zur Erschießung der Anführer des Aufstands wurden Schulklassen als Augenzeugen abkommandiert, die an Stühle gefesselten Toten an der Straße zum Flughafen zur Schau gestellt.

Rückblickend erscheint das Regime von Baby Doc vergleichsweise mild, denn anders als sein Vater war der Sohn mehr an Luxus und Wohlleben interessiert als an politischer Macht. Er öffnete die Grenzen für Touristen und Investoren und verkaufte alles, was sich zu Geld machen ließ, einschließlich Blutplasmas und tiefgekühlter Leichen, die zu Forschungszwecken nach Kanada exportiert wurden, bis das HI-Virus das lukrative Geschäft beendete. Baby Docs Traumhochzeit mit Michelle Benett, der Tochter des Lada-Vertreters, kostete mehr als Haitis Staatsbudget, und im Februar 1986 zwang der durch den Papstbesuch ausgelöste Protest christlicher Basisgemeinden den Präsidenten zur Flucht nach Frankreich, wo er seither lebt.

Clément und Harry Barbot, Untergrundkämpfer gegen Papa Doc (1964)

Der Kollaps der Diktatur weckte Hoffnungen, die sich nicht erfüllten: Statt der ersehnten Demokratie durchlebte Haiti eine Periode extremer Instabilität mit häufig wechselnden Militärregimes, für die sich zwei Begriffe einbürgerten: *Duvalierismus ohne Duvalier* und *transition sans fin* – Übergangsperiode ohne Ende. Die für November 1987 angesetzten freien Wahlen wurden von der Armee im Blut erstickt, und Ende 1990 wurde der Armenpriester und Befreiungstheologe Jean-Bertrand Aristide mit überwältigender Mehrheit zum Präsidenten gewählt, aber schon neun Monate später von einer Offiziersjunta gestürzt. Im Herbst 1994 kehrte er mit militärischer Hilfe der USA nach Haiti zurück und schaffte in seiner ersten Amtshandlung die Armee ab. Doch außer schönen Reden hatte der charismatische Präsident wenig zu bieten und löste keines seiner Versprechen ein – im Gegenteil: Um sich an seinen Feinden zu rächen, öffnete er das Land für Kolumbiens Drogenmafia und ließ die Slumbewohner bewaffnen, was eine Flut von Morden und Entführungen nach sich zog, passend zu Aristides Wahlspruch *lavalas* – Erdrutsch oder Überschwemmung. Nach seiner getürkten Wiederwahl im Jahr 2000 wurde Titid, wie seine Anhänger ihn nannten, immer unberechenbarer: Er ließ den Radioreporter Jean Dominique umbringen, als der sein Regime kritisierte, und redete salbungsvoll über Liebe und Frieden, bis Unsicherheit und Chaos zum Siedepunkt stiegen und ein Aufstand der Zivilgesellschaft seinen Abgang erzwang. Seitdem lebt Aristide im südafrikanischen Exil und droht von dort seine Rückkehr an, während sein Nachfolger René Préval die Probleme auszusitzen versucht: Nach dem 12. Januar 2010 meldete der Präsident sich tagelang nicht zu Wort, weil das Erdbeben ihm die Sprache verschlug.

11

Haitis Unabhängigkeit existiert nur noch auf dem Papier, denn seit 2004 steht das Land unter Kuratel der Vereinten Nationen, die mit über 10 000 Soldaten, Beamten und Polizisten den Anschein von Ruhe und Ordnung aufrechterhalten, bei der Bevölkerung aber äußerst unbeliebt sind. Viel zu lange schaute die bunt zusammengewürfelte Blauhelmtruppe, deren Mitglieder weder untereinander, noch mit den Haitianern kommunizieren können, bei Morden und Entführungen weg. Beispielhaft für dieses Versagen war der von Brasilien unternommene Versuch, Gewalttäter zu entwaffnen mit Hilfe eines Fußballspiels gegen Haiti, bei dem Schusswaffen am Eingang konfisziert wurden: Ergebnis war ein Schrotthaufen alter Gewehre und Pistolen, aber kein Rückgang der Gewalt. Und als die Blauhelmtruppe selbst in Sexskandale, Waffen- und Drogenhandel verwickelt wurde, schoss sich ihr Kommandeur, der brasilianische General Bacellar, in Port-au-Prince eine Kugel in den Kopf. Das war im Januar 2006, und seitdem hat die Sicherheitslage sich zwar verbessert, aber die Entmündigung dauert an, und trotz anders lautender Erklärungen ist das technische Wissen einheimischer Ärzte, Architekten und Ingenieure bei der UNO nicht gefragt – ganz zu schweigen von der Zivilgesellschaft, die seit Jahren für Demokratie, Frauenrechte und Umweltschutz kämpft.

Die Präsenz der Blauhelmsoldaten ist sichtbarer Ausdruck eines gescheiterten Staates, der weder die Sicherheit seines Territoriums noch das physische Überleben der Bevölkerung garantieren kann. Die Ursachen dieses Scheiterns reichen tief in die Vergangenheit zurück: Kam die Unabhängigkeit zu früh, und war die Geschichte Haitis eine Karikatur der europäischen, von Kaiser Dessalines und König Christophe bis zum tropischen Faschismus von Papa Doc? Ist das Bündnis korrupter Eliten mit auswärtigen Mächten an Elend und Unterentwicklung schuld? Oder tritt das Land auf der Stelle und repetiert immer die gleichen blutigen Irrtümer und Illusionen nach dem Motto des Philosophen George Santayana: »Wer die Vergangenheit nicht versteht, ist dazu verdammt, sie zu wiederholen.«

Aristide mit blinder Bettlerin bei seiner Amtseinführung (1991)

Wie jeder andere Staat ist Haiti eine Geisel seiner Geschichte, und Historiker betonen übereinstimmend die Erblast von kolonialer Willkür und Despotie, gepaart mit dem Raubbau natürlicher Ressourcen, zu denen auch der Mensch gehörte – Stichwort Sklaverei. Seit den Tagen der Konquistadoren beruht die Ökonomie der Insel auf Raffgier und Selbstbereicherung nach der Devise von Proudhon, dass Eigentum Diebstahl sei. Dazu tritt ein anderer Faktor, für den im Deutschen ein passender Begriff fehlt: *Marron*, spanisch *cimarrón*, heißt entlaufener Sklave; das französische Wort *marronage* bezeichnet die Kunst, durch aktiven oder passiven Widerstand, List und Lüge den Autoritäten ein Schnippchen zu schlagen. Auf diese Weise gelang es den Bauern, die die Hauptlast des Staates trugen, sich dem Militärdienst oder der Arbeitspflicht zu entziehen, während kleptokratische Beamte in Komplizenschaft mit der Bourgeoisie die öffentlichen Kassen plünderten. Gemeinwohl, Konsens und Kompromiss sind in Haiti unbekannt, zu schweigen von Fairness und Toleranz: Der Wahlsieger nimmt alles, der Verlierer geht leer aus, und die politischen Parteien sind Zweckbündnisse zur Durchsetzung eines Kandidaten, der seine Wähler mit Posten und Privilegien belohnt. Der Staat selbst verhält sich wie ein entlaufener Sklave, der sich seiner Pflicht entzieht und dort, wo man ihn braucht, unauffindbar bleibt, während er dort, wo man ihn nicht braucht, störend in Erscheinung tritt und, um nur ein Beispiel zu nennen, Hilfsgüter oder Medikamente am Zoll verrotten lässt. Adäquater Ausdruck dieser weit verbreiteten Mentalität war die Antwort eines Deputierten auf eine der Lebensfragen der Nation wie ›ja oder nein zu Aristide‹, ›ja oder nein zum UN-Einsatz‹: »Je ne suis ni pour ni contre, mais bien au contraire« – ich bin weder dafür noch dagegen, ganz im Gegenteil!

12

Haiti ist das Armenhaus Amerikas mit der niedrigsten Lebenserwartung und der höchsten Säuglingssterblichkeit des Kontinents. Die Mehrheit der Kinder wächst bei alleinerziehenden Müttern auf, und die Zahl der Arbeitslosen ist so groß wie die der Analphabeten – geschätzte sechzig Prozent. Der gesetzliche

Mindestlohn von drei Dollar am Tag wird eher unter- als überschritten, und viele Slumbewohner müssen mit weniger als einem Dollar am Tag auskommen. Haiti rangiert am unteren Ende der Statistik; den ökonomischen Makrodaten zufolge müsste seine Bevölkerung längst ausgestorben sein, weil die Wirtschaft immer weniger produziert und so gut wie nichts mehr exportiert. Was die Haitianer am Leben hält, ist die Schattenwirtschaft des informellen Sektors, der unter der Wahrnehmungsschwelle der Experten liegt, ein Austausch von Waren und Dienstleistungen, der kaum zu Buche schlägt und sich statistischer Erfassung entzieht: vom Waschen geparkter Autos, dem Wischen von Windschutzscheiben und dem Flicken kaputter Reifen über das Tragen gefüllter Einkaufstaschen bis zu Straßenhändlern, die winzige Warenmengen verkaufen – eine Plastiktüte, zwei Zigaretten, einen Kaugummi; und weiter zu improvisierten Märkten, auf denen mit allem gehandelt wird, was die Warenströme hier anschwemmen: Von Hilfsgütern, gebrauchten Kleidern und Schuhen, Prothesen und Brillen bis zu lebenden Hühnern, Ziegen und Schweinen, nicht zu vergessen Obst und Gemüse aus dem Landesinneren, dessen Zustrom selbst während des Erdbebens nicht versiegte.

Das Erstaunlichste aber sind die Marktfrauen, die in blütenweißen Kleidern zwischen Staubwolken und Schlammpfützen lachend um Preise feilschen: Wehe dem Dieb, der hier eine Mango zu stehlen versucht, denn der Markt ist ein heiliger Ort, die Kreuzwege sind Vodougöttern geweiht, und niemand regt sich darüber auf, wenn Verkaufsstände den Verkehr blockieren. Das Resultat ist ein mühsam gebändigtes Chaos, das jede Fahrt durch die Stadt zum Abenteuer mit ungewissem Ausgang macht. Port-au-Prince ist ein Alptraum für Schüler, die in die Schule, und Angestellte, die zur Arbeit müssen, wegen seiner offenen Kanalisation, auf den Straßen klaffender Löcher sowie Müllhaufen, zu denen sich nun die Schutthalden und Trümmerberge des Erdbebens gesellen.

Fragt man nach den Verursachern des Chaos, werden die üblichen Verdächtigen benannt: von exorbitanten Reparationszahlungen an Frankreich über die US-Okkupation bis zur Diktatur von Papa und Baby Doc, die das Volk demoralisiert und die besten Köpfe aus Haiti vertrieben habe; und weiter zur Entmündigung Haitis durch die internationale Gemeinschaft in Gestalt von Blauhelmsoldaten und Entwicklungshelfern.

Doch wer so argumentiert, übersieht langfristig wirksame Faktoren, die den Niedergang beschleunigten und Fehlentwicklungen verstärkten im Sinne eines negativen Synergie-Effekts. Gemeint ist die Kombination von Überbevölkerung und Umweltzerstörung, deren Folgen erst Mitte des 20. Jahrhunderts sichtbar wurden. Schon in der Kolonialzeit wurde der Tropenwald unwiederbringlich zerstört und zu Schiffsplanken, Bauholz, Möbeln und Farbstoff für die Textilindustrie verarbeitet. Aber an der Wende vom 19. zum 20. Jahrhundert war Haiti noch ein grünes Land, das seine Bewohner – etwa eine Million Menschen – ernährte und Exportüberschüsse erwirtschaftete. Seitdem hat die Bevölkerungszahl sich verzehnfacht; die letzten noch verbliebenen Bergwälder wurden abgeholzt und als Holzkohle verfeuert, sodass die Landschaft, anders als in der Dominikanischen Republik, heute aus kahlen Felsen oder mit Dorngestrüpp bewachsenem Karst besteht. Tropischer Sturzregen schwemmt die fruchtbare Erde ins Meer und überzieht die Korallenriffe mit Schlamm, der die Meeresfauna und Flora absterben lässt. Andererseits bleibt immer öfter die Regenzeit aus oder verursacht Erdrutsche und Überschwemmungen, die Ernten vernichten und Menschen wie Tiere töten.

Die Schuldzuweisungen an das Ausland klingen unter diesen Umständen hohl. Zum 200. Todestag von Toussaint Louverture verlangte Staatschef Aristide von Paris eine Wiedergutmachung von 21 Milliarden Dollar – ein populistischer Trick, den der Volksmund so kommentierte: Nur fünfzig Cent der geforderten Summe seien für die Armen, der Rest für die Nutznießer des Regimes bestimmt. Bei seinem überstürzten Abgang Anfang 2004 behauptete der Ex-Präsident, er sei von der internationalen Gemeinschaft gekidnappt worden, und gab seinen bewaffneten Anhängern grünes Licht für eine Welle von Entführungen, deren Eindämmung der UN-Truppe nur mit Mühe gelang. Dass sein

Freund Bill Clinton ihm durch Entsendung von US-Marines wieder an die Macht verhalf, nachdem ein Offiziersputsch ihn gestürzt hatte, verschwieg Aristide ebenso wie die Tatsache, dass die Slums der Hauptstadt unter seiner Ägide zu Hochburgen der Drogenmafia wurden.

Vor dem Erdbeben am 12. Januar 2010 war in Haiti so etwas wie Normalität eingekehrt, sofern dieser Begriff hierzulande einen Sinn ergibt. Danach ist nichts mehr so wie zuvor. Der Wiederaufbau lässt auf sich warten – ganz zu schweigen vom erhofften Neubeginn. Irgendwie geht das Leben weiter, um noch einmal den im Vorspann erwähnten Michael Kühn zu zitieren: »Aber irgendwie ist nicht gut genug!«

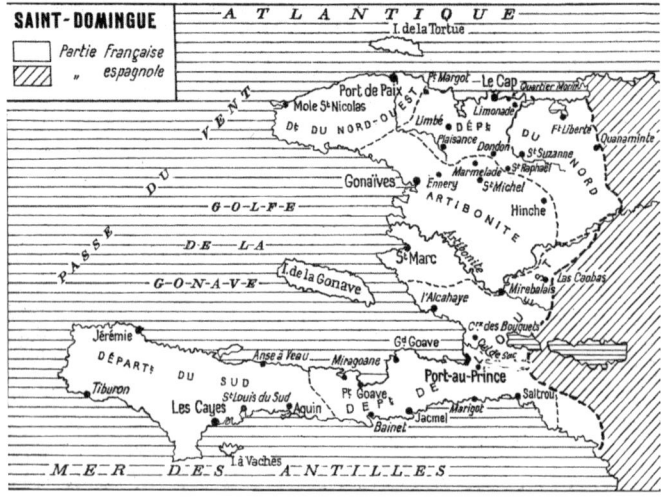

Die Kolonie Saint-Domingue im 18. Jahrhundert

Ausgewählte Bibliographie

Die Bibliographie beschränkt sich auf von mir benutzte, allgemein zugängliche Werke und zur Erweiterung und Vertiefung des Themas empfohlene Literatur. Häufig zitierte Quellentexte sind mit Sternchen (*) markiert.

1 *Historisches*

Moreau de Saint-Méry: *Description topographique, physique, civile, politique et historique de la partie française de l'isle de Saint-Domingue*, Erstdruck Philadelphia 1797: Standardwerk über Haiti unter dem Ancien Régime, enthält alle kolonialen Vorurteile dieser Zeit, ist aber aufgrund seiner enzyklopädischen Breite und Genauigkeit unerlässlich. Der Autor floh vor der Jakobinerherrschaft in die Vereinigten Staaten und wurde Gouverneur von Parma unter Napoleon.

* Pamphile de Lacroix: *Mémoires pour servir à l'histoire de la révolution de Saint-Domingue*, 2 Bände, Paris 1819: Lacroix nahm als Stabsoffizier unter Leclerc am Feldzug teil und schildert die Ereignisse zuverlässig aus erster Hand.

Hérard Dumesle: *Voyage dans le Nord d'Hayti*, 1824: Ein Reisebericht aus der Frühzeit der Unabhängigkeit.

** Placidus Justin: *Politische und statistische Geschichte der Insel Hayti, nach amtlichen Berichten und mitgeteilten Nachrichten des Agenten der britischen Regierung auf den Antillen, Sir James Berskett, entworfen, nach dem Französischen bearbeitet von C. G. Hennig*, Ronneburg 1827: Das nach der Anerkennung der Unabhängigkeit Haitis durch Frankreich erschienene Buch enthält, chronologisch geordnet, alle wichtigen historischen Dokumente – die oft holprige Übersetzung folgt wörtlich dem Original.

Moreau de Jonnès: *Aventures de guerre au temps de la république et du consulat*, Paris 1860: Lebensbeichte eines politischen Abenteurers, schillernd zwischen Revolution und Reaktion.

*** Victor Schoelcher: *Vie de Toussaint Louverture*, Paris 1889: Unverzichtbares Standardwerk. Der aus dem Elsass stammende

Autor kämpfte zeit seines Lebens gegen die Sklaverei, formulierte 1848 das Dekret über deren Abschaffung und war nach seiner Rückkehr aus dem englischen Exil Abgeordneter der Linken in der Pariser Nationalversammlung.

L. Gentil Tippenhauer: *Die Insel Haiti.* 2 Bände, Leipzig, Brockhaus 1892: Der deutsch-haitianische Eisenbahningenieur sammelte hundert Jahre nach Moreau de Saint-Méry noch einmal alles verfügbare Wissen über Geschichte und Gegenwart Haitis, von der Geologie bis zu Literatur und Politik, und illustrierte den Text mit von ihm selbst angefertigten Fotos, Zeichnungen und Tabellen.

C. L. R. James: *The Black Jacobins – Toussaint Louverture and the San Domingo Revolution,* London 1938, in viele Sprachen übersetzt: Eine fesselnde Darstellung der haitianischen Revolution, anschaulich erzählt, material- und kenntnisreich. Der aus Trinidad stammende Autor schrieb das Buch als Mitglied einer linken Wohngemeinschaft in London, in der u. a. der Sexualforscher Ernest Borneman und der künftige Präsident von Kenia, Jomo Kenyatta, lebten.

J.-C. Dorsainvil: *Manuel d'Histoire d'Haiti,* Port-au-Prince 1958: Übersichtliches Resümee der Geschichte Haitis.

Bernard Diederich, Al Burt: *Papa Doc, the Truth About Haiti Today,* New York 1969: Beklemmende Schilderung des Terrors der Tontons Macoutes, den der Autor selbst zu spüren bekam; Diederich war persona non grata unter Papa Doc.

Jean Fouchard: *Les marrons de la liberté,* Paris 1972: Wegweisende Untersuchung des Phänomens der »marronage«.

Robert D. Heinl, Nancy G. Heinl: *Written in Blood – the Story of the Haitian People,* Boston 1978: Breit angelegte Gesamtdarstellung aus der Feder eines von Papa Doc ausgewiesenen US-Marineoffiziers und Militärhistorikers.

Walther L. Bernecker: *Kleine Geschichte Haitis,* Frankfurt a. M. 1996: Abriss der haitianischen Geschichte, mit Zeittafel und Bibliographie im Anhang.

Gérard Barthélemy: *Le pays en dehors; Dans la splendeur d'un après-midi d'histoire,* Port-au-Prince 1996: Eloquenter Essay, der in der Massenflucht der Sklaven (*marronage*) ein Charakteristikum sieht, das die Widerstandskultur der Haitianer und deren spontanen Hang zur Anarchie zumindest partiell erklärt.

Susan Buck-Morss: *Hegel, Haiti, and Universal History*, University of Pittsburgh Press 2009: Postkoloniale Studie, die Hegels Theorie von Herr und Knecht aus Berichten der Zeitschrift *Minerva* über die haitianische Revolution herzuleiten sucht.

Werner Pieper: *Haiti besser verstehen – Vergangenheit, Gegenwart und Ausblicke nach dem Beben*, Löhrbach 2010: Kunterbunte Mischung von Fakten und Meinungen über Haiti, informativ trotz der naiven Parteinahme für Aristide.

2 Ethnologisches

William B. Seabrook: *The Magic Island*, New York 1929. Deutsch von Alfons M. Nuese unter dem Titel *Geheimnisvolles Haiti – Rätsel und Symbolik des Wodu-Kultes*, Berlin 1931: Sensationalistische Schilderung mit realistischem Kern – der Autor, der sich brüstete, in Afrika Menschenfleisch gegessen zu haben, schloss in Sanary Freundschaft mit Lion Feuchtwanger und Thomas Mann.

Melville J. Herskovits: *Life in a Haitian Valley*, New York 1937: Gründliche Feldarbeit eines Ethnologen, der die afrikanischen Wurzeln des Vodoukults offenlegt.

Zora Neal Hurston: *Tell My Horse*, Boston 1938: Die der Harlem-Renaissance nahestehende Afro-Amerikanerin studierte die Vodou-Riten in Haiti vor Ort.

Maya Deren: *Divine Horsemen: The Living Gods of Haiti*, New York 1953. Deutsch von Sabine Gebhardt unter dem Titel *Der Tanz des Himmels mit der Erde: Die Götter des haitianischen Vaudou*, Wien 1992: Maya Deren, Cineastin und Tänzerin russisch-jüdischer Herkunft, leitete nach Feldstudien in Haiti einen Vodou-Tempel in New York, wo sie 1961 unter rätselhaften Umständen starb.

Alfred Métraux: *Le vaudou haitien*, Paris 1958: Zuverlässige Monographie aus der Feder eines Schweizer Ethnologen, der das Standardwerk über die Osterinsel schrieb.

Edmund Wade Davis: *The Serpent and the Rainbow*, New York 1985. Deutsch von C. Broermann und W. Ströle unter dem Titel *Schlange und Regenbogen. Die Erforschung der Voodoo-Kultur und ihrer geheimen Drogen*, München 1986: Forschungsbericht über die Nachtseite des Vodou, der das Zombie-Phänomen auf das auch in Japan gefürchtete Gift des Kugelfischs zurückführt.

Hubert Fichte: *Xango – Afroamerikanische Religionen II: Bahia, Haiti, Trinidad*, Frankfurt a. M. 1976: Fichte mystifiziert den Kult, statt ihn zu entmystifizieren, aber der Mangel an Exaktheit wird durch die literarische Qualität seiner Texte wettgemacht.

Laënnec Hurbon: *Les mystères du vaudou*, Paris 1993: Lesenswertes Buch über Vodou, das, reich bebildert, knapp und präzis, alles Wissenswerte über den Kult enthält.

3 *Literarisches*

Heinrich von Kleist: *Die Verlobung in St. Domingo*, Erstdruck 1811: Kleist konzipierte den Text vermutlich 1807 während seiner Inhaftierung in Fort-de-Joux, wo Toussaint Louverture vier Jahre zuvor in Festungshaft verstorben war.

Victor Hugo: *Bug-Jargal*, Erstdruck Paris 1825: Jugendwerk über den Sklavenaufstand von 1791, das Victor Hugo später zum Roman umarbeitete, deutsch von H. Bartuschek unter dem Titel *Die schwarze Fahne*, Leipzig 1962.

Philippe Soupault: *Le nègre*, Paris 1927. Deutsch von Ré Soupault unter dem Titel *Der Neger*, Heidelberg 1982: Surrealistischer Text mit Anspielungen auf Faustin Soulouque, Kaiser von Haiti.

Alejo Carpentier: *El reino de este mundo*, Caracas 1949. Deutsch von Doris Deinhard unter dem Titel *Das Reich von dieser Welt*, Frankfurt a. M. 1964/2004: Kurzroman über König Christophe, an dessen Beispiel Carpentier seine Poetik des wunderbar Wirklichen (*el real maravilloso*) exemplifiziert.

Graham Greene: *The Comedians*, London 1966. Deutsch von Hilde Spiel unter dem Titel *Die Stunde der Komödianten*, Wien – Hamburg 1966: Spannender Thriller über Papa Docs Regime, das Greene aus erster Hand kannte, in Haiti lange verboten, in Hollywood mit Richard Burton und Elizabeth Taylor verfilmt.

Jacques Roumain: *Les gouverneurs de la rosée*, Erstdruck Port-au-Prince 1944, in alle Weltsprachen übersetzt, deutsch von Eva Klemperer unter dem Titel *Herr über den Tau*, Hamburg 1950; Jacques Stéphen Alexis: *L'espace d'un cillement*, Paris 1959, deutsch von Thomas Dobberkau unter dem Titel *Die Mulattin*, Hamburg 1985; René Depestre: *Hadriana dans tous mes rêves*, Paris 1988, deutsch von Rudolf von Bitter unter dem Titel *Hadriana in all meinen Träumen*, Düsseldorf 1990. Drei moderne Klassiker der haitianischen Literatur, deren Autoren ihr politisches Engagement teuer bezahlten – Roumain starb 1944 als Botschafter Haitis in Mexiko an den Spätfolgen eines Gefängnisaufenthalts, Alexis wurde 1961 bei einem Invasionsversuch in Haiti getötet, und Depestre lebt nach Jahren des Exils auf Kuba heute in Südfrankreich – alle drei waren Mitglieder der kommunistischen Partei.

Anna Seghers: *Die Hochzeit von Haiti. Karibische Geschichten.* Berlin 1950: Jacques Roumain, damals Botschafter in Mexiko, machte die Autorin mit Haiti bekannt.

Heiner Müller: *Der Auftrag – Erinnerung an eine Revolution*, Erstdruck 1979: Dramatisierung von Anna Seghers' Erzählung *Das Licht am Ende des Galgens.*

Hans Christoph Buch: *Die Hochzeit von Port-au-Prince*, Roman, Frankfurt a. M. 1984; Haiti Chérie, ibid. 1990.

Herbert Gold: *Best Nightmare on Earth*, New York 1991: Hassliebeserklärung eines kalifornischen Beatniks an Haiti vor, während und nach der Duvalier-Diktatur.

■ Politik bei Wagenbach – Eine Auswahl

Immanuel Wallerstein   Die Barbarei der anderen
Europäischer Universalismus
Die Grundzüge der Globalisierungskritik, knapp und überzeugend dargestellt von dem Historiker und Sozialwissenschaftler Immanuel Wallerstein, der grauen Eminenz dieser weltweiten Bewegung.
Aus dem amerikanischen Englisch von Jürgen Pelzer. WAT 554. 112 Seiten

Joscha Schmierer   Keine Supermacht, nirgends
Den Westen neu erfinden
Entsteht eine neue Weltordnung? Nach dem Verschwinden des Sowjetimperiums 1989 und dem Erstarken neuer Mächte wie China und Indien entwickeln sich Formen globaler Integration.
WAT 583. 112 Seiten

Tillmann Löhr   Schutz statt Abwehr   *Für ein Europa des Asyls*
Ein längst notwendiger Überblick zu den Hintergründen der täglichen Flüchtlingsdramen. Tillmann Löhr erklärt, wie eine Verbesserung der humanitären Lage schon in wenigen Schritten erreicht werden kann.
WAT 628. 96 Seiten

Wolfgang Kaleck   Kampf gegen die Straflosigkeit
Argentiniens Militärs vor Gericht
Argentinien als Modell für die Aufarbeitung von Gewaltverbrechen in Diktaturen: das erfolgreiche Zusammenwirken einer kämpferischen Menschenrechtsbewegung und der internationalen Strafjustiz.
WAT 646. 128 Seiten

Sybille Thelen   Die Armenierfrage in der Türkei
Die Vergangenheit kehrt zurück. Die armenische Frage steht im Zentrum der Identitätssuche einer demokratisch-pluralistischen Türkei: Was geschah 1915? Die notwendige »Umsiedlung« einer Bevölkerungsgruppe oder gezielte Massentötung und Vertreibung? Beharrlich erkundet eine neue türkische Zivilgesellschaft ihre verdrängte und vergessene Geschichte.
WAT 629. 96 Seiten

Jürgen Kaube (Hrsg.) Die Illusion der Exzellenz
Lebenslügen der Wissenschaftspolitik
Lange fällige Reformen an den Hochschulen, um die deutschsprachigen Wissenschaftsstandorte international konkurrenzfähig zu machen oder Lähmung von Forschung und Lehre durch Bürokratisierung? Jürgen Kaube bittet acht Hochschullehrer, über die Zukunft unserer Universitäten nachzudenken.
WAT 604. 96 Seiten

Petra Dobner Bald Phoenix – bald Asche *Ambivalenz des Staates*
Schuld an allem Unglück oder letzter Retter in der Not? Unsere Erwartungen an den Staat sind hoch, oft voller Widersprüche und unrealistisch. Ein Plädoyer für einen positiv kritischen Umgang mit dem Staat.
WAT 623. 96 Seiten

Christoph Möllers Demokratie – Zumutungen und Versprechen
Warum leben wir in einer Demokratie? Aus guten Gründen oder aus schlechter Gewohnheit? Warum sind wir von demokratischer Politik so oft enttäuscht? Weil sie versagt oder weil wir uns keine Rechenschaft darüber ablegen, was wir von ihr erwarten können?
WAT 580. 128 Seiten

Paolo Flores d'Arcais Die Linke und das Individuum
Ein politisches Pamphlet
Warum sich die Linke nicht an der Zerstörung des Individuums durch die moderne Gesellschaft beteiligen darf.
Aus dem Italienischen von Roland H. Wiegenstein. WAT 283. 112 Seiten

Albrecht von Lucke Die gefährdete Republik
Von Bonn nach Berlin: 1949 – 1989 – 2009
Bonn wurde nicht Weimar, aber was ist Berlin? 60 Jahre nach Gründung der Bundesrepublik und 20 Jahre nach dem Fall der Mauer stellt sich die Frage nach den Folgen der Jahrhundertzäsur von 1989.
WAT 605. 112 Seiten

Wenn Sie mehr über den Verlag oder seine Bücher wissen möchten, schreiben Sie uns eine Postkarte (mit Anschrift und ggf. E-Mail). Wir verschicken immer im Herbst die *Zwiebel*, unseren Westentaschenalmanach mit Gesamtverzeichnis, Lesetexten aus den neuen Büchern und Photos. *Kostenlos!*

Verlag Klaus Wagenbach   Emser Straße 40/41   10719 Berlin   www.wagenbach.de

Teile dieses Buchs stützen sich auf eine Dokumentensammlung von Hans Christoph Buch, die 1976 unter dem Titel *Die Scheidung von San Domingo* als 20. Taschenbuch im Verlag Klaus Wagenbach erschienen ist. Die Illustrationen zum vorliegenden Band (Fotos, Stiche, Gemälde) stammen aus dem Privatarchiv des Autors, der den Rechteinhabern für die Abdruckgenehmigung dankt.

Wagenbachs Taschenbuch 648

© 2010 Verlag Klaus Wagenbach, Emser Str. 40/41, 10719 Berlin
Umschlaggestaltung Julie August unter Verwendung einer Fotografie © Patrick Farrell/picture alliance. Reihenkonzept: Rainer Groothuis. Gesetzt aus der Concorde und der Imago. Das Karnickel auf Seite 1 zeichnete Horst Rudolph. Autorenphoto: Gerd Vennemann. Vorsatzpapier: Schabert, Strullendorf. Gedruckt und gebunden von Pustet, Regensburg.
Printed in Germany. Alle Rechte vorbehalten.

ISBN: 978-3-8031-2648-1